Forschungskonsortium WJT

Megaparty Glaubensfest

Erlebniswelten
Band 12

Herausgegeben von

Winfried Gebhardt
Ronald Hitzler
Franz Liebl

Forschungskonsortium WJT

Winfried Gebhardt · Andreas Hepp · Ronald Hitzler
Michaela Pfadenhauer · Julia Reuter · Waldemar Vogelgesang
Ursula Engelfried-Rave · Jörg Hunold · Veronika Krönert

Megaparty Glaubensfest

Weltjugendtag:
Erlebnis – Medien – Organisation

VS VERLAG FÜR SOZIALWISSENSCHAFTEN

Bibliografische Information Der Deutschen Nationalbibliothek
Die Deutsche Nationalbibliothek verzeichnet diese Publikation in der
Deutschen Nationalbibliografie; detaillierte bibliografische Daten sind im Internet über
<http://dnb.d-nb.de> abrufbar.

1. Auflage 2007

Alle Rechte vorbehalten
© VS Verlag für Sozialwissenschaften | GWV Fachverlage GmbH, Wiesbaden 2007

Lektorat: Frank Engelhardt

Der VS Verlag für Sozialwissenschaften ist ein Unternehmen von Springer Science+Business Media.
www.vs-verlag.de

Umschlaggestaltung: KünkelLopka Medienentwicklung, Heidelberg
Gedruckt auf säurefreiem und chlorfrei gebleichtem Papier
ISBN 978-3-531-15464-0

Vorwort

Unter dem etwas sperrigen Titel „Situative Vergemeinschaftung mittels religiöser Hybridevents: Der XX. Weltjugendtag 2005 in Köln" haben Winfried Gebhardt (Universität Koblenz), Andreas Hepp (Universität Bremen), Julia Reuter, Waldemar Vogelgesang (beide Universität Trier), Ronald Hitzler und Michaela Pfadenhauer (beide Universität Dortmund) Ende 2004 einen ‚Paketantrag' an die Deutsche Forschungsgemeinschaft gestellt. Von Mitte 2005 bis Herbst 2006 wurde die Universitäten und Disziplinen übergreifende Studie zum Kölner Weltjugendtag von der DFG finanziell gefördert, so dass an den vier Standorten jeweils eine Mitarbeiterin bzw. ein Mitarbeiter beschäftigt werden konnte, von denen sich am Forschungskonsortium, das das hiermit vorgelegte erste Buch verantwortet, schließlich Ursula Engelfried-Rave (Koblenz), Veronika Krönert (Bremen) und Jörg Hunold (Trier) beteiligt haben. Verschiedene der ‚Konsorten' arbeiten derzeit an weiteren, jeweils vertiefenden Monographien zu unterschiedlichen Schwerpunkten und Weiterungen des gemeinsamen thematischen ‚Daches'. Dokumentiert ist die Forschungsarbeit des Konsortiums auf der Internetseite http://www.wjt-forschung.de.

Als überaus hilfreich und förderlich erwiesen hat sich für die Antragsteller und Mitarbeiter des Konsortiums die allzeit ausgesprochen konstruktive Kritik der jeweiligen Kooperationspartner der verschiedenen Teilprojekte. Besonders dankbar sind wir Thomas S. Eberle (Soziologie, St. Gallen), Michael N. Ebertz (Soziologie und Theologie, Freiburg), Anne Honer (Sozialforschung, Fulda), Matthias Karmasin (Kommunikationswissenschaft, Klagenfurt), Jo Reichertz (Kommunikationswissenschaft, Duisburg-Essen) und Thomas Ruster (Theologie, Dortmund) für ihr alle unsere (kühnen) Erwartungen übertreffendes Engagement beim internen Evaluationsworkshop des Paketprojekts in Bremen. Dankbar sind wir unseren studentischen Mitarbeiterinnen und Mitarbeitern, die deutlich mehr geleistet haben, als wir ihnen haben vergüten können, insbesondere Matthias Berg für die sorgfältige Schlussredaktion des nun vorliegenden Buchs. Und dankbar sind wir vor allem auch allen Personen, die, in welchen Funktionen und Eigenschaften auch immer, uns erlaubt haben, sie bei ihrer Teilhabe am Weltjugendtagsgeschehen – gesprächsweise und beobachtend – zu erkunden.

Inhalt

Vorwort   5

1 Einleitung   11
1.1 Die Fragestellung: Der Weltjugendtag – ein Event?   12
1.2 Die Teilprojekte, ihre Fragestellung und der Aufbau des Buches   16

2 Der Weltjugendtag als Erlebnis   19
2.1 Der Weltjugendtag als das Glaubensfest der Katholischen Jugend   19
     2.1.1 Die Pluralität des Katholisch-Seins   20
     2.1.2 Der innerkatholische Kampf um Bedeutung und Anerkennung   25
     2.1.3 Das Erlebnis der Einheitsfiktion   32
2.2 Glaube, Spiritualität, Moral – Die Selbstermächtigung des religiösen Subjekts   34
     2.2.1 Gelebte Paradoxie: Die katholische Einheit von Kirchenakzeptanz und Kirchenkritik   38
     2.2.2 Die Sehnsucht nach ‚lebendiger Kirche' und ‚authentischer Spiritualität'   42
     2.2.3 ‚Liebe, Sex und solche Sachen': Zum Umgang mit der katholischen Morallehre   48
2.3 Doing Religious Cool Culture – Katholische Religion im Zeichen universaler Jugendkultur   52
     2.3.1 La-Ola-Wellen im Gottesdienst: Religion als Party   53
     2.3.2 Papststicker, Jesus-T-Shirts, haarige Weltjugendtagslogos: Religion als Marke   57
     2.3.3 Sakrale Klingeltöne fürs Handy: Religion als Jugend- und Medienkultur   62
2.4 Die Ambivalenz des Amtes – Der Papst zwischen amtscharismatischer Entzauberung und emotionaler Wiederverzauberung   71
     2.4.1 Der Papst als Oberhaupt der Katholischen Kirche   73
     2.4.2 Der Papst als das authentische und moralische Weltgewissen   75
     2.4.3 Der Papst als religiöser Superstar   78

2.5   Der Weltjugendtag als ‚totales' Gemeinschaftserlebnis   82
2.5.1   ‚Masse ist klasse' – Entgrenzte
        Gemeinschaftserfahrungen   85
2.5.2   ‚Ich bin nicht allein' – Die Angst vor der
        Marginalisierung   87
2.5.3   ‚Pleiten, Pech und Pannen' – Authentizitätserleben   92
2.6   ‚Spirituelle Rhythmen' in der ‚Weltgemeinschaft': Die
        Begegnung mit dem Fremden   96
2.6.1   ‚Weltgemeinschaft' und interkulturelle Praxis   98
2.6.2   Spirituelle Einheits- und Differenzerfahrungen   101
2.6.3   Stereotypisierung und Missionierung   106
2.7   Fazit: Der Weltjugendtag – erlebte Katholizität in
        jugendkultureller Eventform   109

3   **Der Weltjugendtag als Medienevent**   115
3.1   Ein ‚katholisches Woodstock' in den Medien   115
3.2   Zwischen ‚Inszenierungsversuchen' und ‚Freiräumen': Die
        kulturelle Produktion des Medievents   117
3.3   ‚Fokussierung' und ‚Personalisierung': Das Medienevent
        Weltjugendtag im Verlauf   123
3.4   ‚Medienglaube' und ‚Fernsehgottesdienste': Die Mediatisierung
        des Sakralen   129
3.5   ‚Katholische Jugendkultur' und ‚Kommerzialisierung': Die
        Mediatisierung des Populären   136
3.6   ‚Celebrity' und ‚Klammer': Die Mediatisierung des Papstes   142
3.7   ‚Deterritoriale Vergemeinschaftung' und ‚individualisierte
        Religion': Die Mediatisierung des Katholizismus   150
3.8   Die Mediatisierung des Weltjugendtags oder: ‚Branding
        Religion'   159

4   **Der Weltjugendtag als organisatorische Leistung**   163
4.1   Vor dem Event ist nach dem Event   164
4.2   Am Anfang steht eine Idee   166
4.3   Die organisatorische Struktur zur Umsetzung der Idee   168
4.3.1   Der Aufbau einer Organisationsstruktur   168
4.3.2   Die Personalstruktur des ‚Weltjugendtagsbüros'   170
4.4   Der jugendliche Adressatenkreis   172
4.4.1   Die anvisierte Zielgruppe   172
4.4.2   Die Funktion der Jugendlichen   175
4.4.3   Die Einbindung der Jugendlichen   177

4.5 Die inhaltliche Umsetzung der Idee 179
   4.5.1 Eine Imagekampagne für die Katholische Kirche 179
   4.5.2 Eine Atmosphäre des Geheimnisvollen 183
   4.5.3 Die konkurrenzlose Präsentation des Glaubensangebots 186
4.6 Die logistische Durchführung der Idee 190
   4.6.1 Die Abgabe organisatorischer Aufgaben an externe
        Dienstleister 190
   4.6.2 Die Kooperation mit Verwaltung, Polizei, Bahn und
        öffentlichem Nahverkehr 192
   4.6.3 Die Einbindung der katholischen Diözesen 193
   4.6.4 Die Indienstnahme der Pfarrgemeinden des Kölner
        Erzbistums 195
   4.6.5 Die Arbeitsdelegation an Freiwillige 196
   4.6.6 Die Integrationsfunktion der Veranstaltungsleitung 200
4.7 Die Finanzierung der Idee 201
4.8 Mehr als ein Event? 203

**5 Die Erfindung des Weltjugendtags als Hybridevent – oder: Wie
viel institutionelle Klugheit eignet der Katholischen Kirche?** 205
5.1 Event oder Hybridevent? 207
5.2 Die Verszenung der Kirche und die Eventisierung der Religion 211
5.3 Die ‚institutionelle Klugheit' der Katholischen Kirche 215

Literaturverzeichnis 219

Glossar 225

Autorenverzeichnis 233

1 Einleitung

Köln im August 2005. Die rheinische Metropole befindet sich im Ausnahmezustand. Hunderttausende von fröhlich gestimmten Jugendlichen ziehen durch die Straßen, belagern Plätze, Parks und Bahnhöfe. Aus den Kirchen, aus den Gemeindesälen, aber auch aus vielen öffentlichen Gebäuden wie den Kölner Messehallen dringen Gebete, Psalmen und Sakro-Pop-Klänge, immer wieder durchbrochen von stakkatoähnlichen Jubelarien. Fahnenmeere, christliche Symbole in jugendkultureller Aufmachung, Papstportraits und Menschenmassen in ständiger Bewegung bestimmen das Bild. Religiöse Popsongs und weltliche Rhythmen ertönen bis spät in die Nacht. Die Jugendlichen tanzen dazu, feiern ausgelassen und wetteifern miteinander um Aufmerksamkeit. Sie haben ersichtlich großen Spaß: Es ist Weltjugendtag und der Papst ist in der Stadt.

Doch nicht nur Köln und das Rheinland sind außer Rand und Band. Ganz Deutschland befindet sich in einer Art von ‚religiösem Taumel'. Angestachelt durch eine flächendeckende Medienberichterstattung, scheint es kein anderes Thema mehr zu geben als den Besuch des Papstes und das Glaubensfest der katholischen Jugend. Millionen verfolgen gespannt vor dem Fernsehapparat die großen Gottesdienste, bestaunen die Bilder von ausgelassenen Jugendlichen, die in Stadien, auf den Straßen und auf dem Marienfeld ihr Oberhaupt, Benedikt XVI., wie einen Popstar verehren. Selten zuvor wurde in Deutschland das Katholischsein so enthusiastisch und so ausgelassen gefeiert, aber auch so irritiert betrachtet – zumindest wenn man an Teile der Medienberichterstattung über den Weltjugendtag denkt. Insgesamt schien aber festzustehen: Die Katholische Kirche hatte es wieder einmal geschafft: Sie war in aller Munde und schien auf der Höhe der Zeit!

Was sich im Sommer 2005 in Köln abspielte, war etwas Besonderes, ein Ereignis, das es in dieser Form so in Deutschland noch nicht gegeben hatte. Dass der Weltjugendtag etwas ganz Besonderes, ja etwas Einzigartiges gewesen ist, zeigte sich ein Jahr später. Wieder ist der Papst in Deutschland, diesmal in seiner bayerischen Heimat. Aber obwohl auch hier viele Gläubige, Papst-Begeisterte und Schaulustige zu den großen Gottesdiensten in München und Regensburg strömen, obwohl auch hier eine ganze Reihe weiterer Veranstaltungen – Empfang auf dem Münchner Marienplatz, Segnung der Anbetungskapelle in Altötting, Vorlesung in der Regensburger Universität – in das Programm integriert werden, und obwohl auch hier der Papst mit dem Papamobil durch die Menge

gefahren wird und die Hände tausender Wartender schüttelt, vermochte dieser
Besuch bei Weitem nicht jene ekstatische, fröhliche und ausgelassene Stimmung
zu erzeugen, die die Tage in Köln auszeichnete. Und dies durchaus zum Leidwesen der auch hier zahlreich vertretenen Medienschaffenden, die ihre Enttäuschung über den mangelnden Andrang und den (vergleichsweise) geringen Enthusiasmus kaum zu verbergen wussten. Die wenigen Benedetto-Rufe, das ruhi-
ge, zurückhaltende, ja andächtige Warten auf die Ankunft des Papstes in München, Altötting und Regensburg wirkten oftmals nur wie ein müder Abklatsch
der Kölner ‚Glaubensparty'.

Was war in Köln passiert? Was machte den XX. Weltjugendtag der Katholischen Kirche zu einem solch einzigartigen Ereignis, das nicht nur Hunderttausende von katholischen Jugendlichen aus aller Welt begeistert in die rheinische
Metropole trieb, sondern auch Millionen von Fernsehzuschauern in seinen Bann
zog? Dem ‚Geheimnis' dieses besonderen Ereignisses auf die Spur zu kommen,
ist Absicht und Ziel des vorliegenden Buches.

1.1 Die Fragestellung: Der Weltjugendtag – ein Event?

Der XX. Weltjugendtag der Katholischen Kirche in Köln 2005 war ein gigantisches Unternehmen. Gigantisch waren nicht nur die organisatorischen Vorbereitungen. Gigantisch war auch die Zahl der Medienvertreter und das Ausmaß ihrer
Berichterstattung. Und gigantisch war die Resonanz innerhalb der Bevölkerung:
Über eine Million vor allem jugendlicher Menschen kamen nach Köln, um ‚ihren' Papst auf der Abschlussveranstaltung auf dem Marienfeld zu feiern. Ist dies
nicht ein unübersehbares Indiz dafür, dass Kirche, insbesondere die Katholische
Kirche, noch ‚lebt', ja mehr noch, dass sie vor ‚jugendlicher Kraft' nur so
strotzt? Doch Vorsicht mit solchen ‚Schnellschüssen'. Das vorliegende Buch
will diesen Fragen systematisch nachgehen, ohne einfach die Worte der religiösen Experten wiederzugeben, die den Weltjugendtag 2005 in Köln bereits im
Vorfeld als „das größte religiöse Ereignis in Deutschland seit Fällung der Donar-
eiche durch Bonifatius" beschrieben hatten (Kardinal Lehmann). Dies ist unter
rein quantitativen Gesichtspunkten sicherlich unbestritten: Zu den 410.000 registrierten ‚Pilgern' gesellten sich im Laufe der Tage in Köln weitere Hunderttausende, die an den über 1000 Veranstaltungen an rund 500 Orten teilnahmen.
Auch die ‚klerikale Elite' war zahlreich vertreten: Neben 10.000 Priestern, 3.000
Kommunionsspendern und 500 Beichtvätern waren auch 750 Bischöfen, davon
54 Kardinäle, zum Weltjugendtag nach Köln gereist (vgl. www.wjt2005.de).
Keine andere Veranstaltung der Katholischen Kirche hat in Deutschland je diese
Dimension erreicht. Dennoch war man über die Massen nicht wirklich über-

rascht, schließlich blickt der Weltjugendtag der Katholischen Kirche auf eine über 20-jährige (Erfolgs-)Geschichte zurück.

Die Weltjugendtage wurden von Papst Johannes Paul II. im Anschluss an die Feier der Katholischen Kirche zum „Heiligen Jahr der Erlösung" 1984 initiiert, als er zum Abschluss des Heiligen Jahres die Jugend der Welt nach Rom eingeladen hat. Bei dieser Veranstaltung übergab er den Jugendlichen das „Heilig-Jahr-Kreuz" – mit dem Auftrag, dieses durch die Welt zu tragen, als symbolträchtiges Zeichen für die Liebe Christi zur Menschheit. Bestärkt durch den Erfolg dieses Treffens, veranlasste Papst Johannes Paul II. die Einrichtung von regelmäßigen Weltjugendtagen an international wechselnden Orten, um sich regelmäßig mit den Jugendlichen der ‚Weltkirche' zu treffen. Seither werden sie im zwei- bzw. dreijährigen Turnus in Metropolen rund um den Globus ausgerichtet.

Die Weltjugendtage ziehen mehr oder weniger religiöse Jugendliche geradezu ‚magnetisch' an. Insgesamt haben seit ihrer Gründung vor über 20 Jahren über 11 Millionen Jugendliche an ihnen teilgenommen: Nach Rom kamen im Milleniumsjahr zwei Millionen, und auch beim vorletzten Weltjugendtag 2002 in Toronto konnte fast eine Million Teilnehmer aus aller Welt verzeichnet werden. Dieses Erbe hat Johannes Paul II. der Kirche und seinem Nachfolger hinterlassen. Benedikt XVI. hat denn auch gleich nach seiner Wahl seine Teilnahme in Köln bestätigt und zum Abschluss seines viertägigen Aufenthaltes in Köln die katholische Jugend für 2008 nach Sydney eingeladen.

Aber nicht nur in quantitativer Hinsicht – durch die Teilnehmerzahl – ist der Weltjugendtag ein bemerkenswertes Ereignis. Auch qualitativ zeichnet er sich durch Besonderheiten aus: Anders als zum Beispiel bei den in Deutschland seit 150 Jahren veranstalteten Katholikentagen, steht bei den Weltjugendtagen nicht der innerkirchliche Diskurs um die soziale, politische oder ökologische Verantwortung der katholischen Christen und auch nicht die regelmäßig aufbrechende Diskussion um die Rolle der Laien in der Kirche im Mittelpunkt, sondern – in den Worten des neu gewählten Papstes – das gemeinsame spirituelle Erlebnis der „Schönheit des katholischen Glaubens". Ganz gezielt setzte die Katholische Kirche beim Weltjugendtag auf die emotionalisierenden Elemente der populären Event- und Jugendkultur: Nicht kritische Diskussion und theologische Reflexion waren angesagt, sondern den jugendlichen ‚Pilgern' sollte das ‚schöne' Erlebnis von raum-zeitlich entgrenzter Zugehörigkeit zu einer „universalen religiösen Gemeinschaft" – so zumindest der Selbstanspruch der katholischen Kirche – ermöglicht werden. Zum Ausdruck kam dies vor allem in den das Programm beherrschenden Massenveranstaltungen, die Elemente von profanem Fest und religiöser Feier bewusst verbanden und eine Mischung aus ehrwürdiger katholischer Liturgie, traditioneller Volksmission, Wallfahrt, Happening und Spektakel darstellten. Überall in Köln wurden Bühnen aufgebaut und ‚Räume' geschaffen, in denen gefeiert und getanzt werden konnte. Videoleinwände und Musikboxen fehlten ebenso wenig wie Essens- und Devotionalienstände. Vieles – nicht nur die ‚dauerjubelnde Pilgerschar' – erinnerte an die ‚Loveparade', weshalb einige Medienschaffende auch schnell von einer ‚Pope-Parade' sprachen. Sehr zum Leidwesen der Organisatoren: Natürlich sei man sich der populärkulturellen Inszenierungsform des Weltjugendtags bewusst, der thematische Fokus liege aber – jedenfalls von der Intention der Veranstalter her – in der gemeinsamen Gottesverehrung und nicht im ‚Papst-', geschweige denn im ‚Liebesrausch'. Aber liegt nicht gerade hier – in der bewusst vollzogenen Verbindung von Elementen profaner Feste und religiöser Feiern – eine erste Antwort auf die Frage nach dem ‚Geheimnis' der Weltjugendtage der Katholischen Kirche?

Doch dies allein scheint nicht auszureichen, um das Geheimnis zu lüften. Die Weltjugendtage sind – wie der Name schon sagt – an die ‚Jugend der Welt' gerichtet und damit, anders als die Katholikentage, nicht nur gezielt an den ‚katholischen Nachwuchs' adressiert, sondern absichtsvoll in einen internationalen Kontext gestellt. Insofern lassen sie sich von ihrer Gestalt und ihrem Selbstverständnis her durchaus als eine Reaktion der Katholischen Kirche auf die Prozesse der Globalisierung interpretieren. Denn diese erfordern ja nicht nur eine Neujustierung alter Standpunkte und Lehraussagen. Sie zwingen die Katholische Kirche auch dazu, sich neu zu definieren und damit die Fragen zu beantworten, wie sich religiöse Gemeinschaft und katholische Identität vor dem Hintergrund einer zunehmend kulturell entgrenzten sozialen Wirklichkeit bewahren bzw. neu herstellen lässt, wie diese Identität organisiert und vermittelt werden kann, und welche Rolle die Institution Kirche in Zukunft dabei einnimmt. Weltjugendtage sind auf solche Herausforderungen sicherlich eine ‚mögliche' Antwort, denn sie evozieren ‚neue' Glaubensformen, ohne ‚alte' Rituale und Praktiken vollends aufzugeben, sie vermitteln religiöse Gemeinschaftserfahrungen, ohne individuelle Religiosität zu verhindern, sie knüpfen an populäre Inszenierungsformen an, ohne das Sakrale zu profanisieren, sie repräsentieren eine ‚uralte' Institution, aber in Gestalt eines ‚hippen' Jugendevents.

Das ‚Geheimnis' der Weltjugendtage scheint also nicht allein in der geplanten und bewusst vollzogenen Verbindung heterogener kultureller Elemente zu liegen, sondern auch darin, den religiösen Bedürfnissen einer sich zunehmend sozial und kulturell entgrenzenden jugendlichen Klientel zu entsprechen. Denn auch Religion und Religiosität haben sich im Zuge umfassender gesellschaftlicher Individualisierungs- und Pluralisierungsprozesse verändert. Sie unterliegen – wie die religionssoziologische Forschung (vgl. zum Überblick: Ebertz 1997a, Knoblauch 1999, Krech 1999 und Wohlrab-Sahr 2003) nachweisen konnte – ihrerseits spezifischen Transformationsprozessen. Diese lassen sich – kurz und prägnant zusammengefasst – wie folgt beschreiben: (1.) Als Transformation des Religiösen im Spannungsfeld der Herstellung von umfassender Authentizität und fortschreitender medialer Inszenierung: Immerhin wurde bereits anlässlich des wenige Monate vor dem Weltjugendtag stattfindenden Begräbnisses von Papst Johannes Paul II. deutlich, dass die Medien nicht allein Mittler, sondern Bestandteil, wenn nicht sogar Produzenten religiöser Ereignisse und Erfahrungen sind. (2.) Als Bedeutungsverlust von primär gemeindeorientierten religiösen Sozialformen und einer wachsenden Relevanz von themenfokussierten ‚situativen‘ Formen von religiöser Gemeinschaft: Auch die Katholische Kirche muss feststellen, dass ihre Pfarrgemeinden und Verbände heutzutage mit einer Vielzahl von ‚neuen‘ religiösen Vergemeinschaftungsformen wie den Neuen Geistlichen Gemeinschaften oder auch interkonfessionellen Bewegungen konkurrieren, und häufig sind es gerade letztere, die aufgrund ihrer unmittelbaren und hoch affektiven Interaktionsstrukturen an Attraktivität gewinnen. (3.) Als Ablösung eines institutionell gebundenen, kollektiven Religionsverständnisses durch ein weitgehend individualisiertes und privatisiertes Religionsverständnis: Auch Menschen, die sich als Mitglieder der Katholischen Kirche sehen, lehnen es zunehmend ab, amtskirchliche Lehraussagen und Moralvorschriften quasi ‚unbefragt‘ zu übernehmen. Sie fordern Mitsprache und wollen selbst entscheiden, welche der institutionellen Vorgaben für sie ‚richtig‘ und ihrer Lebenssituation ‚angemessen‘ sind. Im Extremfall kann dies so weit gehen, dass sie den Anspruch formulieren, sich selbst ein ‚Bild von Gott‘ zu machen und dieses in der Kombination von Glaubenselementen aus unterschiedlichen kulturellen und religiösen Kontexten zu suchen. Und schließlich (4.) als Religionsverständnis, das nicht ausschließlich an der Verkündigung von ‚Gottes Wort‘ durch theologisch gebildete und amtlich bestallte ‚Experten‘ orientiert ist, sondern insbesondere die Performanz der Gläubigen einschließt: Auch unter den Mitgliedern der Katholischen Kirche breitet sich die Neigung aus, Religion ‚mit allen Sinnen‘, also ‚ganzheitlich‘ und ‚authentisch‘ erfahren zu wollen. Liegt das Geheimnis der Weltjugendtage also nicht auch darin, dass sie eine Form des religiösen Erlebens anbieten, die den sich wandelnden gesellschaftlichen und kulturellen Verhältnissen entspricht?

Vor diesem Hintergrund lassen sich auf die Frage nach dem ‚Geheimnis‘ der Weltjugendtage unseres Erachtens zwei Pole eines sozialwissenschaftlichen Zugangs zum Ereignis Weltjugendtag ausmachen: Den einen Pol bildet die Interpretation des Weltjugendtags als Marketingevent mit dem Papst als Markensymbol des Katholizismus, den anderen die Deutung des Weltjugendtages als authentisches religiöses Jugendevent, in dem sich der gelebte Glaube junger Katholiken in seiner neuen, jugend- und popkulturell geprägten und deshalb als authentisch empfundenen Form präsentiert. Das Spannungsfeld, das sich zwischen diesen Polen entfaltet, zu durchdringen, ist unseres Erachtens von zentraler

Bedeutung, um die Verflechtungen von Gesellschaft, Wirtschaft, Kulturindustrie, Medien und Kirche zu erkennen, die die religiöse Kultur der Gegenwart im Allgemeinen und die Wirklichkeit des Weltjugendtages im Besonderen bis ins ‚Intimste' des Glaubens hinein gestalten.

Als theoretischen Rahmen für die Analyse dieses spannungsreichen Wandels von Religion und Religiosität in gegenwärtigen Gesellschaften bedienen wir uns neben der aktuellen religionssoziologischen Forschung auch der Erkenntnisse der kultursoziologischen und kommunikations- und medienwissenschaftlichen Event- und Szeneforschung (vgl. zum Überblick: Irwin 1977, Schulze 1992, Hitzler/Bucher/ Niederbacher 2001, Gebhardt/Hitzler/Pfadenhauer 2000; Gebhardt 2003a, Hepp/ Vogelgesang 2003a). Als empirisches Phänomen wurde der Weltjugendtag zum geradezu idealen Anschauungsobjekt für gesamtgesellschaftlich relevante Wandlungsprozesse, wie wir in der Forschungsarbeit unseres Konsortiums immer wieder feststellen konnten. Während des gesamten Forschungszeitraums zwischen Januar 2005 und Januar 2007 haben wir uns regelmäßig getroffen, um das Phänomen Weltjugendtag in seiner erlebnishaften, medialen und organisatorischen Dimension mithilfe unserer Forschungsergebnisse zu diskutieren. Immer wieder kamen wir dabei von den Detailfragen zu den daueraktuellen ‚großen' Fragen: Wie hat sich Religion unter Individualisierungs- und Globalisierungsbedingungen in einer Mediengesellschaft gewandelt? Was bedeuten Religiös-Sein und religiöse Vergemeinschaftung für Jugendliche und junge Erwachsene heute? Wie geht eine Institution wie die Katholische Kirche mit diesen Wandlungsprozessen um? Und alles lief immer wieder auf die Frage hinaus: War der Weltjugendtag nun – soziologisch gesehen – ein Event, und wenn ja, war er ein besonderes Event?

Das vorliegende Buch kann als eine relativ ausführliche Antwort auf diese Fragen betrachtet werden, es kann aber auch einfach ‚nur' als unterhaltsamer, wenngleich nicht trivialer Einblick in die ‚Welt' des Weltjugendtags gelesen werden. Seine Lektüre erfordert kein wissenschaftliches Vorwissen. Gleichwohl soll es helfen, die ‚Faszination Religion', die auf dem Weltjugendtag für einen kurzen Moment für alle sichtbar wurde, mittels wissenschaftlicher Informationen darüber besser zu verstehen.

1.2 Die Teilprojekte, ihre Fragestellungen und der Aufbau des Buches

Das Spannungsfeld zwischen den Polen Marketingevent und authentisches religiöses Jugendevent auszuleuchten, um dem Geheimnis der Weltjugendtage im Allgemeinen und des Weltjugendtages in Köln im Besonderen ‚auf die Spur' zu kommen, bedeutete für uns von Anfang an, den Weltjugendtag als ‚Gesamt-

kunstwerk' zu begreifen, ihn also in seiner erlebnishaften, medialen und organisatorischen ,Logik' zu rekonstruieren und zu analysieren. Grundsätzlich lassen
sich drei Hauptgruppen von Akteuren des Weltjugendtags unterscheiden: Erstens
die Teilnehmer, d.h. die vom Weltjugendtagsbüro registrierten ,Pilger', zweitens
die Medien, also jene Personengruppen, die sich in ihrer Berichterstattung im
Fernsehen, in den Printmedien oder im Internet auf den Weltjugendtag beziehen,
und drittens die Organisatoren, denn Weltjugendtage werden von einer Kommis-
sion der römischen Kurie, genauer: vom *Päpstlichen Rat für die Laien*, zentral
initiiert und von einem lokalen Weltjugendtagsbüro organisatorisch geplant und
umgesetzt. Alle diese Akteure, also nicht nur die Teilnehmer, sondern auch die
Medienschaffenden und die Veranstalter, sollten zu Wort kommen. Schließlich
sind Weltjugendtage im wörtlichen Sinne nicht nur Tage der Jugend aus aller
Welt. Sie müssen mittels der Medien inszeniert werden, um als Weltjugendtage
funktionieren zu können, und sie müssen von einem Organisationsteam geplant
und ,produziert' werden. Denn was wäre der Papstauftritt ohne Fernsehübertragung? Wahrscheinlich nur ein lokales Ereignis unter vielen! Was wäre das Marienfeld ohne Papsthügel, Lichtermeer und Abschlussmesse? Wohl nur ein tristes
Gelände am Rande von Köln-Horrem! Und was wären die durch Köln drängen-
den und grölenden Jugendlichen ohne ,Pilgerrucksäcke' und Programmhefte?
Möglicherweise nur ,verirrte Spinner' oder ,vergnügungssüchtige Kostgänger'!

Der XX. Weltjugendtag 2005 in Köln wurde deshalb in drei Teilprojekten
erforscht, denen jeweils eine spezifische Fragestellung zugrunde lag, und zu
deren Bearbeitung jeweils ein eigenständiges Forschungsdesign mit je geeigneten Verfahren der Datenerhebung und Datenauswertung entwickelt worden ist.

Alle Leser die sich für diese Designs und die in deren Rahmen eingesetzten
Methoden interessieren, verweisen wir hiermit auf http://www.vs-verlag.de/
index.php;do=show/sid=423819222467bc6bc21560847977314/site=w/book_id=
11057 und auf die Internetseite unseres Forschungskonsortiums: http://wjt-
forschung.de. Auf dieser Seite finden Sie auch Hinweise auf weitere Publikationen der Forscherinnen und Forscher, die an den Teilprojekten beteiligt waren
(zur Teilnehmerperspektive Winfried Gebhardt, Julia Reuter, Waldemar Vogel-
sang, Ursula Engelfried-Rave und Jörg Hunold, zur Mediatisierungsperspektive
Andreas Hepp und Veronika Krönert, zur Organisationenperspektive Ronald
Hitzler und Michaela Pfadenhauer), sowie auf Arbeiten von anderen Wissen-
schaftler (und von Fotografen) zum Weltjugendtag.

Analog der vorgenannten Reihenfolge der drei Teilprojekte führen die folgenden Kapitel in die Ergebnisse unserer Weltjugendtagsforschung ein. Das
Buch beginnt mit der Darstellung des Weltjugendtags als Erlebnis der jugendlichen Teilnehmer. Es gibt einen Einblick in ihr religiöses Selbst- und Fremderle-
ben, ihr Gemeinschaftsgefühl auf dem XX. Weltjugendtag der Katholischen

Kirche und beschreibt die Deutungen und Interpretationen, die sie ihnen gegeben haben. Dabei entsteht – so ist zu hoffen – ein sachadäquates Bild jugendlicher Religiosität in Zeiten akzelerierender Individualisierung. Danach folgt die Rekonstruktion des Weltjugendtages als Medienereignis, in der nachgezeichnet wird, wie dieser in den Medien präfiguriert, inszeniert und schließlich nachbearbeitet wurde. In diesem Kapitel werden u.a. die Mechanismen und Wirkungen der populären Vermittlung des Sakralen im Zeitalter einer zunehmenden Mediatisierung des Alltags aufgezeigt. Und schließlich wird der Weltjugendtag als organisatorische Leistung in den Blick genommen, wobei zum einen die programmatische Konzeption, zum anderen aber auch die praktische Umsetzung, die vielen damit verbunden Probleme und ihre – nicht immer erfolgreichen – situativen Lösungen, ausgehend von den Problemstellungen und Problemlagen des Weltjugendtagsbüros, im Mittelpunkt stehen. Das Kapitel will damit nicht nur Antwort auf die Frage geben, wie Organisationen ‚situative Gemeinschaften' unter (Extrem-)Bedingungen – unterschiedliche Adressatenkreise, raum-zeitliche Begrenzung usw. – herstellen können, sondern es leistet auch einen Beitrag zur Analyse der Mikropolitik in Organisationen ‚auf Zeit'. Abgeschlossen wird das Buch mit einem Versuch, das Großereignis Weltjugendtag kultur- und religionssoziologisch zu verorten, also eine Antwort auf die Frage zu geben, was der XX. Weltjugendtag der Katholischen Kirche in Köln nun eigentlich war: Megaparty oder Glaubensfest? Oder vielleicht doch: Megaparty *und* Glaubensfest in einem?

Angesichts der Überfülle des Datenmaterials haben sich alle drei Forschergruppen darum bemüht, sowohl die wesentlichen Strukturmerkmale der von ihnen untersuchten Dimensionen des Weltjugendtags prägnant herauszuarbeiten als auch die vorgenommene Deutung des Weltjugendtags als – das sei hier bereits vorweggenommen – *postmodernistisches religiöses Hybridevent* konzise zu formulieren. Dass dabei einmal die religions- und jugendsoziologische, ein anderes Mal die kommunikations- und medienwissenschaftliche oder organisationssoziologische Sichtweise überwiegt, ist nicht nur der interdisziplinären Zusammensetzung der Forschergruppen, sondern vor allem dem Beobachtungsgegenstand selber geschuldet, denn dass ein und dasselbe Phänomen – je nach Beobachterstandpunkt – immer auch anders erscheinen kann, ist kein ‚Geheimnis' des Weltjugendtags, sondern Ausdruck der Unterhintergehbarkeit der gesellschaftlichen Konstruktion von Wirklichkeit.

2 Der Weltjugendtag als Erlebnis

2.1 Der Weltjugendtag als das Glaubensfest der Katholischen Jugend

Der Weltjugendtag 2005 in Köln aus der Sicht der Teilnehmer, das ist die Perspektive und Interpretationsarbeit, die es zunächst einmal zu bewältigen gilt. Dabei ist aus einer Art Graswurzel-Blickrichtung der Analysefokus auf Fragen zu lenken wie: Wer sind die jugendlichen Pilger, die sich im August 2005 auf die Reise nach Köln gemacht haben? Was hat sie dazu veranlasst? Mit welchen Erwartungen sind sie gekommen? Wie haben sie den Weltjugendtag erlebt und welche Deutungen geben sie den dort gemachten Erfahrungen? Das sind die Fragen, auf die wir im Folgenden versuchen wollen, Antworten zu geben. Doch dies ist nicht das alleinige Ziel der Untersuchung. Indem wir den Weltjugendtag aus der Perspektive seiner Besucher beschreiben, versuchen wir auch die Bedeutung des Weltjugendtags im Rahmen allgemeiner Diagnosen über die religiöse Gegenwartskultur zu erörtern, und damit eine Antwort auf die Frage zu geben, welche Bedeutung Religion im Allgemeinen, kirchlich verfasste Religion im Besonderen für heutige Jugendliche und junge Erwachsene noch hat.

Wie ein roter Faden zieht sich dabei eine Erkenntnis durch unsere Beobachtungen und Analysen: Die Jugendlichen aus der ganzen Welt – gleich wie sie sich innerhalb der Kirche verorteten, eher traditionalistisch oder eher progressiv, eher mystisch-spirituell, marianisch oder eher volkskirchlich-pragmatisch – wollten in Köln nicht über ihren Glauben ‚diskutieren'. Sie wollten das Katholisch-Sein als Einheit ‚erleben' und diese Einheit unter ihresgleichen ‚feiern'. *„Religion einmal ganz anders erleben"*, diese Aussage einer jungen Schweizerin markiert die Leitidee für die Erwartungen und Erfahrungen, die Jugendliche in Köln gesucht – und offensichtlich auch gefunden – haben. Hinzu kommt, dass die im Alltag nur zersplittert – und bisweilen auch zerstritten – wahrgenommene ‚Weltgemeinschaft der Katholiken' in Köln als lebendig und zusammengehörig erfahren wurde. Der Weltjugendtag, so könnte man auch sagen, hat faktische Differenzen im Katholisch-Sein ausgeblendet respektive zugunsten einer katholischen Einheitsfiktion überblendet.

2.1.1 Die Pluralität des Katholisch-Seins

Schon auf den ersten Blick war erkennbar und unsere Befragungsergebnisse bestätigten dies, dass das Weltjugendtagspublikum keine homogene Einheit bildete, sondern dass sich die allgemeine Pluralisierung des Religiösen auch innerhalb der katholischen Jugend vollzieht. Diese Pluralität des Katholisch-Seins gestaltet sich auf mehreren, grundsätzlich eigenständigen, sich in der Realität aber auf unterschiedlichste Art und Weise ständig vermischenden Ebenen. Die erste Ebene ist die der ethnischen oder nationalen Zugehörigkeit und die damit gegebenen kulturellen Ausprägungen der jeweiligen katholischen Lebensformen und Mentalitäten. Den Jugendlichen war es wichtig, ihre (unterschiedliche) nationale Herkunft zu dokumentieren. Köln wurde ‚überflutet' mit Jugendlichen, die als Erkennungszeichen die Nationalflagge ihres Herkunftslandes mit sich führten und ständig schwenkten. Selbst die Deutschen passten sich im Laufe des Events dieser ‚Sitte' an und statteten sich mit ‚Schwarz-Rot-Gold' aus. Allerdings hatte dieses Schwenken der Nationalflaggen wenig mit dem Demonstrieren eines Nationalgefühls, geschweige denn eines auf Abgrenzung zielenden Nationalismus zu tun, es war eher ein Zeichen dafür, um sich selbst und anderen das friedfertige Zusammenleben unterschiedlichster Nationen und Ethnien in der Einheit eines gemeinsamen Glaubens vor Augen zu führen (vgl. hierzu Kapitel 2.6.1).

Abbildung 2.1: e pluribus unum

Die zweite Ebene ist die der sozialen Herkunft, auch wenn sich hier die Unterschiede relativ milde gestalteten. Der Weltjugendtag war – jedenfalls von der Zusammensetzung der deutschen Teilnehmer – ein Mittelschicht-, wenn nicht sogar Oberschichtevent. Die Antwortverteilung auf die ‚Bildungsfrage' im Rahmen der standardisierten Befragung deutscher Weltjugendtagteilnehmer lässt dies deutlich werden:

Abbildung 2.2: „Welche Schule/Hochschule besuchst Du bzw. welchen
(höchsten) Bildungsabschluss hast Du?" (Angaben in Prozent)

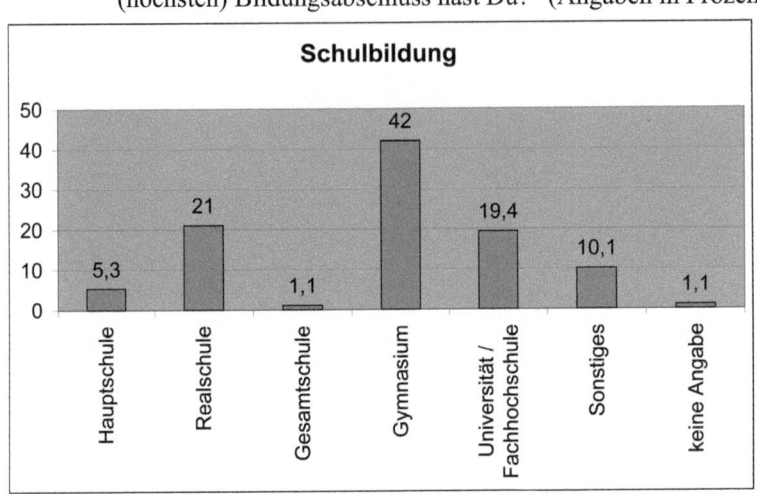

Bei den ausländischen Besuchern – insbesondere aus den Ländern der ‚Dritten
Welt' – dominierten sogar die Kinder aus der jeweiligen Oberschicht. Die von
Michael N. Ebertz (1997b: 132) schon vor Jahren aufgestellte These von der
sogenannten „Milieuverengung" des deutschen Katholizismus bewahrheitete
sich auch in Köln. Fast zwei Drittel der Teilnehmer waren Gymnasiasten und
Studierende – ganz offensichtlich die ‚braven' Kinder des die Kirchengemeinden
dominierenden katholischen Integrationsmilieus.

Eine dritte Ebene ist die der ‚jugendlichen Generationendifferenz', die sich
besonders im Verhalten der Teilnehmer dokumentierte. Es waren insbesondere
die 15- bis 18-jährigen Teilnehmer, die dem Weltjugendtag sein fröhliches, ekstatisches und teilweise ‚wildes' Gesicht gaben, die in nie erlahmendem Eifer
sangen, klatschten und jubelten, mit *Benedetto*-Rufen durch die Kölner Innenstadt zogen, Fahnenwettläufe um den Dom oder auf der Papstroute veranstalteten
oder sich Sängerkriege mit anderen Gruppen in der U-Bahn lieferten. Die Älte-
ren – und mit 20 betrachtet man sich heute schon als abgeklärt und reif – hielten
sich hier etwas zurück und benahmen sich distinguierter.

Eine vierte Ebene – und sicherlich die bedeutsamste – beschreibt die ‚religiöse Vielfalt', also die Zugehörigkeit zu beziehungsweise die Selbstverortung
innerhalb von bestimmten Lagern oder Strömungen des Katholizismus. Der
unbefangene Beobachter, der während des Weltjugendtags durch Köln schlen-
derte, konnte in der Masse der Jugendlichen relativ leicht eine Zweiteilung erkennen: zum Beispiel daran, dass es zwei Versionen der inoffiziellen Jugend-

tagshymne gab, die immer wieder miteinander konkurrierten. Bei der inoffiziellen Jugendtagshymne handelte es sich um den Karnevalshit ‚Viva Colonia' der Kölner Kultband ‚De Höhner'. Während die einen immer wieder das Original: *„Wir lieben das Leben, die Liebe und die Lust, wir glauben an den lieben Gott und haben ständig Durst"* skandierten und damit zum Ausdruck brachten, dass Religion und Spaß durchaus vereinbar sind, sangen die ‚konservativen Elitetruppen des Papstes' ihre eigene, abgewandelte Version: *„Wir lieben Maria, das ganze Drumherum, wir glauben an den lieben Gott und ziehen ins Heiligtum"* und machten sich auf den Weg zum nächsten Gottesdienst. Beide Versionen wurden von unterschiedlichen Gruppierungen gesungen und weisen darauf hin, dass diese mit verschiedenen Erwartungen und Einstellungen zum Weltjugendtag gekommen waren.

Auf der einen Seite standen die zahlreich vertretenen Mitglieder traditionalistischer Gruppierungen und der sogenannten Neuen Geistlichen Gemeinschaften vom *Neokatechumenat* über die *Fokolare-* und *Schönstatt*-Bewegung bis hin zu *Sant` Egidio*, *Totus Tuus* und *Jugend 2000* – Gemeinschaften also, die sich – trotz aller Unterschiede in Entstehungsgeschichte, Zielsetzung und Programmatik –, wenn nicht als ‚konservative Elitetruppen des Papstes', so doch als die eigentlichen Träger der christlichen Botschaft verstehen und sich dem kirchlichen Führungsanspruch und den kirchlichen Morallehren mehr oder weniger bedingungslos unterwerfen und dem Weltjugendtag ein traditionalistisches und/oder ein spirituell-religiöses Gesicht verliehen. Letzteres zeigte sich unter anderem darin, dass es vor allem diese Gruppierungen waren, die an den offiziellen liturgischen Veranstaltungen, wie z.B. den Katechesen, dem Jugendkreuzweg oder auch der Domwallfahrt, teilnahmen und sich in der Regel an die dafür aufgestellten Verhaltensnormen und Riten hielten. Erkennbar waren sie vor allem dadurch, dass sie fast ausschließlich in größeren Gruppen und ausgestattet mit den Symbolen und Erkennungszeichen ihrer Gemeinschaft auftraten, modisch unauffällig respektive uniform gekleidet waren und sich dem ‚wilden Treiben' auf den Kölner Plätzen und Straßen entzogen.

Auf der anderen Seite standen diejenigen, die den herkömmlichen Vergemeinschaftungsformen kirchlicher Jugendarbeit entstammten: Messdienergruppen, Diözesan-Jugendgruppen, aber auch die Mitgliedsverbände des *BDKJ* (Bund deutscher katholischer Jugend) wie die *Kolping-Jugend*, die *Pfadfinder* oder die *Katholische Landjugendbewegung* (KLJB). Auch die Oppositionsbewegung *Kirche von unten* oder die ökumenische Erneuerungsbewegung von *Taizé* können dieser Teilmenge zugerechnet werden, ebenso wie die Teilnehmer an den Jugendprojekten, die von etablierten Ordensgemeinschaften wie beispielsweise den *Jesuiten* im Rahmen des Weltjugendtags initiiert wurden.

So heterogen dieser mehrheitliche Teil auch in seinen Glaubensüberzeugungen und Zielsetzungen war, ein gemeinsames Kennzeichen dieser Teilmenge liegt darin, dass sie sich dem kirchlichen Führungsanspruch – mehr oder weniger deutlich – entziehen und versuchen, in relativer Unabhängigkeit von der kirchlichen Hierarchie und ihren Lehren eine ‚eigene Interpretation' des Katholischen zu finden und umzusetzen. Zum Ausdruck kam diese ‚Souveränität' schon im Kleidungsstil, der durchgängig lockerer, legerer und an heißen Tagen auch offenherziger war. Dies drückte sich aber auch in einer größeren ‚Eigenverantwortlichkeit' bei der Auswahl der offiziellen Angebote aus. Nicht, dass diese Gruppierungen sich den explizit religiösen Angeboten auf dem Weltjugendtag bewusst entzogen hätten – auch sie nahmen an den Gottesdiensten, den Katechesen, der Domwallfahrt oder dem Kreuzweg teil –, sie wählten aber bewusster aus und nahmen sich die Freiheit, Kritik zu üben, Anweisungen zu übergehen und Veranstaltungen zu verlassen, wenn diese ihren Erwartungen nicht entsprachen, um draußen ‚ihr eigen Ding' zu machen. Am deutlichsten wurde diese ‚Widerständigkeit' dann, wenn bei den Gottesdiensten vor der Heiligen Kommunion über Lautsprecher die Aufforderung ertönte, dass nur derjenige, der in vollkommener Eintracht mit den Lehren der Katholischen Kirche lebe, die Kommunion empfangen dürfe. Dann nahm eben der katholische Ministrant seine protestantische Freundin einfach bei der Hand und sagte zu ihr: *„Lass die da oben nur reden, komm einfach mit!"* Es waren insbesondere Mitglieder dieser Jugendgruppierungen, die dem Weltjugendtag durch ihre Selbstständigkeit und partielle Widerständigkeit ein popkulturelles, buntes, offenes, fröhliches, ja ekstatisches Gesicht gaben. Es soll allerdings nicht außer Acht gelassen werden, dass es auch bei den traditionellen Gruppierungen und Neuen Geistlichen Gemeinschaften Formen jugendkultureller Ausgelassenheit gab. Jedoch wirkten diese Gruppierungen, nicht zuletzt durch die interne Überwachung durch Aufsichtspersonen, ‚domestizierter' und hielten sich eher an vorgegebene Grenzen.

Zahlenangaben über die Verteilung der beiden großen Teilnehmerfraktionen wurden von den Veranstaltern des Weltjugendtags nicht bekannt gegeben. Unsere Erkenntnisse lassen aber die Schätzung zu, dass etwa ein Viertel der über 400.000 angemeldeten Besucher traditionalistischen Gruppen und den Neuen Geistlichen Gemeinschaften zuzuordnen sind, während die anderen drei Viertel sich aus den Vergemeinschaftungsformen der herkömmlichen katholischen Jugendarbeit beziehungsweise aus inoffiziellen Laienbewegungen wie der *Wir sind Kirche*-Jugend rekrutierten. ‚Freischwebende' Jugendliche, also solche, die nicht relativ fest und verbindlich in katholische Organisationen und Bewegungen eingebunden sind, waren unter den angemeldeten Besuchern des Weltjugendtages an den Fingern einer Hand abzuzählen. Diese fanden sich – wenn überhaupt – zur Papstmesse auf dem Marienfeld ein. Dies zu betonen ist nicht unwichtig, wenn man um den missionarischen Anspruch der Veranstalter weiß, mit diesem Event auch ‚Kirchenferne' und ‚Kirchendistanzierte' zu erreichen. Der Weltjugendtag war mit einer gewissen Ausnahme des Abschlussgottesdienstes das ‚Familienfest' der in kirchliche Strukturen bereits integrierten Jugendlichen.

2.1.2 Der innerkatholische Kampf um Bedeutung und Anerkennung

Die Tatsache, dass der Weltjugendtag weitgehend friedlich und gewaltfrei ablief, darf nicht darüber hinwegtäuschen, dass unter der harmonischen Oberfläche durchaus Konflikte zwischen den oben beschriebenen Gruppierungen (und teilweise auch gruppenintern) schwelten. Diese wurden allerdings nicht offen ausgetragen, sondern äußerten sich in der Regel eher in gegenseitiger Nichtbeachtung, kleineren Animositäten, Abgrenzungsbestrebungen und Distinktionsbemühungen. Entgegen der in und durch die Medien erfolgten triumphalistischen Inszenierung der Geschlossenheit, Einheit und gläubigen Gefolgschaft, zeigten sich vor Ort immer wieder Elemente eines ‚Kampfes um Bedeutung und Anerkennung'. Diejenigen, die zum einen um die ‚richtige' Definition des Katholischen, zum anderen – und damit verbunden – um Macht und Einfluss in der hierarchischen Organisation der Kirche ‚kämpften', waren vor allem die traditionalistischen Gruppen und – in unterschiedlicher Intensität – die Neuen Geistlichen Gemeinschaften. Während die katholischen Verbände und Laienbewegungen sich aber in der Regel damit begnügten, in ihren jeweiligen Begegnungszentren ihre unterschiedlichen Projekte vorzustellen, ‚Offenheit' zu demonstrieren und versuchten, ihr ‚kritisches Image' zu inszenieren – wie sich exemplarisch am *Global Village* der *Katholischen Landjugendbewegung* oder am *International Youth Hearing for Justice and Peace* des *BDKJ* zeigen lässt –, waren einige der traditionalistischen Gruppen und Neuen Geistlichen Gemeinschaften durchaus bestrebt, aufzufallen und ihre Anwesenheit offensiv zur Schau zu stellen. Hier wurde die Strategie verfolgt, durch Geschlossenheit und Masse Macht zu demonstrieren – gegenüber der Öffentlichkeit, noch mehr aber gegenüber der katholischen Hierarchie. „*Wir müssen sichtbar sein!*", „*Wir müssen uns zeigen!*" – das war das (von der jeweiligen Führung verkündete und von den jugendlichen Mitgliedern begeistert angenommene) Ziel vieler dieser Gemeinschaften.

Dieses Ziel wurde strategisch (und teilweise auch erfolgreich) umgesetzt, was immer zu kleineren Auseinandersetzungen am Rande führte. So war des Öfteren zu beobachten, dass, wenn wieder einmal eine dieser Gruppen mit dem Ruf: „*Wir sind papstbereit!*" durch die Kölner Straßen zog, ihnen im gleichen Rhythmus entgegenschallte: „*Ihr seid bekloppt!*" oder sie hören mussten: „*Oh mein Gott, jetzt kommen die Fundis!*"

Der ,Kampf um Bedeutung und Anerkennung' wurde, wie bereits gesagt, insbesondere von den traditionalistischen Bewegungen und einigen Neuen Geistlichen Gemeinschaften geführt – von jedem der ,Kombattanten' auf eigene Weise, aber mit ähnlichen Zielsetzungen und Strategien. Diese sollen im Folgenden an zwei charakteristischen Beispielen, der *Schönstatt*-Jugend und dem *Global Village* der *Katholischen Landjugendbewegung*, etwas näher erläutert werden.

Abbildung 2.3: Schönstatt trifft Neokatechumenat

Die Jugend der *Schönstatt*-Bewegung, die sich selbst zu den Neuen Geistlichen Gemeinschaften zählt, trat auf dem Weltjugendtag mit eindeutig missionarischer Zielsetzung auf, die sich in eigenen Vorbereitungsveranstaltungen, im eigenen Logo, dem eigenen Motto „*Unser Weg bewegt*", aber auch in Uniformierungen und der Präsentation gruppenspezifischer Symbole zeigte. In einem Interview charakterisierte eine Funktionärin das Selbstverständnis der *Schönstatt*-Jugend wie folgt: „*Wir wollen bewegen, wir wollen die Kirche bewegen und wir wollen eigentlich auch die Jugend der Welt bewegen. Und dieses ,unser Weg', damit meinen wir, unser ,way of life', also die Art, wie wir unser Leben gestalten; da gehört zum Beispiel dieses Liebesbündnis für uns dazu.*" Als „*Vision und Ange-*

bot" sollte die Handlungsmaxime *„Wir wollen bewegen"* der Kirche und den Besuchern des Weltjugendtags vermittelt werden. Der Weg *Schönstatts*, dessen Kern das Liebesbündnis mit Maria ist, wird dabei als richtungsweisend für Kirche und Jugend angesehen. Damit ist der Anspruch formuliert, ‚Führungselite' sein zu wollen und ‚katholischer' zu sein, als die Konkurrenz der anderen katholischen Jugendverbände und Bewegungen. Schon im Vorfeld der Vorbereitungen zum Weltjugendtag gab es auf Diözesanebene Konflikte zwischen *Schönstatt* und der Verbandsführung des *BDKJ*. Eine Leiterin der *Schönstätter* Mädchenjugend schilderte diesen Konflikt wie folgt: *„Ich mein, wir als geistliche Gemeinschaft werden dort einfach nicht richtig ernst genommen. Das ist einfach so. Also bei uns in der Diözese setzt man auf die verbandliche Jugendarbeit, also BDKJ, und die geistlichen Gemeinschaften fallen hinten raus."*

Allerdings sind die *Schönstatt*-Jugendlichen ihrerseits auch nicht gerade zimperlich, wenn es darum geht, den ‚Gegner' zu stigmatisieren. So wird dem *BDKJ* das *„K für katholisch"* abgesprochen und der Verband selbst abschätzig als *„Jugend- und Partytreff ohne spirituelle Tiefe"* etikettiert. Hinzu kommt, dass die *Schönstatt*-Bewegung, wie einige andere der Neuen Geistlichen Gemeinschaften auch, sowohl von Seiten der katholischen Verbände wie auch von Seiten einiger Bischöfe immer wieder mit dem Vorwurf konfrontiert werden, so etwas wie eine katholische Sekte zu sein. Man fühlt sich sowohl unverstanden als auch an den Rand gedrängt und nicht ernst genommen. So beschwerte sich ein junger Mann während einer Diskussion im *Schönstätter* Begegnungszentrum, in der es um das *Gnadenkapital* und dessen Bedeutung für die *Schönstatt*-Bewegung ging: *„Keiner weiß davon, und alle halten dich, wenn du das einmal genauer erklären willst, dann für bekloppt!"*

Diesen Marginalisierungsängsten begegnete die *Schönstatt*-Jugend auf dem Weltjugendtag mit unterschiedlichen Strategien, die im Übrigen auch bei traditionalistischen Bewegungen und anderen Neuen Geistlichen Gemeinschaften zu beobachten waren. Die erste Strategie kann man als ‚Rückzug und Stärkung der eigenen Gruppenidentität' bezeichnen. So wurde die internationale *Schönstatt*-Jugend bereits auf einer dem Weltjugendtag vorgeschalteten Veranstaltung, dem eigenen Jugendfestival, auf diesen eingestimmt, indem dort noch einmal die Grundlagen der eigenen Lehre verkündet und damit auch das Bewusstsein, ‚Elite' zu sein, verstärkt wurden. Trotz des dort proklamierten Auftrags, apostolisch zu wirken, blieben die *Schönstatt*-Gruppen auf dem Weltjugendtag allerdings weitgehend unter sich. So wurden vorwiegend die Veranstaltungen der eigenen Gemeinschaft besucht, Gruppensymbole wie Armbändchen und Halstücher nur unter den eigenen Mitgliedern getauscht. Selbst der charmante ‚Bestechungsversuch' eines jungen Italieners, der es auf das *Schönstatt*-Halstuch eines jungen Mädchens abgesehen hatte, wurde entschlossen abgewehrt. Kontakte zu anderen

Gruppen beschränkten sich auf Begrüßungsrituale und Sängerwettstreite, in denen es vor allem auch darum ging, durch Lautstärke Aufmerksamkeit zu erheischen und den anderen Gruppierungen zu demonstrieren, dass man sich als besonders katholisch, vielleicht als das Beste, was in der Vielfalt des Katholisch-Seins existiert, betrachtet. Wie stark das Zusammengehörigkeitsgefühl ausgeprägt war, zeigte sich unter anderem daran, dass die Begeisterung und die Freude immer dann am größten waren, wenn *Schönstätter* auf *Schönstätter* trafen. Denn, wie ein Jugendlicher formulierte: *„Mit Schönstättern muss man einfach reden."*

Eine zweite Strategie war in dem ständigen und ausdauernden Bemühen zu erkennen, ,Präsenz zu zeigen'. Dies äußerte sich zum einen darin, dass die Jugendlichen geschlossen an allen offiziell angebotenen Programmpunkten wie Morgengebet, Katechesen, Gottesdiensten, dem Kreuzweg, der Domwallfahrt und natürlich dem Highlight auf dem Marienfeld teilnahmen, wenn auch nicht immer mit der bei Gottesdienst und Katechesen gewünschten Aufmerksamkeit. Selbst nach einer Woche intensiver religiöser Beschulung sollte die Zeit zwischen Frühstück und der Fahrt zum Marienfeld noch sinnvoll durch den Besuch eines Gottesdienstes genutzt werden. Absenz beziehungsweise das Lösen von der Gruppe, um auch einmal selbst auf Tour zu gehen, waren weder vorgesehen noch wurde es toleriert. Zwei Mädchen, die erkennbar Ermüdungserscheinungen zeigten und nach der Verbindlichkeit des Besuchs einer Veranstaltung fragten, wurden von Seiten der Gruppenführung mit der Bemerkung, *„Das müsst ihr mit eurem Gewissen vereinbaren"*, zurechtgewiesen. Das Bemühen, Präsenz zu zeigen, äußerte sich allerdings auch in dem Willen, Geschlossenheit und Stärke nicht nur nach innen, sondern auch nach außen zu demonstrieren. So wurden während des Weltjugendtags Aktionen geplant und durchgeführt, wie der Aufbau einer Lichterkette zwischen dem Kölner *Schönstatt-Heiligtum* und der erzbischöflichen Residenz, in der der Papst nächtigte, oder Prozessionen mit Bischöfen, denen eine besondere Nähe zur eigenen Bewegung nachgesagt wurde, um in der Öffentlichkeit wahrgenommen zu werden. So entwickelten viele *Schönstatt*-Gruppen einen besonderen Ehrgeiz, sich bei den großen Massenveranstaltungen – ausgestattet mit ihren Symbolen und ihren überdimensionalen Fahnen und deshalb leicht als Gruppe erkennbar – immer in die ,erste Reihe' vorzukämpfen, um den versammelten kirchlichen Würdenträgern ihre ,besondere Treue' zu demonstrieren. Dementsprechend groß war die Freude, wenn diese ,besondere Treue' auch belohnt wurde. Als bekannt wurde, dass Mitglieder der *Schönstatt*-Jugend sowohl bei einem Mittagessen mit dem Papst als auch auf der Extra-Tribüne auf dem Papsthügel dabei sein durften, kannte der Jubel keine Grenzen mehr.

Neben dem Kampf um die ,richtige' (Be-)Deutung des Katholisch-Seins, der von traditionalistischen Gruppen und den Neuen Geistlichen Gemeinschaften geführt wurde, bot der Weltjugendtag auch eine Plattform für den Kampf um eine ‚gerechte' Organisationsstruktur des Katholisch-Seins, der vor allem in den Reihen der zahlreichen katholischen Jugendverbände zu beobachten war. Unter der Leitsemantik von ‚Nachhaltigkeit' und ‚Gerechtigkeit' nutzten diese den Weltjugendtag weniger für eine diffuse Missionierungsarbeit unter den anderen jugendlichen ‚Pilgern', als vielmehr für eine sehr gezielte öffentlichkeitswirksame politische Lobby- und Professionalisierungsarbeit. Zielgruppe der Jugendverbände waren demnach nicht unentschlossene Jugendliche, die sie von alternativen religiösen Gemeinschaftsformen und richtigen Glaubensinhalten ‚überzeugen' wollten. Im Vordergrund standen vor allem innerkatholische Experten sowie politische Entscheidungsträger, die sie mithilfe von langer Hand geplanten und auf dem Weltjugendtag aufwändig gestalteten ‚Bildungsprojekten' und medial inszenierten ‚Diskursveranstaltungen' auf strukturelle Problemlagen kirchlicher Wertvorstellungen und jugendlicher Partizipation aufmerksam machen wollten. Als Gesprächspartner ernst genommen zu werden und ‚auf gleicher Augenhöhe' mit den Entscheidungsträgern zu sprechen, waren hierbei nicht nur Nebeneffekte, sondern Hauptziele der Aktionen der Jugendverbände.

Exemplarisch sei hier auf die 1947 gegründete *Katholische Landjugendbewegung* verwiesen, die bundesweit über 70.000 Mitglieder umfasst und gemeinsam mit ihrem Weltverband (*MIJARC*) auf dem Weltjugendtag das sogenannte *Global Village* in Bonn organisierte. Das *Global Village*, ein für das Event geschaffenes ‚Dorf' mit Dorfkirche, Biergarten und Bauernhof, diente hierbei de facto weniger als Begegnungszentrum der Jugend, wie in den Broschüren angekündigt, sondern als politischer (Neben-)Schauplatz und Medienbühne der prominenten Weltjugendtagsbesucher. Tatsächlich traf man hier selten auf jubelnde Pilgerströme und Massen begeisterter Jugendlicher. Lediglich die Plätze vor der Videoleinwand und der Biergarten waren während der Übertragung der Großveranstaltungen und der mittäglichen Essensausgabe gut besucht. Aber der große Besucherandrang blieb schon allein durch die relative Randlage des *Global Village* (in Bonn und abseits der religiösen Großveranstaltungen) aus. Dafür schauten beinahe täglich Bundespolitiker vorbei, wie Claudia Roth, Franz Müntefering, Jürgen Rüttgers sowie Horst Köhler mit Gattin, die mit ausgewählten Vertretern der Jugendverbände oder interessierten Gästen über die ‚großen Probleme' unserer globalisierten Welt diskutierten: *„Wir sitzen alle in einem Boot – Generationengerechtigkeit und Bewahrung der Schöpfung"* – so die exemplarischen Titel der Diskussionsrunden. Wie Elmar Schäfer, der (damalige) Bundesvorsitzende der *KLJB*, betonte, ging es den verbandlich organisierten Teilnehmern darum, mithilfe von Projekten wie dem *Global Village* nicht einfach nur Teil eines erlebniszentrierten spirituellen Massen-Events zu sein, sondern ein themenzentriertes ‚Event im Event' mit politischer Botschaft anzubieten – gemäß dem Motto: ‚Mitgestalten statt einfach nur dabei sein.' In den Worten Elmar

Schäfers: *„Bei den Weltjugendtagen geht es sehr stark darum, diese Veranstaltung als Glaubensfest zu erleben, es gibt sehr viele spirituelle Inhalte. Die Arbeit der Verbände ist, ergänzend zu diesen Dingen, auch noch mal sehr politisch geprägt. Es geht sehr viel um gesellschaftliche Mitgestaltung. Vor diesem Hintergrund gab es viele Auseinandersetzungen im Kreise der Jugendverbände, aber letztlich auch die Entscheidung zu sagen: Klar, wenn so eine große Veranstaltung in Deutschland ist, wollen wir da auch präsent sein, aber uns auch mit unserem eigenen Profil, mit unseren Merkmalen präsentieren."*

Die *KLJB* beabsichtigte mit dem *Global Village* in Bonn nicht unbedingt eine räumliche, dafür aber eine thematische Abgrenzung des eigenen Projekts vom Rest des als unpolitisch beurteilten Weltjugendtagprogramms. Es ging ihnen vor allem um die symbolische Abgrenzung vom Mainstream-Publikum im Sinne ‚unkritischer' Party- und Spaßbesucher. Die Zielsetzung auf dem Weltjugendtag war hier eindeutig die Profilierung eines eigenen kritischen Images mit seinen bildungspolitischen Attributen der Aufklärung, Werteorientierung und Partizipation als Gegenentwurf zum Stereotyp des jugendlichen Partytreffs. Wie ‚ernst' es den *KLJB*lern mit ihren Idealen des *„verantwortungsvollen Umgangs mit den Menschen und Ressourcen dieser Erde"* war, konnten sie spätestens am zweiten Tag unter Beweis stellen, als ein junges Mädchen McDonald's-Gutscheine im *Global Village* verteilte, die ihr Mitglieder der *KLJB* kurzerhand aus der Hand rissen und wegwarfen. Sie betonten vor versammelter Mannschaft mit Nachdruck, dass sie nichts mit dem *„Ausbeuter McDonald's"* zu tun haben wollten und verwiesen das Mädchen des Platzes.

Auch wenn dieser Vorfall sicherlich eine Ausnahme blieb, wurde deutlich, dass die *KLJB*-Mitglieder auf dem Weltjugendtag keine Gelegenheit ausließen, ihr kritisches Image öffentlichkeitswirksam in Szene zu setzen. Auch sie verfolgten eine gewisse Doppelstrategie: Einerseits spielte das *Global Village* in seiner dörflichen Struktur auf den Lokalbezug der Weltjugend an, denn es repräsentierte im Sinne der Veranstalter den ländlichen Raum und auch die ‚Jugend auf dem Lande'. Andererseits positionierte sich die *KLJB* auch gezielt in einem globalen Kontext, indem sie Themen der internationalen Umwelt- und Bildungspolitik aufgriff und sich in die ‚Tradition' großer weltweiter Ereignisse, wie etwa der Rio-Konferenz 1992 oder der internationalen Renewable-Konferenz 2004, stellte. Tatsächlich wurde im *Global Village* weniger auf ‚abstrakte' Begriffe wie Glaube oder Religion und Angebote für den Erlebnis(massen)konsum gesetzt. Vielmehr wollten die Verbandsmitglieder mithilfe konkreter Workshops und anspruchsvoller Projekte zum Thema der *Schöpfungsverantwortung* den aktiven Einzelkonsum der Besucher anregen, wie etwa im Biergarten mit ‚fair' gehandelten Produkten, dem begeh- und (be-)greifbaren Energiebauernhof als Modellanlage erneuerbarer Energien oder der selbstgebauten Holzkirche mit Solardach. Nicht zuletzt die zahlreichen Podiumsdiskussionen und Bühnenprogramme zum Thema *Gerechtig-keit, Klimawandel, erneuerbare Energien* verfolgten diese Zielsetzung. Allerdings blieben viele der Projekte ohne nennenswerte Resonanz von Seiten der jugendlichen ‚Pilger': Für die Aktion *Quiz Biomasse* fanden sich mit Mühe und Not vier Teilnehmer, in der Veranstaltung zur *Klimaexpedition* blieben die Zuschauerreihen sogar gänzlich leer. Selbst bei der Ankunft wichtiger Gäste fanden sich keine Massen an jugendlichen ‚Pilgern' ein. Dies lag nicht zuletzt auch darin begründet, dass die *KLJB*ler die Gäste von den anderen Nicht-Verbandsmitgliedern abschirmten und ihnen ein persönlich zugeschnittenes ‚exklusives' Weltjugendtagsprogramm boten. So gelang es der *KLJB*, ein Forum zu schaffen, an dem die politischen Akteure relativ ‚schmerzfrei', das heißt ohne den Massen ‚ekstatischer' Jugendlicher ausgesetzt zu sein, den Weltjugendtag passieren konnten. Gleichzeitig nutzte sie die so angelockte Prominenz für die Herstellung von ‚Weltöffentlichkeit' und für die Inszenierung des eigenen kritischen Images mit durchaus ‚unbequemen' politischen Botschaften, aber auch für die Professionalisierung der eigenen Sache. Letztere erreichte auf dem Weltjugendtag einen Perfektionsgrad, der den ‚eigentlichen' Organisatoren des Weltjugendtages in nichts nachstand: Angefangen beim Fundraising und Finanzierungskonzept des Gesamtprojekts *Global Village* über die Akquise und Inanspruchnahme von Werbepartnern und -medien bis hin zur Gestaltung und medialen Nachbereitung des Bühnenprogramms trat die *KLJB* eher als unternehmenspolitisch denkender und handelnder Veranstaltungsprofi denn als religiöser Sinnanbieter auf.

Ein Kampf um Bedeutung und Anerkennung zwischen den katholischen Strömungen, Lagern und Gruppen war also integraler Bestandteil des Weltjugendtags. Den einen ging es um die Bewahrung ihrer ‚Besitzstände', den anderen um die Verbreitung ihrer Botschaft und ihre innerkirchliche Akzeptanz. In Köln verlief dieser Kampf weitgehend friedlich und konfliktfrei. Er erschöpfte sich – von einigen kleineren Nicklichkeiten abgesehen – in der Präsentation der eigenen Gruppierung und ihrer Ideale. Das darf freilich nicht darüber hinwegtäuschen, dass dieser Kampf um Deutung und Bedeutung des Katholischen seit jeher ein wesentliches Element der Katholischen Kirche ist und in Zukunft auch sein wird. Der Weltjugendtag stellt in diesem Zusammenhang aber eine eher unbedeutende ‚Kampfarena' dar. Diese Auseinandersetzung wird an anderen Stellen und auf anderen Ebenen geführt. Das zeigen schon die ‚Nachhutgefechte', die in katholischen Publikationsorganen über die Frage geführt werden, wer denn nun den Weltjugendtag geprägt und mit seinen Inhalten gefüllt hat: die traditionalistischen Gruppen und die Neuen Geistlichen Gemeinschaften oder die herkömmlichen Verbände der katholischen Jugendarbeit. Es überrascht kaum, dass beide Gruppierungen den Sieg für sich reklamieren und ihren Auftritt als Erfolg feiern.

2.1.3 Das Erlebnis der Einheitsfiktion

Das Konfliktpotential, das sich aus der Pluralität des Katholisch-Seins ergibt, wurde auf dem Weltjugendtag dadurch entschärft, dass es nicht thematisiert wurde, weder von den Organisatoren der Veranstaltung noch von den Jugendlichen selbst. Natürlich wissen sowohl die Jugendlichen als auch die kirchliche Führung um die Pluralität des Katholisch-Seins und die daraus resultierenden ‚Kämpfe'. Bei einigen Bischöfen, wie dem Osnabrücker Jugendbischof Bode, hörte man in den Ansprachen auch die Sorge um die ‚innerkirchliche Homöostase' heraus, wenn er zum Beispiel von *„Vernetzung statt von Versäulung"* sprach. Der Weltjugendtag in Köln, wie die meisten Weltjugendtage vorher, war nicht – anders als beispielsweise die nationalen Katholikentage – als Ort der diskursiven Auseinandersetzung und der theologischen Reflexion konzeptualisiert, sondern als universales Glaubensfest der katholischen Jugend mit ihrem Oberhaupt, dem Papst. So wurden sie von den versammelten Jugendlichen auch angenommen, selbst wenn diese in der Regel nicht von ‚ihrem Fest', sondern von ‚ihrer Party' oder ‚ihrem Event' sprachen.

Für die versammelten Jugendlichen aus der ganzen Welt war der Weltjugendtag eine *„Riesenparty"* mit ihresgleichen und ihrem Papst, eine Veranstaltung zudem, die *„richtig Spaß"* bereitete. Man darf sich durch diese Ausdrucksweise allerdings nicht auf eine falsche – religionsferne – Spur führen lassen bzw. in eine dichotomisierende Alltagslogik verfallen, wonach *„Spaß und Spiritualität nicht zueinander passen"*, wie ein Jugendlicher das ‚Zwei-Welten-Denken' vieler Erwachsener umschrieben hat. Wenn Jugendliche heute die Worte ‚Spaß', ‚Party' oder ‚Event' in den Mund nehmen, verweist der damit gemeinte Bedeutungsinhalt sehr viel stärker auf inkludierende und zusammenhängende Aspekte, als auf exkludierende und trennende. Das bedeutet, die religiöse Dimension der Veranstaltung war den Jugendlichen nicht nur bewusst, sie war ihnen auch wichtig.

Denn zusammen Party machen und gemeinsam Religion erleben, das war ‚die' erste Erwartung, mit der die Jugendlichen nach Köln ‚pilgerten' und die sie am Ende des Events als erfüllt ansahen. Zu erleben, dass man als *„bekennender Katholik nicht alleine in der Welt steht"*, sondern die Erfahrung machen konnte, dass es viele andere junge Katholiken gibt, die so sind wie man selbst, die ähnlich denken und fühlen, die sich den universellen Werten der christlichen Botschaft, insbesondere der Nächstenliebe, der Humanität und der Solidarität, verpflichtet fühlen und die die Aufforderung Johannes Paul II., gemeinsam *„eine Zivilisation der Liebe und Gerechtigkeit aufzubauen"*, als Lebensführungsmaxime ernst nehmen, das war der zweite – und unserer Einschätzung nach – wohl der bedeutendste Eindruck, den die Jugendlichen aus Köln mitnahmen.

Eng damit verbunden war eine dritte Erfahrung, nämlich im Glauben nicht allein zu stehen, als katholischer Christ keine marginalisierte Stellung in seinem persönlichen Umfeld einzunehmen, sondern integraler Teil einer großen, fröhlichen und selbstbewussten Gemeinschaft zu sein, also die identitätssichernde Erfahrung zu machen, dass Glauben nicht nur ‚cool' sein kann, sondern auch ‚einheitsstiftend'. Deswegen nahm man die von den Veranstaltern vorgegebene und meisterhaft inszenierte ‚Einheitsfiktion' des großen katholischen Glaubensfestes gerne an und setzte sie um. Und dass es ihnen gelang, sie umzusetzen, darauf waren die Jugendlichen auch stolz: *„Nur Menschen, die wirklich an Gott glauben, schaffen es, so viele Tage so friedlich zusammen zu sein und ein so schönes Fest zu feiern!"*

Abbildung 2.4: ‚Wisst ihr, dass wir so viele sind?'

2.2   Glaube, Spiritualität, Moral – Die Selbstermächtigung des religiösen
*   Subjekts*

Trotz aller Unterschiedlichkeit der jugendlichen Teilnehmer am Weltjugendtag im
Detail, eines war ihnen allen gemeinsam: Sie verstanden ihn als ein im Kern religiöses Ereignis, nahmen den offiziellen Auftrag, *„Pilger zu sein"* ernst, und fügten sich dementsprechend in den von den Veranstaltern vorgegebenen rituell-
liturgischen Rahmen ein – trotz oder gerade wegen der den Weltjugendtag durch-
gehend dominierenden Partystimmung. Die ‚gläubige Grundorientierung' der
jugendlichen Teilnehmer zeigte sich dem außenstehenden Betrachter vor allem in
der hohen Beteiligung an den Gottesdiensten, Andachten und Katechesen und in
der dort immer wieder zu beobachtenden ‚gläubigen' Anteilnahme und Hingabe.

Abbildung 2.5: Heilige Messe vor dem Marienfeld

Sie zeigte sich aber auch in den Ergebnissen der von uns durchgeführten standardisierten Befragungen. So bezeichnete sich fast die Hälfte aller Befragten, die wir während des Weltjugendtags für eine Fragebogenaktion gewinnen konnten, als ‚sehr religiös' und ‚religiös'. Und weitere 39 Prozent gaben zu erkennen, dass Religion für sie zumindest eine gewisse Bedeutung besitzt.

Abbildung 2.6: „Als wie religiös würdest Du Dich selbst einschätzen?"
(Angaben in Prozent)

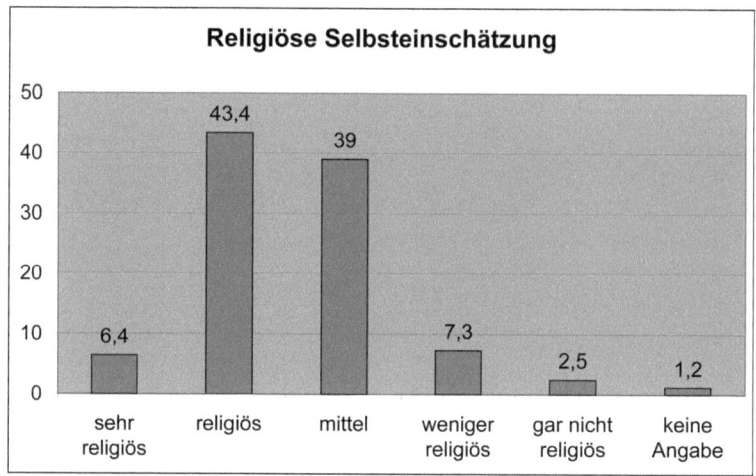

Für die ‚gläubige Grundorientierung' spricht ebenfalls die Häufigkeit des Gottesdienstbesuches, der im Übrigen zu den Standardindikatoren der empirischen Messung von Religiosität und Kirchlichkeit gerechnet wird. Mehr als die Hälfte der Befragten sagte aus, dass sie wöchentlich den Gottesdienst besuchen. Allerdings gaben auch etwa 45 Prozent der Befragten an, dass sie an Gottesdiensten nur noch unregelmäßig teilnehmen. Hier deuten sich also erste Veränderungen im Selbstbild junger Katholiken an. Es scheint Teilnehmer am Weltjugendtag zu geben, für die Religiosität und Gottesdienstbesuch unabhängig voneinander existieren, die den (regelmäßigen) Gottesdienst also nicht mehr als die notwendige Pflicht eines ‚guten Katholiken' erachten.

Abbildung 2.7: „Wie häufig besuchst Du den Gottesdienst?"
           (Angaben in Prozent)

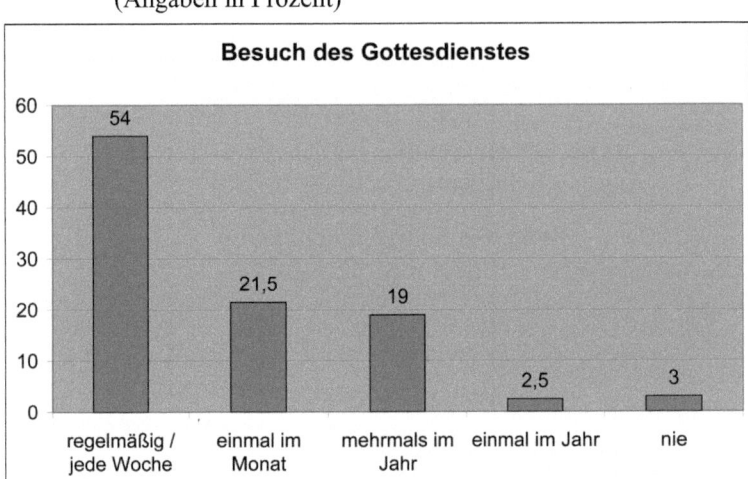

Für die These einer ausgeprägten ,gläubigen Grundorientierung' sprechen auch die Antworten auf die Frage nach dem Grad der Verbundenheit mit der eigenen Pfarrgemeinde. Hier zeigte sich, dass die überwiegende Mehrzahl der Teilnehmer in kirchliche Gemeinde- und Verbandsstrukturen – in der Regel als Mitglieder katholischer Jugendgruppen – eingebunden ist, auch wenn der Grad des Engagements sicherlich unterschiedlich ausfällt. Auch hier sind es wieder fast zwei Drittel der Befragten, die angaben, einen ,engen' oder ,sehr engen' Kontakt zu ihrer Kirchengemeinde zu besitzen. Dieses Umfrageergebnis bestätigt im Übrigen die bereits geäußerte Vermutung (vgl. Kapitel 2.1.1), dass es sich bei den Weltjugendtagen der Katholischen Kirche im Wesentlichen um ,katholische Familienfeste' handelt.

Abbildung 2.8: „Wie eng ist der Kontakt zu Deiner Pfarrgemeinde?" (Angaben in Prozent)

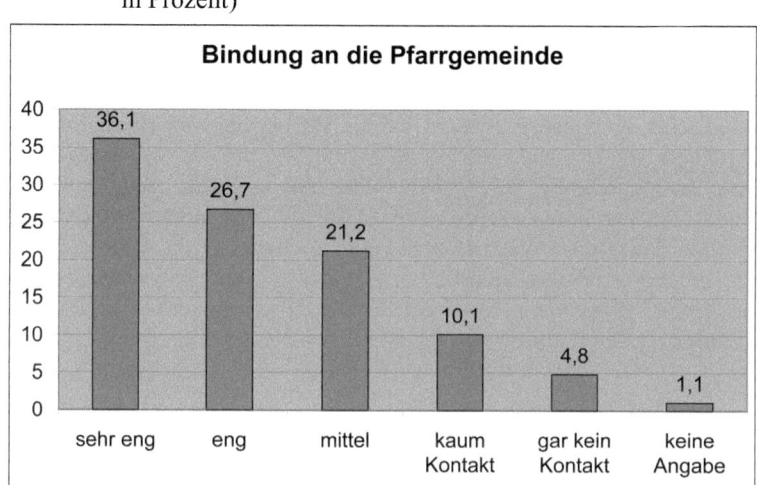

Die hier kurz präsentierten Ergebnisse der standardisierten Befragung zeigen also, dass diejenigen, die am Weltjugendtag teilgenommen haben, sich nicht nur als ‚religiös', ‚gläubig' und ‚pfarrgemeindlich-eingebunden' einschätzen, sondern sich auch der Kirche und ihrer Lehre ‚irgendwie' verbunden fühlen. Damit unterscheiden sich die jugendlichen Teilnehmer am Weltjugendtag in ihrem Religionsverständnis und in ihrer Glaubenstiefe entscheidend von den sogenannten ‚Normaljugendlichen', deren religiöser Habitus zum Beispiel in der Shell-Jugendstudie 2000 wie folgt charakterisiert wird: *„Der Glaube [...] ist zu einer eher unverbindlichen individuellen Meinung geworden, ohne deutliche Zusammenhänge zu anderen Merkmalen, ohne strukturierende Kraft für Lebensführung und Einstellungen"* (Fuchs-Heinritz 2000: 167). Die Teilnehmer am Weltjugendtag in Köln sind – worauf auch ihre Marginalisierungsängste verweisen (vgl. Kapitel 2.5.2) – ganz deutlich eine ‚Minderheit' unter den heutigen Jugendlichen, und sie empfinden sich auch als solche. Das Urteil, mit dem Hans-Georg Ziebertz und Christian Scharnberg ihre Untersuchung zum Weltjugendtag in Toronto schließen, gilt in fast identischer Weise auch für den Kölner Weltjugendtag: „Die befragten Jugendlichen sind insgesamt gut in kirchliche Bezüge eingebunden. Sie [...] haben durch Mitgliedschaften oder regelmäßige Teilnahme an kirchlichen Angeboten Anschluss an kirchliche Gruppen oder Gemeinden und fühlen sich letzteren – vermutlich auch durch die eigene Involviertheit – nahe. Ihnen ist das persönliche Gebet eine vertraute religiöse Praxis. Diejenigen, die den Fragebogen ausgefüllt haben, sind keine dem kirchlichen Christentum

Entfremdeten, die den Weltjugendtag als niederschwelliges Schnupperangebot in
Sachen Christentum und Kirche nutzen" (Ziebertz/Scharnberg o.J.: 18).

Unsere Befragungsergebnisse lassen also keine Zweifel daran, dass die ü-
berwiegende Mehrheit der in Köln versammelten Jugendlichen sich nicht nur als
,religiös' einschätzen, sondern sich auch als ,Katholiken' betrachten, die – in
unterschiedlicher Intensität – zu ihrer Kirche stehen und ihre Ritualpraxis nicht
nur akzeptieren, sondern auch wertschätzen und ihr eine wichtige Bedeutung für
die eigene Lebensführung zusprechen. Über die konkrete Ausgestaltung der
,Religiosität' der jugendlichen Teilnehmer ist damit aber noch wenig ausgesagt.
Wie sieht ihr Glaube aus? Was ist ihnen heute noch an der christlichen Botschaft
wichtig? Welches sind ihre spirituellen Bedürfnisse und wie wollen sie diese
befriedigt sehen? Wie stehen sie zur Institution der Kirche und ihrer Morallehre?
Diesen Fragen wollen wir uns im Folgenden etwas näher widmen.

2.2.1 Gelebte Paradoxie: Die katholische Einheit von Kirchenakzeptanz und Kirchenkritik

Eine erste Korrektur an dem bisher gezeichneten Bild ergibt sich, wenn man sich
die Antworten auf die Frage nach der Stellung zur Institution Kirche betrachtet.
Hier wird deutlich, dass die grundsätzliche Selbstdefinition als ,katholisch' und
die generelle Eingebundenheit der jugendlichen Teilnehmer in die vielfältigen
Strukturen der Katholischen Kirche kein ,Blankoscheck' für die Amtskirche zu
sein scheint, der auf eine durchgehende Linientreue und Kirchenakzeptanz der
Weltjugendtagsteilnehmer verweist. Anders als bei den bisher vorgestellten Be-
fragungsergebnissen, findet sich bei dieser Frage der höchste Zustimmungswert
bei der mittleren Antwortkategorie: 9,3 Prozent der Befragten gaben an, der Institution Kirche sehr positiv gegenüber zu stehen, 34,2 Prozent charakterisierten ihr
Verhältnis als positiv, 40,2 Prozent nahmen eine typische Mittelstellung ein und
14,8 Prozent kennzeichneten ihre Einstellung als negativ oder sehr negativ.

Abbildung 2.9: „Wie stehst Du zur römisch-katholischen Kirche als Institution?"
(Angaben in Prozent)

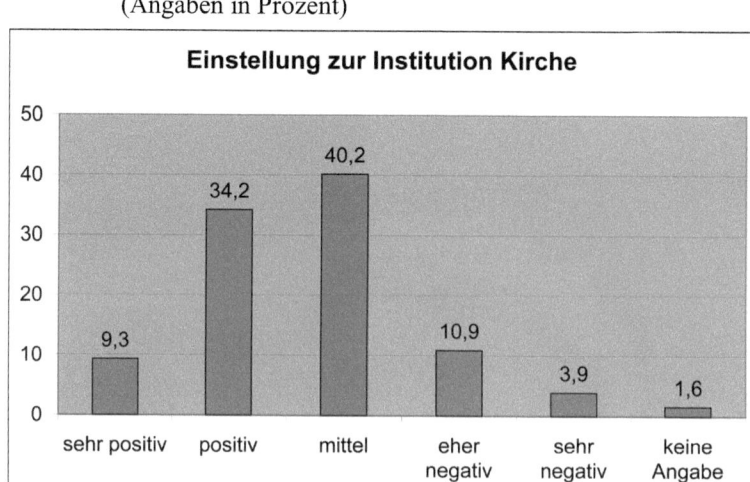

Dieses Ergebnis zeigt zweierlei: Zunächst einmal unterstreicht es die bereits dargestellte Pluralität des Katholisch-Seins, die sich insbesondere aus der jeweiligen Stellung gegenüber der Kirchenhierarchie und ihrer ‚Machtansprüche' ergibt. Auf der einen Seite finden sich die kirchentreuen, am traditionellen Ritus genauso wie am Führungsanspruch des Klerus festhaltenden ‚konservativen Elitetruppen des Papstes', auf der anderen Seite die mehr oder weniger diffuse Masse der ‚Kirchenskeptiker', die zwar durchaus kirchlich-institutionell interessiert und engagiert sind, aber der Institution gegenüber eine – mehr oder weniger ausgeprägte – kritische Haltung demonstrieren. Des Weiteren verweist das Ergebnis aber auch auf ein für den Katholizismus besonders typisches Phänomen: Die geradezu selbstverständliche Einheit von nicht in Frage gestellter Kirchenzugehörigkeit und oftmals dezidierter Kirchenkritik. Eine gewisse ‚oppositionelle' Haltung gegenüber Kirche und Klerus, die sich im Habitus ‚gläubiger Kirchenkritik' verdichtet, war schon immer und ist auch heute noch integraler Teil des Selbstverständnisses der katholischen Laien. Neu ist nur, dass sich diese ‚oppositionelle Haltung' – auch unter Jugendlichen – immer mehr ausbreitet, an Kontur und Intensität gewinnt und sich in einem teilweise sehr selbstbewusst vorgetragenen Anspruch auf eine eigene, individuelle, vom kirchlichen Lehramt unabhängige, religiöse Kompetenz äußert – eine Entwicklung, die man durchaus als Teil eines größeren, für spätmoderne Gesellschaften typischen Prozesses verstehen kann, der oft als die ‚Selbstermächtigung des religiösen Subjekts' beschrieben wird (vgl. Gebhardt 2003b: 7).

Abbildung 2.10: Gelebte Paradoxie

Dieser Anspruch lässt sich sowohl bei den pfarrgemeindlich-verbandlichen Jugendgruppen als auch bei vielen Mitgliedern der sogenannten Neuen Geistlichen Gemeinschaften erkennen, deren Ursprung ja oftmals in der dezidierten Kritik an der fehlenden spirituellen Tiefe der amtskirchlichen Praxis und der Revitalisierung des ‚echten Glaubens' jenseits amtskirchlicher Strukturen in eigenen, weitgehend autonomen Gemeinschaften zu finden ist – auch wenn die meisten der

Neuen Geistlichen Gemeinschaften heute ihren Frieden mit der Amtskirche gemacht haben und von dieser inzwischen nicht nur anerkannt, sondern sogar hoch geschätzt werden.

Die generelle Zweiteilung der Weltjugendtagsbesucher in mehr oder weniger kirchenskeptische ‚gläubige Kritiker' und kirchentreue ‚Rechtgläubige' findet ihren Ausdruck auch auf der Ebene der Selbstdefinition als ‚religiös'. *„Würdet Ihr Euch selbst als religiös bezeichnen?"* war eine der Fragen, die den jugendlichen Teilnehmern auch im Rahmen der narrativen Interviews gestellt wurde. Typisch sind die Aussagen zweier junger Frauen, weil sie die Pole beschreiben, zwischen denen sich die Selbsteinschätzungen der Jugendlichen bewegen. Die eine antwortete auf die Frage ganz spontan und bestimmt: *„Ich auf jeden Fall"*, während die andere – eher verunsichert – ihre Religiosität als *„so ein Mittelding"* charakterisierte. Diese Selbstzeugnisse sind bezeichnend für die Heterogenität der Jugendlichen in Glaubensfragen. Während die einen ‚fest' im Glauben stehen und dies mit ihrer Gefolgschaft und ihrem Gehorsam der Kirche gegenüber begründen, kultivieren die anderen ein gepflegtes ‚Jein' und begründen ihre Ambivalenz vor allem mit Vorbehalten gegen die Institution Kirche. Interessant an dieser Aussage ist, dass sich hier die eigene Einschätzung der Religiosität als ‚Mittelding' nicht an einem mangelnden oder irgendwie beeinträchtigten Gottesglauben festmacht, sondern ausschließlich daran, dass man den Vorgaben der Kirche nicht mehr bedingungslos zu folgen bereit ist. Dies führt aber keineswegs zum Bruch mit der Kirche, sondern zu einer Haltung der ‚kritischen Nähe'.

Ähnliches gilt für den Gottesdienstbesuch, dessen Relevanz sowohl von den ‚Kirchenskeptikern' als auch von den ‚Kirchentreuen' immer unter dem Gesichtspunkt der Erfüllung beziehungsweise Nichterfüllung der Sonntagspflicht diskutiert wird. *„Also ich besuch schon regelmäßig den Gottesdienst, auch wenn ich jetzt nicht ministrieren muss. Ich geh dann trotzdem in die Kirche. Ich bete auch jeden Tag, das ist für mich ganz normal. Das ist vielleicht auch so, weil ich so erzogen worden bin"*, so charakterisiert eine 22-jährige junge Frau aus Bayern ihre Religiosität. Sie grenzt sich damit gegen andere Messdiener ab, die wohl nur zu ‚Dienstzeiten' in die Kirche gehen und betont auch ihre regelmäßigen Gebetszeiten. Im Bewusstsein, dass sie mit dieser Haltung eher eine Sonderstellung einnimmt, rechtfertigt sie sich mit ihrer religiösen Erziehung. Eine junge Mexikanerin drückt dagegen ihr ‚Jein' wie folgt aus: *„Also ich habe immer gefühlt, dass man manchmal dankbar sein oder um Vergebung bitten oder, ich weiß nicht, jemanden um Hilfe bitten muss. Und dieser jemand ist für mich Gott. Nur dass ich mit der Institution zerstritten bin, weil sie so viele Irrtümer begangen hat. Und obwohl Gott für mich wichtig ist, gehe ich nicht oft in die Kirche."* Die junge Frau spricht ein klares Bekenntnis zu einem personalen Gott aus, der für sie Adressat ihrer moralischen und existenziellen Angelegenheiten ist. In scharfem Kontrast dazu steht ihr Verhältnis zur Institution Kirche, mit der sie sich in Konflikt sieht. Die Einhaltung der Sonntagspflicht wird von ihr unterwandert, indem sie ihr Fernbleiben vom Gottesdienst mit den *„Irrtümern"* der Amtskirche legitimiert. Ihre Protesthaltung zeigt sich aber nicht nur gegenüber der Kirche, sondern auch gegenüber den Konventionen der Erwachsenen: *„Wenn meine Eltern mich dazu zwingen wollen, sage ich ihnen immer, dass man ins Haus Gottes nur geht, wenn man das Bedürfnis dazu empfindet, und nicht durch Zwang."*

Insbesondere am ‚Kirchgängertum' scheiden sich also die Geister. Für die einen ist es der Inbegriff von Rechtgläubigkeit und Glaubenstreue – selbst dann, wenn an der Art der Gestaltung herkömmlicher Gottesdienste harsche Kritik geübt wird. Für die anderen ist es ein Reizwort, das für eine formale, institutionsgebundene und gleichgeschaltete Religiosität steht, der sie die Vorstellung einer selbstbestimmten Glaubenspraxis entgegensetzen, die zwar großteils noch traditionell geprägt ist, aber eben durch die Bedürfnis- und Interessenlagen der Jugendlichen bestimmt wird. Der wachsende Anspruch auf eigene religiöse Kompetenz summiert sich dann oft in der rhetorischen Frage: *„Warum brauchen wir einen Vermittler zwischen Gott und uns?"*

2.2.2 Die Sehnsucht nach ‚lebendiger Kirche' und ‚authentischer Spiritualität'

Diese zunehmende Souveränität im Umgang mit der Institution Kirche und ihren Vorgaben, die jedenfalls für die überwiegende Mehrzahl der Weltjugendtagsteilnehmer typisch ist – und in gewisser Weise auch für viele jugendliche Mitglieder der Neuen Geistlichen Gemeinschaften gilt –, hat auch Auswirkungen auf die subjektive Frömmigkeitspraxis und damit verbunden auf die Erwartungen an die kirchlichen Angebote. So artikulierten die Jugendlichen in zahlreichen Interviews ihre Sehnsucht nach ‚lebendiger Kirche' und ‚authentischer Spiritualität'. Um die Religiosität der Jugendlichen besser verstehen zu können, sei an dieser Stelle ein kleiner Exkurs erlaubt. Der amerikanische Psychologe und Philosoph William James unterscheidet in seinem Hauptwerk ‚Die Vielfalt religiöser Erfahrung' (1979: 61f.) zwei Formen von religiöser Erfahrung. Während er die „lebendige religiöse Erfahrung" als unmittelbare Begegnung des Individuums mit dem Göttlichen charakterisiert, spricht er von „abgeleiteter religiöser Erfahrung", wenn es um die von Institutionen vermittelte Religiosität geht. Er bezeichnet diese Religion deshalb als „Religion aus zweiter Hand", deren Frömmigkeitspraxis sich eher in „dumpfer Gewohnheit" zeigt. Diese Sicht von Religion hilft in besonderer Weise, das Spezifikum der jugendlichen Religiosität auf dem Weltjugendtag zu verstehen, geht es den Jugendlichen doch auch um ‚das Ernstnehmen' ihrer eigenen Religiosität, und diese drückt sich eben nicht nur in der passiven Aufnahme von kirchlichen Lehren und Ritualen, sondern in ihrer ganz eigenen, subjektiven Lebens- und Frömmigkeitspraxis aus.

Über ihre Gebetspraxis befragt, formuliert eine junge Frau aus Lateinamerika Folgendes: *„Manchmal bete ich nachts und bedanke mich für das, was ich habe, weil ich eigentlich ganz gut lebe und es meiner Familie gut geht und wir uns bedanken müssen für das, was wir haben. Manchmal bittest du auch, wenn du verzweifelt bist und du Kraft brauchst, und irgendwo musst du sie ja erbitten. Er wird sie dir nicht so geben, aber er gibt dir so was wie eine Anleitung durch die Prinzipien und viele Sachen, die in der Bibel stehen. Manche Passagen öffnen irgendwie deine Augen und sagen dir, wo es langgehen soll."* Der jungen Frau ist es wichtig, ihre existentiellen Erfahrungen und Bedürfnisse zu artikulieren; eine Möglichkeit für sie ist das frei formulierte Gebet, das nach ihrer Selbstauskunft auch bei der persönlichen Lebensbewältigung hilft. Das Leben selbst in die Hand zu nehmen, zu gestalten und damit auch Verantwortung zu übernehmen, ist für viele der Weltjugendtagsbesucher Lebensideal.

Vor dem Hintergrund dieser Sichtweise wird der traditionelle Gemeindegottesdienst durch das passive *„nur Rumsitzen und Zuhören"* als *„langweilig"* empfunden. Hinzu kommt, dass Jugendliche auf kirchliche Funktionäre, die keinen Bezug zu ihrer Lebenswelt aufbauen können, die auf Distinktion bedacht sind und in Wort und Handeln nicht authentisch wirken, *„keinen Bock haben."* Gelingt es einem charismatischen Priester (oder einer ‚Gemeinschaft') allerdings, die Jugendlichen zu begeistern, treten selbst die gängigen geselligen Freizeitaktivitäten in den Hintergrund. Ein junges Mädchen berichtet darüber: *„Ja, wenn wir wissen, dass der (Priester; d.A.) irgendwo in der Nähe ist, dann fahren wir da samstags abends hin und lassen irgendwelche Feten sausen. Weil der steht da nicht stocksteif mit einer Rede, die von irgendwem geschrieben wurde und steht da vorne am Altar. Der hat einfach ein Mikro in der Hand, kommt runter und erzählt. Der hat einfach nichts vorbereitet, der erzählt einfach, wo wir dann einfach sitzen, Mund offen und, woah, Wahnsinn. Hat ja Recht mit dem was er da erzählt! Und das ist etwas ganz anderes, als wenn da nur einer steht und den Text runterrasselt und sich nur auf die Bibel bezieht. Und er erzählt einfach vom Leben, was er erlebt hat, und das ist einfach Wahnsinn, was der schon mitgemacht hat."*

Auf der Suche nach einer ihren persönlichen Bedürfnissen entsprechenden Religion gehen manche Jugendliche auch durchaus eigene Wege. Zum einen wird das vorhandene ‚Angebot' an Religionen, Glaubenspraktiken und -techniken gesichtet, indem man *„in so verschiedene Glaubensformen reinschnuppert"* oder man bastelt sich seine eigene Religion zusammen, wie die

Äußerungen einer Pilgerin belegen: *„Mein persönlicher Ansatz ist, es gibt nicht eine Religion, sondern jeder muss halt das Stück Religion, was persönlich zu einem passt, ein bisschen raussuchen."* Es gibt allerdings auch Ideen, die in einer Art ‚Ökumenismus' die unterschiedlichen Religionen zu harmonisieren versuchen: *„Was ich nicht verstehe, warum alle Religionen unterschiedliche Namen haben, wenn sie alle den gleichen Gott anpreisen, sie tauschen nur den Namen aus."* Neben diesen eklektizistischen und synkretistischen Verfahren werden aber auch Transformationen vorgenommen, in dem Glaubensinhalte recht eigenwillig umdefiniert werden. Typisch ist hier die Aussage eines männlichen Weltjugendtagsbesuchers: *„Kirchlicher Glaube sagt, du sollst beten und singen und Gottesdienste besuchen und hier und tralala, und der christliche Glauben beruht einfach nur darauf, dass man Menschen jeder Art, ob Behinderte, Alte, Junge oder welche ohne Perspektive, respektiert. Ja, ich geh gerne auf Leute zu und rede halt mit ihnen und das ist für mich christlicher Glaube."* Der junge Mann nimmt hier eine Unterscheidung von kirchlichem und christlichem Glauben vor: Die rituellen Praktiken der Kirche werden als schematisch und weltfremd empfunden, wohingegen sich der wahre christliche Glaube für ihn in der Verwirklichung des Gebots der Nächstenliebe zeigt. Diese ethische Grundhaltung macht er zum alleinigen Inhalt seiner Religiosität. Es ist für ihn deshalb auch kein Widerspruch, sich als *„christlicher Atheist"* zu definieren.

Eine gewisse Profanisierung von Glaubensinhalten lässt sich auch an folgender Aussage ablesen: *„Eine ehrenamtliche Tätigkeit, also dass man sich engagiert, kann genauso gut wie beten sein.".* Auch hier wird die Religiosität ganz ins aktive Leben verlagert und Spiritualität im *„einfach irgendwo mitmachen"* erfahren. Ein anderer Jugendlicher setzt bei seiner Gottsuche auf Gemeinschaft, die er auf dem Weltjugendtag findet: *„Wir sind von Natur aus sozial. Zusammen zu sein hilft uns also sehr, uns Gott zu nähern. Wenn du alleine losziehst, um Gott zu suchen, wird es sehr schwierig sein."* So gesehen sind Gemeinschaftserfahrungen mit Gleichgesinnten für viele auch ein Ansporn, ihren Glauben zu vertiefen, wie es auch in dem folgenden Zitat zum Ausdruck kommt: *„Also ich fands total schön, hat mir wirklich gut gefallen, die gemeinschaftliche Atmosphäre war total außergewöhnlich. So was hat man, denk ich mal, auf keinem anderen Festival, weil halt noch dieser religiöse Hintergrund dabei war. Ich denke, ich bin bei so Fragen was Gott angeht ein bisschen weiter gekommen, weil ich mich mit anderen darüber austauschen konnte."*

‚Spaß haben', ‚Gott suchen' und ‚Gemeinschaft erleben' werden bei dieser jungen Frau zum *„tollen Erlebnis"*, das sie eben nur auf einem religiösen Event wie dem Weltjugendtag in dieser Kombination erfahren kann.

Abbildung 2.11: Glaube und Spaß gehen ‚Hand in Hand'

Hervorzuheben ist, dass diese Synthese von ‚Party machen' und ‚Spiritualität' eine universelle Erfahrung aller Weltjugendtagspilger ist. Sie verbindet die verschiedenen Lager und gilt auch – und dies muss mit aller Deutlichkeit formuliert werden – für die Mitglieder der Neuen Geistlichen Gemeinschaften und sogar für Teile der traditionalistischen Gruppen. Deshalb muss auch die saloppe Typisierung eines Weltjugendtagspilgers relativiert werden, der die Teilnehmer in *„Weihrauchkiffer"* und *„Hardcorechristen"* einteilt und sie folgendermaßen charakterisiert: *„Also die Hardcorechristen waren halt diejenigen, die im Flugzeug die Bibel gelesen und den Rosenkranz gebetet haben, damit sie nicht abstürzen. Die Weihrauchkiffer waren eher die, die rumgegrölt haben, Spaß hatten und Party gemacht haben."*

Auch die Mitglieder der Neuen Geistlichen Gemeinschaften wissen um den besonderen ‚Kick' dieser Mischung. Für einen Jugendlichen aus der *Schönstatt*-Bewegung gehört Feiern und Beten ebenfalls ganz selbstverständlich zum

‚Christ Sein': *„Fröhliches Feiern gehört zur Gemeinschaft dazu, das braucht man auf alle Fälle. Gut, was das Tolle hier natürlich auf alle Fälle ist, dass die Leute feiern können, ohne über die Stränge zu schlagen und dass dann, wenn es ums Spirituelle geht, eigentlich auch alle wissen: Okay, jetzt ist es Zeit, jetzt geht`s um Christus, jetzt heißt es umzuschalten und zu beten."* Im Bewusstsein ihrer Vorbildfunktion bleibt das ‚fröhliche Feiern' in diesen Bewegungen in einem geordneten Rahmen und wird getreu nach Kohelet ‚Alles hat seine Zeit' praktiziert.

Betrachtet man nun die Interviewpassagen unter dem Gesichtspunkt, was die Weltjugendtagspilger alles mit ‚schön' und ‚Spaß' konnotieren, dann fällt zuerst auf, dass es kaum um die intellektuelle Auseinandersetzung mit Glaubensinhalten geht, sondern vor allem darum, ‚Spiritualität' zu erleben und zu erfahren. Unter ‚Spiritualität' verstehen die Jugendlichen in der Regel emotional berührende, ganzheitlich-authentische, also mit ‚allen Sinnen' gemachte Erfahrungen. Es sind vor allem jugendadäquate musikalische Beiträge, medial inszenierte Stimmungsbilder, Tänze und symbolische Aktionen, wie das gemeinsame Tragen des Weltjugendtagskreuzes, die die Jugendlichen begeistern und das Ereignis Weltjugendtag im Nachhinein als ‚schön' und ‚spirituell' empfinden lassen. Eine 18-jährige Konstanzerin beschreibt die Stimmung des Weltjugendtags: *„Also ich find`s klasse. Viele tanzen und singen einfach und fangen an Lobpreis zu machen. Es ist total schön, ich genieße es."* Gefühlseruptionen, Enthusiasmus mit leicht ekstatischen Einschlägen und das authentische Erleben von Gemeinschaft – das ist das ‚spirituelle Dreigestirn' des Kölner Weltjugendtags, welches den Teilnehmern Erfüllung und Momente situativer Glückseligkeit beschert.

Es ist genau dieses Zusammenspiel vieler unterschiedlicher Erlebnisreize, das Jugendliche heute aus anderen Zusammenhängen kennen, das bei ihnen Euphorie und Außeralltäglichkeit hervorruft und selbst Kirchendistanzierte beeindruckt. Eine zentrale Bedeutung kommt dabei der Musik zu. So wird in vielen Äußerungen der Wunsch der Jugend nach *„ihrer Musik"* artikuliert und in Kontrast zum *„drögen"* Gemeindeliedgut gesetzt. Ein junger Mann bringt dies auf den Punkt: *„Ja, da müssten sich die Prinzipien ändern. Das fängt ja schon mit der Musik an. Das sieht man hier auch zum Beispiel daran, dass eine ganz andere Atmosphäre entsteht, wenn eine Gospelband oder ein Kirchenchor mit Schlagzeug und Keyboardbegleitung spielen. Und wenn es dann auch noch andere Lieder sind, als die aus dem ‚Gotteslob', dann macht das wirklich viel aus. Besonders toll sind die Messen, die man mitgestalten kann, wo Jugendliche ihre Musik spielen können."* Das, was sie auf dem Weltjugendtag erlebt haben, wünschen sich die Jugendlichen auch für den Gemeindegottesdienst. Auch dieser soll zum ‚spirituell' berührenden ästhetischen Erlebnis werden, so die Forderung vieler Jugendlicher. Dieser generelle Wunsch nach einer eigenen ‚religiösen

Jugendkultur', die sich in Gemeinschaft, eigener Sprache, körperlicher Expressivität und Musik ausdrückt, wird in der Äußerung einer Teilnehmerin sehr deutlich: *„Wir veranstalten auch Zeltlager mit dem Kolping und da wird dann auch ein Gottesdienst veranstaltet. Das ist einfach cool! Mit 50 Jugendlichen im Wald zu sitzen und Gottesdienste zu feiern, das hat was. Weil, das sind unsere Lieder, die wir dann aussuchen, die man versteht, die jeder kennt, mit Gitarren und Trommeln, wo unsere Sprache gesprochen wird, wo dann auch alle mitsingen. Das war superklasse. Das war einfach was anderes, was Jugendlicheres. "*

Abbildung 2.12: Das ‚spirituelle Dreigestirn': Gefühl, Enthusiasmus und Gemeinschaft

So deutlich also die Kritik an der Institution Kirche und ihrer Ritualpraxis bei vielen Weltjugendtagsbesuchern auch ausfallen mag, es muss festgehalten werden, dass es sich dabei um keine ‚Fundamentalkritik' handelt, sondern um ‚gläubige Kritik'. Jugendliche stehen den traditionellen liturgischen Ausdrucksformen von Religiosität und Spiritualität wie Gebet, Andacht und Gottesdienst durchaus positiv gegenüber. Sie erwarten aber – und dies tragen sie immer offensiver vor – eine individuelle, persönlich-ansprechende und in jugendkulturelle Ausdrucksformen eingebettete Umgestaltung dieser Elemente. Die Jugendlichen auf dem

Weltjugendtag wünschen sich – quer durch fast alle Lager – keine ‚andere‘ Kirche, sie wünschen sich nur eine ‚lebendigere Kirche’, auch wenn die Vorstellungen, was die ‚Lebendigkeit’ von Kirche ausmacht, differieren.

2.2.3   ‚Liebe, Sex und solche Sachen’: Zum Umgang mit der katholischen Morallehre

Am deutlichsten äußert sich der wachsende Anspruch auf Souveränität und eigene religiöse Kompetenz allerdings, wenn es um die Bedeutung und Relevanz der kirchlichen Morallehre geht. Wenn deren Ansprüche an den einzelnen sich in einem eher abstrakteren und für den eigenen Alltag eher unverbindlichen Rahmen bewegen, also nur allgemeine Werte wie Frieden, Gerechtigkeit und Solidarität (mit den Armen) einfordern, dann zeigen sich die meisten Jugendlichen nicht nur als ‚brave’ Gefolgsleute der Kirche, sondern zeigen sich auch bereit, an ihrer Umsetzung aktiv mitzuwirken, also ‚Nächstenliebe’ zu praktizieren. Denn gerade in diesen Werten sieht man das eigentliche Proprium des Christlichen, wenn nicht sogar des Katholischen. Wenn die Ansprüche der katholischen Morallehre allerdings verbindlicher werden und unmittelbare Auswirkungen auf die Gestaltung der eigenen Lebensführung haben, dann betonen die meisten Jugendlichen aber ihre ‚Souveränität’ und fordern Mitsprache und das Recht auf eigene Entscheidung. Dies gilt – nicht weiter überraschend – ganz besonders für die Themenbereiche ‚Frau und Kirche’ und ‚Sexualität’.

Abbildung 2.13: ‚Kiss Mary!'

In vielen der Einzel- und Gruppengespräche, in denen wir die Jugendlichen u.a. mit den offiziellen Aussagen der Katholischen Kirche zu brisanten Themenfeldern der Sexualmoral (Abtreibung, Verhütung, Zölibat, Geschlechtsrollenbilder) und ihrer Bedeutung im eigenen Leben konfrontierten, überraschten die Jugendlichen mit einer – jedenfalls auf den ersten Blick – leicht widersprüchlichen Sexualmoral: Was – salopp formuliert – ‚oben' gesagt und ‚unten' gemacht wird, ist nicht deckungsgleich. Dennoch erklären die Teilnehmer und noch mehr die Teilnehmerinnen am Weltjugendtag die Differenz zwischen kirchlichem Wunsch und jugendlicher (Alltags-)Wirklichkeit nicht durch eine polarisierende ‚Ja-nein-Argumentation'. Im Gegenteil, sie halten gewissermaßen beide für ‚richtig'. Die Jugendlichen gehen davon aus, dass die Kirche als Institution nicht aus ‚inhaltlicher Überzeugung', sondern aus ‚funktionaler (Überlebens-)Notwendigkeit' bestimmte Dogmen vertritt. Für sie ergibt sich daraus weniger ein persönliches Dilemma, als vielmehr ein Dilemma der Kirche, wie eine junge Frau bemerkt:
„Dieses Thema hatten wir auch in der Schule durchgesprochen und das waren dann die fünf Dilemmata der Kirche. [...] Klar gibt es Sachen, die ich kritisiere bezüglich der Pille oder Verhütung. Aber andererseits denke ich auch, es gibt Traditionen und Rituale, die die Kirche beibehalten sollte. Denn wenn man alles umschmeißt, ist es auch schlecht. Es muss halt noch eine Tradition geben, die einen Wiedererkennungswert hat. Ähnlich wie meine Freundin eben gesagt hat, wenn sie alles der Zeit anpassen würden, dann wäre es etwas Unechtes. Wenn man davon ausgeht, dass Gott das Leben geschenkt hat, dann kann man halt nicht immer vereinbaren, dass Abtreibung in jedem Falle erlaubt ist. Manche Meinungen erkenne ich an, andere sehe ich anders, wie z.B. dass Frauen keine Priester werden dürfen oder das Zölibat [...]. Ich bin nicht unbedingt für das Zölibat, aber wenn ich das halt aus der Sicht sehe, dass ein Priester für seine Gemeinde rund um die Uhr da sein muss, dann ist halt fraglich, ob er gleichzeitig für seine Familie da sein kann. Das ist vergleichbar mit jemand, der eine Berufskarriere machen will, der muss sich auch die Frage stellen, ob es sinnvoll wäre, eine Familie zu haben. So sehe ich das halt. Ich versuche, da meinen Weg zu finden, manches akzeptiere ich, anderes halt nicht."

Argumentationen wie diese gehören zum Standardrepertoire junger Katholiken, wenn es um die Sexualmoral geht, die ihre Kirche lehrt. Insgesamt zeichnet sich die Einstellung der katholischen Jugendlichen durch eine hohe ‚Ambiguitätstoleranz' aus: Sie dulden das Zölibat für katholische Priester, können sich aber für sich selbst ein enthaltsames Leben nicht vorstellen. Sie halten Verhütung für wichtig, sehen aber ein, dass die Kirche dagegen ist. Sie definieren Abtreibung nicht als Sünde, würden aber ein Dafürhalten der Kirche für unglaubwürdig halten. Die Jugendlichen wünschen sich in all diesen Fragen eine differenziertere Haltung der Kirche und fordern für Angelegenheiten des persönlichen

Lebens die Autonomie ihrer Entscheidungen ein. Von der Kirche und ihrem Oberhaupt wird in diesen Fragen eine offenere Haltung gefordert und zwar nicht im Sinne von: ‚Macht was ihr wollt', sondern folgendermaßen: *„Dass er (der Papst; d.A.) nicht sagt: Sex vor der Ehe, oh mein Gott, sondern einfach: Wenn ihr euch dafür entscheidet, dass es richtig ist, dann ist das auch nichts, was gegen die Regeln der Kirche verstößt."* Oder noch deutlicher: *„Ja, ich find, dass man das offen halten müsste, weil das sind eben genau die Punkte, wo die Jugendlichen sagen, da mag ich mich nicht identifizieren. Ich mach`s anders und deshalb sind das so Punkte, wo ich aus der Kirche rausfalle."*

Eingefordert wird also die Akzeptanz einer verantworteten Entscheidung von Seiten der Institution. Zugleich wird deutlich, dass hier die so empfundene Bevormundung der Kirche für die Jugendlichen zum Problem wird. Es ist ein Punkt, in dem sie sich nicht mit der Kirche identifizieren können. Für sie resultiert daraus aber nicht ein Entscheidungsproblem – noch nicht einmal Diskussionsbedarf –, denn für sie ist ganz selbstverständlich, dass sie für ihr eigenes, auch religiöses, Leben selbst verantwortlich sind. Allenfalls betrachten sie es als ein Erklärungs- beziehungsweise als ein Akzeptanzproblem: Solange die Institution Kirche ihre Moralvorstellungen gut begründen und verantworten kann, werden diese von den Jugendlichen zwar nicht in ihre Lebenspraxis übernommen, aber zumindest wird die Kirche als legitimer Sinnanbieter respektiert und ihren Vorgaben nicht jeder Sinn abgesprochen. Typisch hierfür ist die Aussage einer 20-jährigen jungen Frau: *„Es ist gut, dass es da jemand gibt wie den Papst, der das relativiert mit dem Sex, weil der ist ja heute überall, wo du nur hinschaust, im Fernsehen, in der Zeitung, überall. Aber wie ich meine Sexualität lebe, das lass ich mir von niemanden sagen."* Der in diesem Zitat zum Ausdruck kommende Anspruch, selbst zu entscheiden, was für einen richtig und gut ist, Autoritäten zwar anzuhören, aber ihnen nicht – ohne Prüfung – blind zu folgen, diese Haltung war in Köln überall mit den Händen zu greifen, selbst bei Angehörigen der Neuen Geistlichen Bewegungen.

Die katholische Morallehre stellt also, insbesondere dann, wenn es um die ‚Rolle der Frau in der Kirche' und das Thema ‚Sexualität' geht, für die Jugendlichen keine vorbehaltlos einzuhaltende Verpflichtung mehr dar. Sie nehmen sie aber immer noch als Orientierungsrahmen wahr, als einen legitimen religiösen Referenzpunkt, auf den Lebens- und Sinnentscheidungen fallweise und individuell bezogen werden können. Auch hier zeigt sich wieder, dass die Weltjugendtagsteilnehmer keine ‚Fundamentalopposition' gegen die Institution Kirche bilden, sondern sich selbst als ‚kritische Gläubige' oder ‚gläubige Kritiker' betrachten, die Mitsprache und Rücksichtnahme in ihren jeweiligen individuellen Lebenslagen einfordern. Doch selbst wenn sich die Kirche diesen Forderungen verweigert, die Jugendlichen sind unter spätmodernen Bedingungen aufgeklärt genug, um zu wissen, dass es einen Unterschied zwischen gelehrter Religion und gelebter Religion gibt, und sehen sich in der Lage, mit diesem Unterschied selbstbewusst und eigenverantwortlich umzugehen.

2.3 Doing Religious Cool Culture – Katholische Religion im Zeichen universaler Jugendkultur

Im Vorfeld und während des Weltjugendtags war aus kirchenkritischen Kreisen immer wieder zu hören, Eventveranstaltungen dieser Art seien dem Zeitgeist geschuldet, d.h. Ausdruck einer spaßorientierten und erlebnishungrigen Jugend, der es an religiösem Tiefgang fehle. In einem Experteninterview setzte sich ein Jugendpastoralreferent mit dieser Haltung sehr kritisch auseinander: *„Es gibt erzkonservative Kreise in den kirchlichen Führungsetagen, denen ist der Weltjugendtag viel zu sehr auf Spaß und Event getrimmt. [...] Und als nach langem Tauziehen endlich feststand, Köln wird der zentrale Veranstaltungsort sein, machten einige Bischöfe kein Hehl daraus, dass der Weltjugendtag damit unweigerlich in den Sog des rheinischen Karnevals geraten würde, so nach dem Motto: Da könnte der Papst ja gleich auf einem Umzugswagen am Rosenmontag mitfahren."* Auch wenn karnevalistische Elemente in das Programm des Weltjugendtags integriert waren – so etwa der Auftritt der Prinzengarde im Rahmen des Eröffnungsgottesdienstes im Rheinenergie-Stadion in Köln –, es sind die jugendlichen Teilnehmer selbst, die sich gegen eine ,Karnevalisierung des Weltjugendtags' wehren: *„Ich fand es eigentlich schon recht peinlich, halt jetzt die Garde und die Funkenmariechen, wie die ins Stadion einmarschiert sind. Richtige Fremdkörper waren das, und jeder war froh, als der Spuk endlich wieder vorbei war."*

Den organisatorischen Stimmungsmissgriff der Veranstalter ,kompensierten' die jugendlichen Besucher des Eröffnungsgottesdienstes durch ,stimmungsvolle Gegenstrategien'. Die Devise hieß hierbei: wenn schon Lokalbezug und Lokalkolorit, dann aber in eigensinniger Form. Und wieder war eine passende Gelegenheit gegeben, die heimliche Jugendtagshymne ,Viva Colonia', zum Besten zu geben: *„Da simmer dabei! Dat is prima! Viva Colonia! Wir lieben das Leben, die Liebe und die Lust. Wir glauben an den lieben Gott und hab'n noch immer Durst."* Aus dem tausendstimmigen Chor der ,Weltjugendtagssänger' waren bezüglich des letzten Satzes auch einige ,Abweichler' unüberhörbar: *„[...] Wir haben eine Dauerkarte und gehen in den Puff."* Was hier sichtbar wird, konnten wir auf dem Weltjugendtag immer wieder beobachten: Feste Programmvorgaben wurden nicht nur individuell – und bisweilen widerständig –

angeeignet, sondern sie erfuhren vielfach auch eine jugendkulturelle Rahmung und Überformung.

Religiöse Veranstaltung oder Spaßevent, ein Gegensatz, der innerkirchlich zu den wildesten Spekulationen Anlass bot, wurde von den jugendlichen Teilnehmern in ein souveränes ,und' transformiert. Vielleicht liegt in dieser Mischung und Kombination von geplanten und spontanen, religiösen und profanen Elementen der Schlüssel, um der ,Faszination Weltjugendtag' näher zu kommen – und damit zusammenhängend auch der in den Gesprächen mit den Jugendlichen immer wieder berichteten Erfahrung, gleichzeitig Teilnehmer und Akteur einer *„coolen religiösen Mega-Party"* gewesen zu sein.

2.3.1 La-Ola-Wellen im Gottesdienst: Religion als Party

Der Weltjugendtag war eine Veranstaltung, der erst durch die Jugendlichen Leben eingehaucht wurde. Erst durch die Teilnehmer wurde er zu jenem euphorisierenden Massenereignis, das einen Grad an Intensität, Ausgelassenheit und Begeisterung angenommen hat, der üblicherweise nur auf großen Sport- und Musikevents beobachtbar ist.

Bereits die Eröffnungsveranstaltung im vollbesetzten Rheinenergie-Stadion liefert Anschauungsmaterial dazu, wie Jugendliche einem ,geplanten Zeremoniell' einen ,ungeplanten Happening-Charakter' verleihen können, ihm sozusagen einen jugendeigenen Rahmen geben. Während die ,offizielle Eröffnung' des Weltjugendtags durch Kardinal Meisner im vollbesetzten Stadion noch in geordneten Bahnen verlief, erfolgte die ,jugendkulturelle Eröffnung' gut zwei Stunden später, als die 50.000 Jugendlichen in eben jenem Stadion so lange und so laut klatschten, skandierten, Fahnen schwenkten und die La-Ola-Welle machten, dass Bundespräsident Horst Köhler minutenlang keine Chance hatte, seine Begrüßungsrede zu halten. In diesen Minuten verdeutlichen die Jugendlichen: Dies ist unsere Veranstaltung und wir wollen (mit-)bestimmen, was passiert. Dass sie diese elektrisierende Atmosphäre nicht nur selbst erzeugt, sondern den Massen-Flow auch genossen haben, ist in den Interviews immer wieder angesprochen worden: *„Ich hatte erst gedacht, lass den (Bundespräsidenten; d.A.) doch ausreden, der möchte was sagen. Aber nachher habe ich gedacht, lass sie doch jubeln."* Oder wie ein anderer Teilnehmer erzählt: *„Das war also schon eine fußballähnliche Stimmung im Stadion, aber ohne Alkohol und ohne Schlägereien, einfach nur eine Mordsgaudi."*

Abbildung 2.14: Ausgelassene Stimmung beim Eröffnungsgottesdienst

Auch wenn es bezüglich der ausgelassenen Stimmung und den emotionalen Exaltationen einige ablehnende Stimmen und Reaktionen unter den Jugendlichen gab *(„Bei uns stand eine Gruppe von Ukrainern, die haben den Eröffnungsgottesdienst verlassen, weil ihnen das zu krass war. Die La-Ola-Wellen, die haben die richtig schockiert.")*, war die überwiegende Mehrheit von der einzigartigen

Atmosphäre fasziniert. Was sie von vielen Großveranstaltungen her kannten,
mithin Teil ihrer populärkulturellen Erfahrung und Sozialisation ist, zeigte sich
bereits bei den drei Eröffnungsgottesdiensten in Düsseldorf, Bonn und Köln in
markanter Weise: Massenveranstaltungen haben ihre eigenen Gesetze, erzeugen
Situationsdynamiken und Erlebnisenklaven, die sich markant von den Rationali-
täts- und Kontrollanforderungen der Alltagswelt unterscheiden. Auch wenn von
den Veranstaltern die für Events typische Dialektik des Miteinander-Machens
nicht vorgesehen war, die Teilnehmer haben mit einer ‚Choreographie der Eigenwilligkeit' vom Eröffnungs- bis zum Abschlussgottesdienst gerade den Groß-
und Massenveranstaltungen im Rahmen des Weltjugendtags ein jugendkulturelles Gepräge verliehen. Dies lässt sich nicht zuletzt auch an den Umschreibungen
ablesen, mit denen die atmosphärische Dichte und die alltagstranszendierenden
Praktiken dieser Veranstaltungen zum Ausdruck gebracht werden: *„Große Megaparty"*, *„saucool"*, *„pralle Stimmung"*, *„voll die Party"* – mit solchen jugendsprachlichen Superlativen charakterisierten und qualifizierten die Teilnehmer die stimmungsmäßige Einmaligkeit und das exklusive Gemeinschafts- und
Zusammengehörigkeitsgefühl, das sie während des Weltjugendtags erlebt haben.

Aber nicht nur auf den Großveranstaltungen war kollektives Spaß-Haben
angesagt, sondern auch die eher alltäglichen Situationen und Begebenheiten
zwischen den Veranstaltungs-Highlights waren durchweg von einer positiven
Grundstimmung geprägt. Ob in den überfüllten U-Bahnen, den endlosen Schlan-
gen vor den Essensausgaben oder den Pilgerkolonnen zum Marienfeld; um sich
die Zeit zu vertreiben, wurden immer wieder Lieder intoniert, was schnell auch
einmal zu einem veritablen Sangeswettstreit werden konnte. Ob afrikanische
Gospels, polnische Marienlieder, italienische Hymnen oder deutsche Gassenhau-
er, der Weltjugendtag glich vielerorts einem ‚musikalischen Pfingsten'. Auch in
einem Erfahrungsbericht, den ein Teilnehmer unserer Projektgruppe erstellt hat,
finden sich anschauliche Hinweise zum Weltjugendtags-Stimmungsbarometer:
*„Freitag, 19. August 2005, 19-20 Uhr, auf dem Weg zum Dom. Es hat zu regnen
aufgehört. Die Straßen füllen sich wieder. [...] Um den Domplatz herum sind die
Cafés und Kneipen voll mit Pilgern. Überall herrscht gute Stimmung. Aus den
Kneipen ertönen Gesänge und ab und zu auch laute Benedetto-Rufe. Dieser
italienische Ruf hat sich eindeutig gegen das spanische Benedicto durchgesetzt
und wird zum anerkannten Schlachtruf der Weltjugendtagspilger. Vor einer
Kneipe sitzen sieben Afrikaner beim Weißbier zusammen. Immer wenn aus dem
mit Spaniern besetzten Innenraum der Kneipe die Benedetto-Rufe angestimmt
werden, prosten sie sich zu und singen mit."*

Solche Schilderungen lassen schnell den Eindruck entstehen, der Weltjugendtag sei ein einziges Spektakel gewesen, ein Spaßevent, dem tiefer gehende
religiöse Bezüge gefehlt haben. Es sind wiederum die jugendlichen Teilnehmer

selbst, die solch einer verkürzten, spaßdominierten Fremdwahrnehmung entge-
gentreten und darauf verweisen, dass religiöse Erfahrungen und Party-Machen
für sie gerade nicht in einem Ersetzungs-, sondern in einem Ergänzungsverhält-
nis zueinander stehen. Ein Jugendlicher hat dafür eine prägnante Formulierung
gefunden: *„Im Pilgertum heißt es ja ora et labora, bete und arbeite, und wir
beten und feiern eben jetzt mal."* Hinweise auf ein jugendeigenes spaß-religiöses
mixtum compositum durchziehen viele Interviews wie ein roter Faden: *„Marienfeld, das war schon bombastisch, das zu sehen, diese riesige Schar, die da
gleichzeitig Party macht und betet."* Oder: *„If you are in Cologne and people
are doing their religious dancings, it is compeletly different from what we are
doing at home in Ireland. And everyone was clapping and singing and it was
really relaxed in form and at all. It was really cool, it was so brilliant."* Es ist die
Kombination und Vermischung von spaßorientierten und religiösen Komponen-
ten, die die Haltungen und Handlungen der jugendlichen Weltjugendtagsteilnehmer bestimmen. Was für die meisten ihrer Großeltern und wohl auch noch
für viele ihrer Eltern als ‚Repräsentanten' einer traditionalen religiösen Kultur
des Katholizismus in der Regel recht unversöhnlich nebeneinander stehen dürfte,
fügen sie in souveräner Manier zusammen: Weltliches und Heiliges, Spaß und
Spiritualität.

Der Weltjugendtag in seiner jugendkulturellen Bestimmtheit verdeutlicht
mit Nachdruck, dass die ‚Coolhunters' (Neumann-Braun/Richard 2005), wie die
zeitgenössische Jugendforschung die heutige junge Generation gerne umschreibt,
auch das religiöse Feld selbstbewusst erobern und durchdringen. Sie haben den
Weltjugendtag zu einer ‚religiösen Party-Meile' umfunktioniert und damit auf
eindrucksvolle Weise der Weltöffentlichkeit signalisiert, dass die wachsende
religiöse Selbstermächtigung auch in der jugendkulturellen Rahmung des Weltjugendtags ihren Niederschlag findet. Wie sehr sich das Bewusstsein einer ‚religious cool culture' bei den Jugendlichen bereits verfestigt hat, mit welcher
Selbstverständlichkeit sie es jenseits von Widerstand und Dissidenz zum Ausdruck bringen und wie selbstreflexiv es bereits für sie geworden ist, verdeutlicht
auch die Aussage eines jungen Saarländers aus einem 500-Seelen-Dorf nahe der
französischen Grenze: *„Es ist die Atmosphäre, die ist schon mal ganz anders, als
bei allem was ich bisher in der Kirche erlebt habe. Es ist nicht so angespannt, es
ist einfach mehr so wie auf einem Festival. Man hat das Gefühl, als würde da
jetzt Madonna kommen und nicht der Papst. Aber das ist der Reiz des Weltjugendtags: Die Jugend macht den Papst hier zum Popstar. Das ist halt Jugend, da
ist noch Leben da."*

Als Gesamteindruck ist festzuhalten, dass für die versammelten Jugendlichen aus der ganzen Welt der Weltjugendtag eine *„Riesenparty"* mit ihresgleichen und ‚ihrem' Papst war – eine Party zudem, die *„richtig Spaß"* bereitete.

Gleichzeitig war die religiöse Dimension der Veranstaltung den Jugendlichen nicht nur bewusst, sie war ihnen auch wichtig. Es ging ihnen in der Tat darum, ihren Glauben zu feiern, und zwar in jugendadäquaten Formen, d.h. mit viel rhythmischer Musik, mit der Möglichkeit, sich zu bewegen und zu tanzen, auch während der Gottesdienste, mit der Chance, sich auch einmal ungezwungen, locker und leger in kirchlichen Räumen benehmen zu dürfen.

2.3.2 Papststicker, Jesus-T-Shirts, haarige Weltjugendtagslogos: Religion als Marke

Der jugendkulturelle Habitus hinterlässt aber nicht nur in der stimmungsmäßigen Aufladung religiöser Handlungsfelder seine Spuren, sondern zeigt sich auch in einer Fülle von ästhetischen und symbolischen Ausdrucksformen, mit denen das Religiöse gleichsam ‚stilistisch gerahmt' wird. Bezugspunkte und Ressourcen stellen dabei die unterschiedlichen Jugendkulturen dar. Aus der Fülle und Vielfältigkeit jugendkultureller Accessoires mit religiösem Bezug findet sich ein ganzes Arsenal in dem Bildarchiv, das die Forschungsgruppe angelegt hat. Um nur einige Beispiele zu nennen: Holzkreuze mit Luftschlangen, Papststicker mit dem Bildzeitungsmotiv „Wir sind Papst", überdimensionale Handschuhe mit aufgeklebten Marienbildchen, orangefarbene Sicherheitswesten mit Papstbild, Nationalfahnen mit Bob-Marley-Fotos, Pieta-Tatoos, Jesus-Brandings und gleichsam als universelles Erkennungs- und Markenzeichen das Weltjugendtagslogo auf Kleidungsstücken, aber auch im Gesicht oder als ‚stylische Frisur'.

Abbildung 2.15: Stylische Frisur – das Weltjugendtagslogo

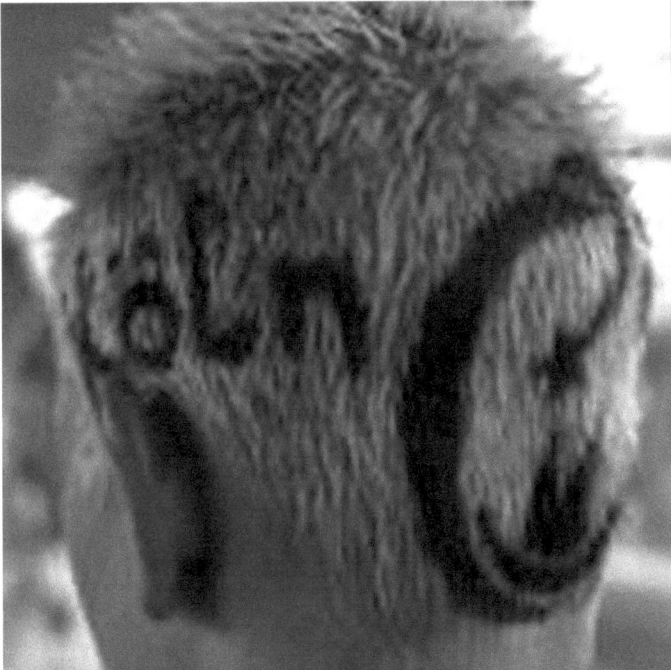

Seine Zugehörigkeit zur Weltjugendtagsgemeinschaft möglichst originell zum
Ausdruck zu bringen, war gleichsam die Devise ästhetischer Selbststilisierung.
Dass dabei das Equipment des Weltjugendtagsrucksacks genauso eigenwillig
umgestaltet wurde, wie bestimmte Sportinsignien und Werbeanzeigen, verdeutlicht bspw. die Transformation von ‚Playstation' in ‚Praystation' oder die bunte
Vielfalt von T-Shirts mit dem Aufdruck ‚Benedikt 16'. Diese Umgestaltungen
verweisen einerseits auf bestimmte Crossover- und Bricolage-Strategien, also
einem stilistischen Signum von Jugendkulturen schlechthin, andererseits aber
auch auf eine religiöse Rekontextualisierung der Zeichen und Zitationen. Populärkulturelle Symbole werden gleichsam religiös imprägniert.

Abbildung 2.16 und 2.17: Beispiele für die ‚religiöse Bedeutungsaufladung' populärkultureller Symbole: ‚Pray Station' und ‚Benedikt 16'

Dass gerade die Motto-Sprüche der T-Shirts eine wahre Fundgrube für die Analyse einer autonomen Symbolpolitik der jugendlichen Weltjugendtagsteilnehmer darstellen, sei an der Auswahl einer kleinen Spruchsammlung verdeutlicht: *„Bitte nicht stören, bin beim Papst"*, *„Viva il pappa"*, *„Ich bin katholisch"*, *„Together we're strong"*, *„Gute Mädchen kommen in den Himmel, böse Mädchen kommen überall hin"*. Zum Kult-T-Shirt ist aber der *„Ratzefummel"* geworden, den der Moderator von TV Total, Stefan Raab, mit dem Aufdruck *„Mach et, Ratze!"* (Vorderseite) und *„Benedikt XVI."* (Rückseite) auf den Markt gebracht hat. Neben dem blauen Pilgerrucksack und dem ‚Wir sind Papst-Button' war es wohl das ‚Ratze-T-Shirt', das für die Weltjugendtagsteilnehmer gleichermaßen zum Aufmerksamkeitsgenerator und Zugehörigkeitsindikator wurde. Im typischen jugendsprachlichen Duktus verkörpert es für viele eine gelungene Synthese zwischen popkulturellen und religiösen Elementen.

Abbildung 2.18: Der ‚Ratzefummel' – äußerliches Zeichen einer inneren Haltung

Die Analyse der stilistischen Zeichenwelt verdeutlicht, dass die Jugendlichen auf dem Weltjugendtag ihr jugendkulturelles Arsenal immer wieder ‚angezapft' haben, um ihre religiösen Bedürfnisse zum Ausdruck zu bringen. Zudem bot ihnen der Eventcharakter der Veranstaltung auch eine geeignete Plattform, Gemeinschaft und Glauben sinnlich zu erleben. Spektakuläre Inszenierungen von Religion und ihre jugendkulturelle Aneignung gehen auf dem Weltjugendtag also auch Hand in Hand mit einer Verkörperlichung von religiösen Erfahrungen. Etwas überspitzt könnte man auch von einer sinnlichen Form von Spiritualität respektive Veranschaulichung des Heiligen sprechen. Neben dem ,Run auf den heiligen Stuhl' auf dem ,Papsthügel' nach dem Abschlussgottesdienst kann hier auch das Beispiel des *Maria-Aufstellers* genannt werden, der vor allem bei den *Schönstatt*-Jugendlichen auf eine große Resonanz gestoßen ist. Aus Anlass des Weltjugendtags hatten sie ein Begegnungszentrum im Pfarrhof der Trinitatiskirche mit dem Namen *Oase* eingerichtet. Am Eingang stand ein Aufsteller mit dem Bildnis der *Schönstatt*-Madonna, wobei der Kopf des Jesuskindes, das sie auf dem Arm trägt, ,veränderbar' war. In der unteren Hälfte sind Schriftzüge in drei Sprachen sichtbar: „Frau, siehe das ist dein/e Sohn/Tochter, siehe das ist deine Mutter" (Joh. 19,26). Jeder war eingeladen, sein Gesicht durch das weggeklappte Kopfteil des Jesuskindes zu stecken, um ein Kind Mariens zu werden. Nicht-Schönstätter assoziieren mit dem Bild zunächst wohl einen Gag in Form eines Erinnerungsfotos mit ,Maria' im Rahmen des Weltjugendtags, vermuten vielleicht auch Selbstironie, aber die Aktion war durchaus ernst gemeint.

Abbildung 2.19: Erinnerungsfoto mit ,Maria'

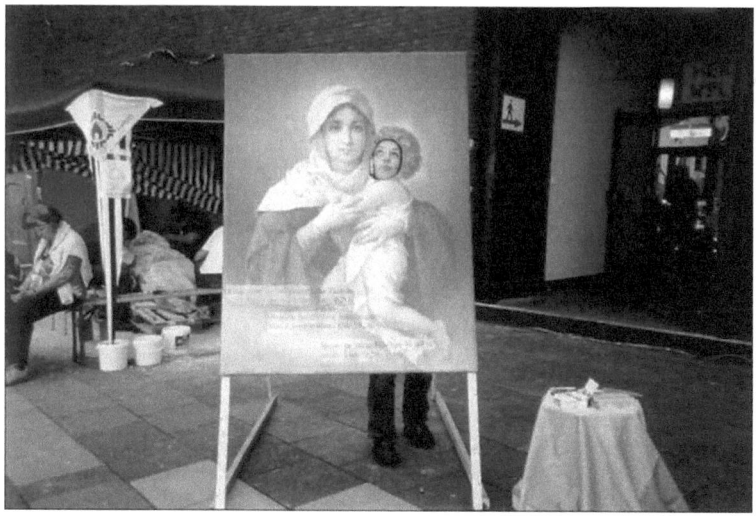

Was sagt nun diese, zugegebenermaßen etwas kuriose, Szene über die ,doing religious'-Praxis aus? Zunächst ist festzuhalten, dass die Marienverehrung im

Zentrum der *Schönstatt*-Spiritualität steht. Maria ist der Orientierungspunkt des ethischen und spirituellen Handelns der Jugendlichen. *„Wie hätte Maria in dieser Situation gehandelt?"* ist die zentrale Leitfrage, mit der die Mitglieder der *Schönstatt*-Bewegung ihr Denken und Handeln überprüfen. Ein Kind Mariens zu sein, bedeutet, in ihr die Erzieherin und den Weg zu Christus zu sehen. Die Nutzung des Aufstellers stellt demnach für die Jugendlichen durchaus eine religiöse Handlung dar, mit der sie ihren Glauben symbolisch ausdrücken. Allerdings reagierten die Verantwortlichen des *Schönstatter*-Weltjugendtagbüros zunächst eher skeptisch: *„Als ich das zum ersten Mal selber gesehen habe"*, so die Äußerung einer jungen Frau aus dem Leitungsgremium, *„da habe ich gedacht, meine Güte, und wenn das in die Zeitung kommt ohne Erklärung, das sieht völlig kitschig aus, ja fast geschmacklos."* Es folgte eine Diskussion mit den Jugendlichen, in der diese Bedenken dargelegt wurden. Die Jugendlichen waren der festen Überzeugung, dass diese Aktion bei den Besuchern des Begegnungszentrums verstanden würde und setzten sich durch. Der Aufsteller blieb während des Weltjugendtags stehen und wurde eifrig genutzt.

Hier zeigt sich zum wiederholten Mal, dass die Jugendlichen in eigenwilliger Weise traditionelle Formen religiöser Verehrung wie das Madonnen-Bild mit Formen trivialer Unterhaltungskultur verbinden. Dieser Aufsteller, der für sie zum Medium einer sakralen Handlung wird, ist zugleich Ausdruck ihrer ganz eigenen Ästhetik, die sie auch Leitungspersonen gegenüber vertreten. Für sie ist die Aktion nicht kitschig, sondern ein authentisches und sichtbares Zeichen ihres religiösen Selbstverständnisses.

2.3.3   Sakrale Klingeltöne fürs Handy: Religion als Jugend- und Medienkultur

Kinder und Jugendliche wachsen heute in einer Umwelt auf, die wie nie zuvor von Medien geprägt ist. Sie bilden eine Generation, die von Beginn an Kultur als Medienkultur kennenlernt. Denn überall gibt es Fernsehgeräte, Radios, CD-Player, Zeitschriften, Bücher und Kinos. Auch die – vielfach gar nicht mehr so neuen – Neuen Medien erobern unaufhaltsam ihren Lebensraum, wobei vor allem die rasante Verbreitung von E-Mail-, Handy- und SMS-Kommunikation einen Typus von telesozialem Verhalten erzeugt, der ihnen bereits ein weiteres Etikett eingebracht hat: ‚Generation @' (Opaschowski 1999). Kennzeichnend für diesen medialen Lebensstil ist nicht nur der vielseitige, aktive und meist auch sehr kompetente Gebrauch von Medien, sondern Heranwachsende setzen Medien auch sehr produktiv zur personalen Identitätssicherung, jugendkulturellen Selbstverortung und alltäglichen Daseinsgestaltung ein. Dass die Mediatisierung ihrer Lebenswelt auch auf dem Weltjugendtag allgegenwärtig war und nicht zuletzt an sehr eigenwilligen Ausformungen medienbestimmter Glaubens- und Frömmigkeitspraktiken sichtbar wurde, soll im Folgenden näher untersucht werden.

Die mediale Spurensuche auf dem Weltjugendtag beginnt dabei mit der Frage nach der Nutzung jenes Mediums, das wie kein anderes in der jüngeren Vergangenheit den Jugendalltag verändert hat: dem Mobiltelefon. Fast alle Jugendlichen besitzen heute ein Handy, wobei seine ursprüngliche Funktion, ortsunabhängig erreichbar zu sein, sukzessiv durch eine Vielzahl von Verwendungen und Diensten erweitert wurde, die es gleichzeitig zu einem persönlichen Mehrzweckmedium und jugendkulturell besetzten Stilmittel gemacht haben. Ob Kurzmitteilung oder Klingelton, Display-Logo oder Bildspeicherung, längst wird das Handy nicht mehr nur für kommunikative Zwecke genutzt, sondern es ist zu einer Art ‚Medienzentrale' avanciert, die dem Jugendalltag ihr Siegel aufdrückt. Seine Unverzichtbarkeit zeigte sich auch während des Weltjugendtags. Ob als Kontakt- und Beziehungsmedium, digitales Bildarchiv oder religiöser Zeichenträger, seine Multifunktionalität fand in den unterschiedlichen Kontexten und Veranstaltungen eine hervorragende, weil ‚passgenaue' Verwendungsplattform.

Zunächst einmal war es der Massencharakter des Weltjugendtags, der in Verbindung mit den allseits beobachtbaren organisatorischen Unzulänglichkeiten das Mobiltelefon zu einem wichtigen Navigations- und Orientierungsinstrument machte, um gleichermaßen aus den Augen verlorene Gruppenmitglieder wiederzufinden oder in Erfahrung zu bringen, an welcher Ausgabestelle man vielleicht doch noch in den Besitz eines Pilgerrucksacks oder den ‚Genuss' von etwas Essbarem kommen konnte. Um nur ein Beispiel zu zitieren: *„Wir waren am Rheinufer an der Essensausgabe, alles total überlaufen und irre Wartezeiten. Das wollten wir uns nicht antun und schickten schnell mal ein paar SMSen an die anderen Gruppenmitglieder. Minuten später wussten wir: Kaum Andrang in den Messehallen. Also nichts wie hin mit der U-Bahn, und keine halbe Stunde später hatten wir etwas zu essen; Handy sei Dank!"* Es war somit die klassische Funktion des Mobiltelefons, nämlich die zielgerichtete Kontaktierung ausgewählter Personen, die seine Nutzung auch während des Weltjugendtags (mit)bestimmt hat. Die Ergebnisse unserer quantitativen Erhebung bekräftigen diesen Befund. Die überwiegende Mehrheit (93 Prozent) hatte während des Weltjugendtags ein Handy dabei und nutzte dies auch öfter, wobei kommunikative Verwendungsmuster dominierten.

Durch das Mobiltelefon wurden aber nicht nur Bekannte und Freunde kontaktiert, es war auch ein unerlässliches Hilfsmittel, um sich mit ausländischen Jugendlichen wieder in Verbindung zu setzen, die man während der *Tage der Begegnung* kennen gelernt hatte. Denn die nach Sprachgruppen getrennten Unterkünfte bedeuteten zunächst einmal eine Kontaktunterbrechung – und nicht selten wohl auch eine endgültige –, da während der ‚heißen Phase' des Weltjugendtags in Köln das jeweilige Herkunftsland zum zentralen organisatorischen und sozialen Bezugspunkt für die jugendlichen Teilnehmer wurde. Aber es zeigte sich, dass es durchaus auch Jugendliche gab – und zwar einheimische und ausländische gleichermaßen –, die sich in Köln unbedingt wieder treffen wollten. Das Handy fungierte hierbei als ‚interkulturelles Navigationssystem', um sich zu verabreden und gemeinsam etwas zu unternehmen.

Abbildung 2.20:   Wie nutzt du Dein Handy auf dem Weltjugendtag? (Angaben in Prozent)

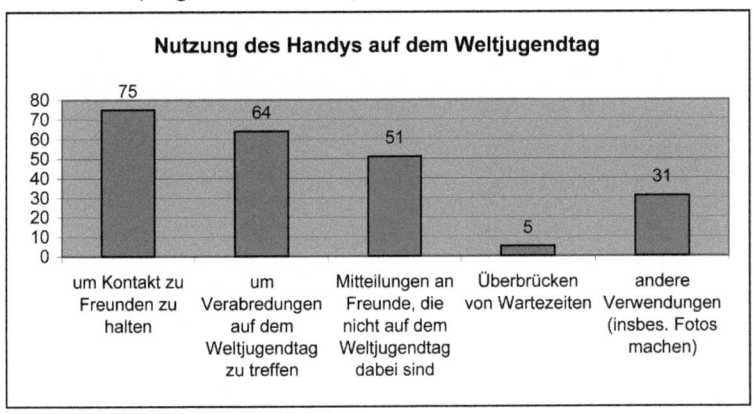

Anschauliche Beispiele hierfür lieferten die von uns begleiteten Jugendgruppen, die in einem Fall abseits des offiziellen Programms einen kleinen, feucht-fröhlichen ‚Streifzug' mit mexikanischen Jugendlichen durch die Kölner Altstadt unternahmen und sich mit dem Handy in diversen Kneipen immer wieder ‚orteten'. Eine andere Gruppe berichtete von einer Begegnung mit Jugendlichen aus Meran in Tirol, die sich nur durch die ‚Lotsenfunktion' des Handys auf dem Marienfeld wieder getroffen haben: *„Wir hatten uns am Rheinufer kennenge-lernt, als wir gemeinsam auf den Papst gewartet haben. Einige hatten die Idee, dass wir uns doch auf dem Marienfeld zur Vigilfeier und zum Abschlussgottes-dienst wieder treffen könnten. Wir tauschten zwar die Planquadratnummern aus, aber dann ist doch jede Gruppe irgendwo ganz anders gelandet. In dem ganzen Menschenwust und Organisationschaos gab es nur eine Chance, sich wiederzu-finden, indem man durch Kurznachrichten ständig seine Position den anderen mitteilte. Als die letzte Such-SMS raus ging, waren wir keine zehn Meter mehr voneinander entfernt."*

Abbildung 2.21: Das Handy als ‚Weltjugendtagskompass'

Dass für die kommunikative Verwendung des Mobiltelefons neben dem Gespräch auch Text- und Bildtransfers bezeichnend sind, ist schon fast eine triviale Alltagserfahrung, wobei vor allem die Jugendlichen – mit durchschnittlich vier Kurzmitteilungen pro Tag – zu den Großkunden der Netzbetreiber zählen (vgl. Medienpädagogischer Forschungsverbund Südwest 2005: 48f). Dass die tägliche ‚Senderate' während des Weltjugendtags deutlich höher lag, können wir zwar nur vermuten, aber die Beobachtungen lassen dies als sehr wahrscheinlich erscheinen. Ob in den Eröffnungsgottesdiensten, bei der Domwallfahrt oder der nächtlichen Vigilfeier auf dem Marienfeld, der konzentrierte Blick auf das Handy in Verbindung mit einer schon fast artistischen Daumengelenkigkeit verriet, dass die Weltjugendtagsbesucher etwas mitzuteilen hatten. Auch manch eine etwas langatmige Katechese wurde mit einem Blick auf das Handy ‚erträglicher', konnte man sich dadurch doch Themen und Personen zuwenden, die man für wichtiger oder interessanter erachtete. Welche Inhalte auch immer kommuniziert wurden, sie wurden an Orten und in Situationen mittels eines kommunikationstechnischen Hilfsmittels verschickt, das üblicherweise nicht in ‚sakralen Räumen' vorkommt. Die These von der Mediatisierung kommunikativen Handelns (Krotz 2001) bewahrheitet sich offensichtlich auch in religiösen Kontexten. Oder individualisierungstheoretisch gewendet: In der verstärkten Nutzung des Mobiltelefons durch die Weltjugendtagteilnehmer manifestiert sich die parallele Teilhabe an verschiedenen sozialen Handlungsfeldern.

Dies schließt die Kultivierung eigener Handy-Stile – auch im Kontext des Weltjugendtags – mit ein. Als Spiel- und Musikmedium, mit dem man ‚Wartezeiten überbrücken konnte', hat das Mobiltelefon hier allerdings kaum eine Rolle gespielt. Dies bedeutet nicht, dass es auf dem Weltjugendtag keine Wartezeiten gegeben hat. Ganz im Gegenteil, Pleiten, Pech und Pannen (vgl. Kapitel 2.5.3) hingen wie ein Damoklesschwert über der gesamten Veranstaltung, aber die damit verbundenen ‚unfreiwilligen Pausen' wurden durch spontane Formen kollektiver Performativität aufgefangen und erlebnisbezogen aufgeladen. Dass solche Aktionen dann wieder per SMS-Kommunikation, als Fotodatei oder Filmssequenz mitgeteilt wurden, dürfte zum einen an der Besonderheit und dem Überraschungscharakter vieler Situationen gelegen haben. Zum anderen bieten gerade Bildbotschaften die Gelegenheit, den Kommunikationspartner noch stärker an der eigenen Umgebung und der aktuellen Befindlichkeit teilnehmen zu lassen. In der medial geprägten Welt, in der Jugendliche heute aufwachsen, kommen ‚authentischen Bildbotschaften' eine verstärkte Bedeutung zu. Das Bedürfnis, anderen mittels ‚fotografischer Schnappschüsse' einen Nachweis dafür zukommen zu lassen, wie viel Spaß man gerade auf dieser Party oder jenem Event hatte, ist Ausdruck dieser Entwicklung. Die Fotogalerien in vielen Tageszeitung respektive deren Archiven, die unter der Rubrik ‚ClickMe' den Einzelnen oder eine kleine Gruppe von ‚Erlebnissuchern' aus der Masse einer bestimmten Eventveranstaltung herausheben, stehen ebenfalls im Kontext eines ‚demonstrativen Zeigegestus', von dem gerade für junge Menschen in einer auf Juvenilität und Selbstdarstellung fokussierten Zeit eine starke Faszination ausgeht.

Das allseits beobachtbare Fotografieren und Filmen von Ereignissen und Erlebnissen während des Weltjugendtags hatte aber nicht nur eine ‚soziale Außenfunktion', hierdurch wurden auch sehr persönliche Eindrücke einer religiösen Großveranstaltung festgehalten und in ihrer Besonderheit und Unwiederholbarkeit dokumentiert. Im Modus der Verbildlichung wird eine Augenblickserfahrung gleichsam ‚eingefroren' und zum zeitüberdauernden Beleg, Teil und Teilnehmer eines außeralltäglichen religiösen Ereignisses gewesen zu sein. Was in den Gesprächen mit den Jugendlichen ‚vor Ort' immer wieder angesprochen wurde, wird in der ‚privaten Bildersammlung' verdichtet und auf Dauer gestellt: Das persönliche Dabeigewesensein an einem unvergesslichen Religionsevent, das sich tief in die Erinnerung eingeprägt hat. „*Dies ist eine besondere Veranstaltung in meinem Leben*", „*hunderttausende von Leuten, das Meer von Kerzen, [...] das ist halt schon ein Wahnsinnsgefühl*", „*die Stimmung, ich fand es klasse, total schön*" – mit solchen Umschreibungen heben die Teilnehmer den Weltjugendtag nicht nur in den Rang eines Mega-Events, sie machen, zutreffender:

stilisieren, ihn auch zu einer einmaligen biographischen Erfahrung. Wenn es stimmt, dass wir die Erinnerung gleichsam auch für uns selbst inszenieren, mithin „alle Erinnerung Konstruktion ist" (Hahn 2000: 24), dürften die vielen selbst gemachten Fotos und narrativ verdichteten Einzelerlebnisse mit zunehmendem Abstand zu dem realen Geschehen dies noch triumphalischer und unverwechselbarer (*„ein Lebenshöhepunkt"*) erscheinen lassen. Auch Negativerfahrungen (*„irgendwann war ich einfach nur noch platt"*) können in gleicher Weise in der Erinnerung kultiviert und zu einer Einmaligkeitserfahrung umgedeutet und überhöht werden.

Abbildung 2.22: Selbstgemachte Weltjugendtags-Fotos: Repräsentationen eines ‚unvergänglichen' Augenblicks

Einen ersten Eindruck von der ‚Erinnerungsarbeit' konnten wir auf sogenannten ‚Nachtreffen' gewinnen, die von zwei Pfarrgruppen organisiert wurden, die wir während des Weltjugendtags begleitet hatten. Fast alle Teilnehmer waren gekommen, und fast alle hatten ihr ‚persönliches Bildarchiv' dabei. Allerdings durften sie es nicht direkt in den ‚Einsatz' bringen, sondern mussten sich zunächst einmal auf Wunsch ihrer Gruppenleiterin (und Pastoralreferentin) die offizielle Videodokumentation des Bistums ‚Ich war dabei! Der Weltjugendtag im Bistum Trier' ansehen. Während das ‚Bistums-Video' nur mäßigen Anklang fand, war es bei den mitgebrachten ‚Privat-Bildern' genau umgekehrt: Sie waren die eigentlichen Aufmerksamkeits- und Erzählgeneratoren. Um sie rankten sich

Geschichten und Anekdoten, in denen der Weltjugendtag aus der individuellen und/oder gruppenbezogenen Erlebnisperspektive geschildert, genauer: nachempfunden, wurde. Neben dem offiziellen Bistumsbild vom Weltjugendtag existiert ein episodenhaft organisiertes ‚individuelles Erinnerungsbild', in dem kleine und große Highlights in ihrer subjektiven Bedeutung gleichrangig sind. Was zählt – und rückblickend das Bild vom Weltjugendtag prägt –, ist die Authentizität des Augenblicks, in der die verschiedenen Erlebnisebenen höchst unterschiedlich miteinander verbunden werden. Was sich in den Beobachtungen und Ad-hoc-Interviews während des Weltjugendtags zeigte, tritt in der – oft an Bildern festgemachten – Erinnerung noch deutlicher zu Tage: Der Weltjugendtag erzeugte durch seine Vernetzung und Verschmelzung von religiösem Fest und popkultureller Fete einen außeralltäglichen Erfahrungsraum, der sich auch in einer Art von ‚fokussierter Bilderinnerung' sedimentiert. Im Privatbild, so könnte man auch sagen, wird der Weltjugendtag in allen seinen Facetten wieder lebendig.

Dass dabei auch ganz selbstverständlich spirituelle Erfahrungen und religiöse Gefühle an- und ausgesprochen werden, ist ein weiterer Indikator für die ‚neue Coolheit', mit der Jugendliche in unaufgeregter Weise ihre individualisierten Frömmigkeitsstile zum Ausdruck bringen. Auch wenn Glaubensfragen weder auf dem Weltjugendtag noch bei den von uns untersuchten Folgetreffen eine zentrale Rolle spielten, was die Teilnehmer trotzdem beeindruckte, war die Lockerheit und Unverkrampftheit, mit der man sich hier über Gott und die Welt unterhalten konnte, wenn man es denn wollte. Auch die unkonventionelle Art und Weise, wie sich die Jugendlichen bestimmter Medien regelrecht ‚bedienten', um an einer liturgischen Feier teilzunehmen oder meditativ die ‚eventhaltige' Außenwelt hinter sich zu lassen, ist Ausdruck einer individualisierten – und dem jugendlichen medienkulturellen Habitus entsprechenden – Glaubenspraxis. Ein anschauliches Beispiel für die ‚Normalität jugendlicher Medienreligiosität', dem die Jugendlichen, mit denen wir gesprochen haben, schon fast einen ikonographischen Charakter zuschreiben, stellen diejenigen Teilnehmer am Weltjugendtag dar, die am Rande des Marienfeldes liturgische Inszenierungen auf den zahlreichen Videoeinwänden verfolgt haben.

Abbildung 2.23: ‚Religiöse Andacht' vor der Videoleinwand

Was hier lediglich exemplarisch angesprochen wird, konnten wir aber an vielen Stellen des Weltjugendtags beobachten: Für die Jugendlichen war es nicht notwendig, sakrale Orte aufzusuchen, um ihren religiösen Gefühlen Ausdruck zu verleihen respektive Gott nahe zu sein. Ihre persönliche Religiosität fand auch an weltlichen Orten durch mediale Repräsentationen spirituelle Anziehungs- und Ankerpunkte. Die Selbstverständlichkeit, mit der heutige Jugendliche in die Medienwelten eintauchen, findet sich spiegelbildlich in einer zunehmenden Mediatisierung ihrer Religion wieder. Noch prägnanter formuliert: Der Entdogmatisierung und Individualisierung ihrer Glaubensinhalte entspricht eine Entgrenzung und Translokalisierung ihrer Glaubensformen.

Weitere Beispiele für die Individualität, Souveränität und Eigenwilligkeit, mit der Jugendliche religiöse Elemente in ihren jugend- und medienkulturellen Habitus eingebunden haben, sind die Verwendung von Handy-Klingeltönen und -Logos, die einen unmittelbaren Bezug zum Weltjugendtag haben. Ob es sich dabei um den offiziellen Weltjugendtags-Song „Venimus Adorare Eum", das Lied „All My Life" von Claas P. Jambor aus dem TV- und Kinospot zum Weltjugendtag oder den spirituellen Klassiker „Oh Happy Day" handelte, die Musikbegeisterung der Jugendlichen zeigte sich während des Weltjugendtags gleichsam in einem religiös getönten Gewand. Auch die Mini-Radios, die viele Ju-

gendliche dabei hatten, dienten nicht nur dazu, den offiziellen Weltjugendtags-
funk zu hören, sondern sich ein höchst individuell gemixtes Musikpotpourri
zusammenzustellen, das vom Hard Rock bis zum Sakro-Pop reichte. Und nicht
zuletzt entpuppten sich die Handy-Logos als eine Fundgrube medien- und religi-
onskultureller Expressivität. Manche Jugendliche hatten die Displays ihrer Mobiltelefone eigens für den Weltjugendtag mit aufwändigen ‚religiösen Eigenkrea-
tionen' gestaltet, in dem sie zum einen Anleihen aus der klassischen christlich-
katholischen Ikonographie machten, etwa durch Rückgriff auf die *Betenden
Hände*, das *Fisch-Motiv* oder das *Herz Jesu*. Aber diese religiösen Urmotive und
Ursymbole wurden nicht einfach ‚zitiert', sondern höchst individuell verändert.
Zum anderen wurden aktuelle Bezüge, Eindrücke und Erlebnisse während des
Weltjugendtags, z.B. das offizielle Weltjugendtagssymbol, selbst gemachte
Papstbilder und sogenannte Highlight-Fotos, als ästhetischer Display-Back-
ground verwandt. Was für die ‚Coolhunters' der Gegenwart zu einer jugendkul-
turellen Basisaktivität geworden ist, findet sich auch im Logo-Design vieler
Weltjugendtagsteilnehmer wieder: Die ästhetische Umgestaltung und Collagie-
rung fungiert als performatives Szenen- und Sinnzeichen. Oder wie ein Jugendlicher seine Eigenkreation kommentierte: *„Jeder Blick auf das Handy sagt mir,
warum ich hier in Köln bin und warum mir das so wichtig ist: Hier hat sich die
katholische Jugend der Welt versammelt, und ich gehöre dazu."*
   Die religiöse Dimension spielt aber auch bei weniger ambitionierten ‚Han-
dy-Künstlern' eine Rolle. Denn neben den kreativen Bastlern mit ihrer Vorliebe
für Originaldesigns, gab es jene – und nach unserer Beobachtung war dies die
überwiegende Mehrheit der Weltjugendtags-Besucher –, die auf ‚Fertigprodukte'
zurückgegriffen haben, wobei auch hier in vielen Fällen die religiösen Motive
nicht nur animiert, sondern durchaus auch personalisierbar waren. Aus einer
riesigen Angebotspalette, die von der offiziellen Weltjugendtagsseite bis zu privaten Anbietern reichte, konnten sich die Jugendlichen *„Logo-Kunst mit Weltju-
gendtags-Bezug"*, wie dies ein Teilnehmer so treffend umschrieben hat, entweder kostenlos oder für ein geringes Entgelt aus dem Internet herunterladen.
   Die Art und Weise, wie die jugendlichen Teilnehmer vor oder während des
Weltjugendtags ihr Handy-Display – und nicht selten auch ihre Handyschale –,
umgestaltet haben, ist ein aufschlussreicher Indikator dafür, wie jugendkulturelle
und religiöse Ausdrucksformen und Artefakte miteinander verwoben wurden.
Dass auch andere Weltjugendtags-Accessoires, wie etwa die Klebetattoos, Pins,
Telefonkarten, Schlüsselanhänger mit dem Weltjugendtagslogo, die Silikonarm-
bänder in den Weltjugendtagsfarben oder die Papst-T-Shirts, sozusagen einen
‚doppelten Verweisungscharakter' hatten, kann hier nur angedeutet werden. Sie
als ‚Pilgerplunder' und ‚Tand' einer ‚zeitgenössischen Ereignisökonomie' abzu-
qualifizieren, wie dies in manch einem weltjugendtagsfremden Feuilletonbeitrag

zu lesen war, verkennt ihre Expressivität und Signalfunktion völlig. Was während des Weltjugendtags vielmehr beobachtbar war, ist ein gleichsam spielerisches Vergnügen, Medialität und Sakralität, jugendkulturelle Selbstbestimmung und religiöses Selbstbewusstsein miteinander in Einklang zu bringen. Durch eine expressive Form von ‚religiösem Fantum' haben die Teilnehmer gezeigt, dass der Glaube auch etwas Fröhliches sein kann und dass er in das jugendliche Ausdrucksrepertoire passt.

Dass dagegen im Kontext Kirche die ‚jugendkulturelle Anreicherung' noch schmerzlich vermisst wird, verdeutlicht die skeptisch-kritische Grundhaltung vieler Weltjugendtagsteilnehmer nachdrücklich (vgl. Kapitel 2.2.1). Sie wünschen sich für die Zukunft eine *„lebendigere Kirche"* mit *„lebendigeren liturgischen Formen"*, wobei ihre Vorschläge vom *„Feuergottesdienst"* bis zur *„mobilen Zeltkirche"*, vom *„Taizé-Gebet"* bis zur *„Profilgemeinde"* reichen. Dass man sich künftig Kirche und insbesondere Kirchengemeinden auch im Sinne von ‚posttraditionalen Gemeinschaften' als eine Art ‚Lebensabschnittsgemeinde' vorstellt, deren Mitglieder nur noch ein gemeinsames Interesse, aber nicht mehr ihre Nachbarschaft verbindet, zählt dabei zu den innovativsten Vorstellungen. Und dass die Weltjugendtagsteilnehmer ihr gewachsenes Selbstvertrauen im Blick auf die ‚Kirche der Zukunft' auch in der ihnen eigenen Stilpolitik zum Ausdruck bringen, soll abschließend an der eigensinnigen Herstellung eines Handy-Logos, auf die wir bei unseren Recherchen gestoßen sind, verdeutlicht werden: Das ‚Ausgangsmaterial' bildete die Startseite eines kommerziellen Internet-Anbieters (‚onhandy') von Weltjugendtagslogos für Mobiltelefone, auf der ein Teilstück des Kölner Doms zu sehen ist mit dem Schriftzug *„Kirche ist Jugend"*. Diese Bild-Datei wurde in ein Handy-Format umgewandelt und mit einer neuen Botschaft versehen: *„Jugend ist Kirche"*. In dieser transformierten Form hat das Dom-Logo den Handy-Displays zahlreicher Teilnehmer am Weltjugendtag eine besondere, religiös-innovative Note gegeben.

2.4 Die Ambivalenz des Amtes – Der Papst zwischen amtscharismatischer Entzauberung und emotionaler Wiederverzauberung

Die Frage, welche Bedeutung der Papst für die jugendlichen Teilnehmer am XX. Weltjugendtag der Katholischen Kirche in Köln hatte, ist aus mehreren Gründen nur schwer zu beantworten. Zum einen zeigt sich auch hier die schon mehrmals erwähnte ‚Pluralität des Katholisch-Seins'. Das Bild des Papstes changierte irgendwo zwischen den Polen des *„Heiligen Vaters"*, in dem *„die Nähe zu Jesus Christus spürbar"* sei, und der eines *„ganz normalen Menschen"*. Zwar war den meisten Jugendlichen wichtig, dass der Papst in Köln anwesend war, und sie empfanden seine Auftritte als die eigentlichen „*Highlights*", gleichzeitig betonten aber viele von ihnen, dass sie auch nach Köln gekommen wären, wenn der Papst die Reise nach Deutschland nicht angetreten hätte. Manche spürten den ‚Schauer des Heiligen', als sie des Papstes ansichtig werden durften, hatten ein „*Gänsehautgefühl*". Anderen war der Papst „*scheißegal*" und sie entzogen sich dem Rummel bei seinen Auftritten ganz bewusst. Für die einen hat er als „*Nachfolger des Petrus*" eine moralisch-ethische „*Leitfunktion*" und verdient deshalb als „*Autorität*" Respekt und Anspruch auf Gehorsam. Andere hingegen sehen ihn als ‚Ersten unter Gleichen', betonen, dass „*alle Menschen die Kirche ausmachen*" und fordern mehr Mitsprache der Laien. Doch so eindeutig, wie es in diesen polaren Bildern aufscheint, ist es nicht. Auch diejenigen, die in ihm die ‚geistliche Autorität' erblickten, sparten nicht mit Kritik, wenn es um konkrete kirchliche Entscheidungen, zum Beispiel die Rolle der Frau in der Kirche, ging. Und auch solche, die der Hierarchie in der Katholischen Kirche durchaus kritisch gegenüber stehen, betonten immer wieder den „*Vorbildcharakter*" des Papstes. Das Bild des Papstes blieb bei den Teilnehmern des Weltjugendtages seltsam diffus und verriet eine gewisse Unsicherheit über dessen Stellung und Bedeutung im Kosmos der Katholischen Kirche – eine Unsicherheit, die sich wohl auch aus deutlich erkennbaren dogmatischen und kirchenrechtlichen Wissenslücken speiste.

Diese Unsicherheit wurde noch verstärkt – und dies ist der zweite Grund, warum eine Antwort auf die Frage nach der Bedeutung des Papstes so schwierig zu geben ist –, weil sich die Jugendlichen in Köln in einer ‚Ausnahmesituation' befanden, die sie dazu zwang, die Rolle des Papstes für sich selbst neu zu definieren. Die Jugendlichen in Köln kannten keinen anderen Papst als Johannes Paul II., sahen sich selbst als „*Generation JP II.*" und bezeichneten sich auch so. Mit Johannes Paul II. waren sie aufgewachsen, er hatte sie nach Köln eingeladen. Ihn dort zu sehen hatten sie erwartet, mit ihm zusammen wollten sie feiern. Jetzt aber begrüßte sie ein neuer Papst, von dem man nicht viel wusste, außer dass ihm „*der Ruf, konservativ zu sein*" vorauseilte. Würde er diesem Ruf gerecht werden? Wie würde Benedikt XVI. sich den Jugendlichen präsentieren, eher als ‚väterlicher Freund' oder eher als unnachgiebiger ‚Großinquisitor', der er vormals war? Neugier mischte sich mit Skepsis und Vorsicht, wie die folgende Aussage zeigt: „*Also man hat ja noch nicht so viel von dem (Benedikt XVI.; d.A.) gehört und ich meine, es war ja noch nicht so viel Zeit. Ich glaube, dass man irgendwie so ein bisschen vorsichtiger damit umgehen muss, ob man ihm jetzt so richtig zujubelt, und dann in einem Jahr merkt man plötzlich, dass man vielleicht doch nicht so ganz hinter dem steht, was er macht. Bei dem Johannes Paul II. war es einfach so, dass man seine Linie sozusagen schon kannte. Benedikt ist so ein bisschen eine Unbekannte.*" Diese Unbekannte zu enträtseln, zu entdecken, wie Benedikt XVI. das ihm anvertraute ‚Amt' ausfüllen wird, zu erfahren, ob er wie sein Vorgänger einen ‚persönlichen Draht' zu ihnen finden wird, das war für die meisten Jugendlichen eine spannende Frage. Dass sie die Antwort auf diese Frage relativ unbefangen und getragen von einer gewissen Grundsympathie und Unvoreingenommenheit mit dem ‚Neuen' suchten, war durchgängig zu beobachten. Der ‚Neue' sollte ‚seine Chance haben', so der Grundtenor der Jugendlichen.

2.4.1 Der Papst als Oberhaupt der Katholischen Kirche

Einig waren sich die meisten Jugendlichen in der Überzeugung, dass der Papst das Oberhaupt der Katholischen Kirche sei. Mehr als 92 Prozent der von uns befragten Jugendlichen stimmten dieser Aussage zu.

Was ‚Oberhaupt' zu sein aber im Einzelnen bedeutet und welche Konsequenzen daraus für den ‚normalen Katholiken' resultieren, darüber bestand keine Einigkeit. Dies wurde schon in der Wortwahl deutlich. Während die einen, insbesondere jugendlichen Mitglieder der sogenannten Neuen Geistlichen Gemeinschaften, durchgängig und bewusst vom *„Heiligen Vater"* sprachen, redeten die anderen nur vom *„Papst"*, von *„Benedikt"* oder sogar manchmal nur von *„Ratzinger"*. An diesen Unterschieden in der Wortwahl ist – wie oben bereits angedeutet – zu erkennen, dass der Papst auf der einen Seite als ‚religiöses Oberhaupt' mit einem eindeutigen Transzendenzbezug betrachtet wurde, als eine ‚geistliche Autorität', die zu verehren sei, während er auf der anderen Seite als ‚Vorstandsvorsitzender', oder besser noch: als ‚Präsident', einer weltweit verbreiteten religiösen Großorganisation gesehen wurde, bei deren Entscheidungen man als Organisationsmitglied zumindest ein gewisses Mitspracherecht beanspruchen dürfe. Die klassische religionssoziologische Unterscheidung von ‚sakral' und ‚profan' trifft diese unterschiedlichen Sichtweisen zwar nur bedingt, gibt aber auf jeden Fall die Richtungen an, wie sich die jugendlichen Teilnehmer dem Papst als ‚Amtsträger' annähern beziehungsweise seine Bedeutung für sich selbst rekonstruieren.

Dass dem Papst allein durch sein Amt eine gewisse ‚Heiligkeit' zuwachse, wurde in den von uns geführten Gesprächen nie explizit thematisiert, taucht an einigen Stellen, als nach der Bedeutung des Papstes gefragt wurde, aber immer wieder einmal auf. Aussagen wie die folgenden: *„Er hat eine Leitfunktion und ich denke, er ist der nächste Vertreter nach Jesus Christus und ich denke, da ist einfach auch so `ne Nähe zu spüren zu Jesus"* oder: *„Also ich würde sagen, dass der Papst für mich sehr wichtig ist und dass durch ihn für mich ein Stück von Gott durchscheint"* sind keine Einzelfälle, sondern kennzeichnen eine allgemeine Einstellung der jugendlichen Teilnehmer. Allerdings fällt die Vorsicht bei der Wortwahl auf. Die kirchliche Lehre über die Bedeutung des Petrusamtes scheint den meisten Jugendlichen unbekannt zu sein. Was in diesen Aussagen zum Ausdruck kommt, ist eine gewisse Unsicherheit über die Stellung und Aufgabe des Papstes in der Kirche. Sie ahnen oder fühlen in ihm die ‚Präsenz des Heiligen‘, können sie aber kaum benennen, geschweige denn beschreiben und in ihrer Bedeutung für ihr eigenes Leben einordnen. Eine gewisse Ausnahme ist die folgende Aussage eines jungen Mannes: *„Also der Papst ist für mich nicht das Wichtigste hier. Ich bin aber schon neugierig, und er ist ja schon eine Form von, wie soll ich sagen, Autorität ist vielleicht das falsche Wort, aber er ist halt, wie das Amt verstanden werden soll, als Nachfolger Petri. Dass vielleicht ein Segen von ihm noch ein bisschen mehr bedeutet, als wenn man ihn sonst woher bekommt."* Während hier noch eine Ahnung von der Bedeutung des Amtes aufscheint, bleibt bei vielen anderen nur der diffuse Eindruck zurück, dass der Papst *„irgendwie abgehoben"* und *„nicht von dieser Welt "* sei. Oder in den Worten eines anderen jungen Mannes, der das Erlebnis seiner Begegnung mit dem Papst wie folgt schilderte: *„Auch wenn man nicht so streng katholisch ist, es ist schon irgendwo Gänsehautatmosphäre, wenn der Papst an einem vorbeifährt. Ein komisches Gefühl."*

Abbildung 2.24: „Ist der (jetzige) Papst für Dich das Oberhaupt der katholischen Kirche?" (Angaben in Prozent)

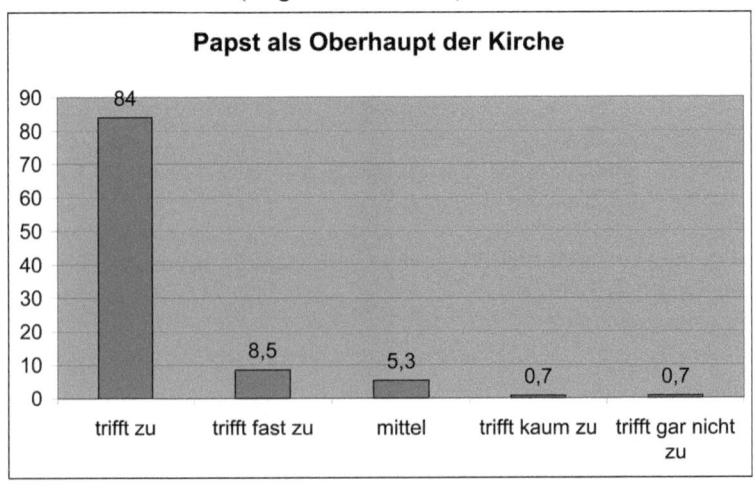

Dass der Papst *„irgendwie etwas Besonderes"* sei, nicht unbedingt ‚heilig‘, aber dem ‚Heiligen‘ näher als andere, wird von den meisten der jugendlichen Teilnehmer zumindest geahnt. Das hinderte sie aber in der Regel nicht, im Papst auch das administrative Oberhaupt einer mächtigen und weltumspannenden ‚Religionsbehörde' zu sehen, deren Entscheidungen das eigene Leben betreffen und mit denen man nicht immer einverstanden sein kann. Bei vielen Jugendlichen zeigt sich so etwas wie ein ‚demokratisches' Kirchenbild, das den Führungsanspruch und insbesondere das ‚Unfehlbarkeitsdogma' entschieden in Frage stellt. Typisch für diese ‚demokratische' Grundhaltung ist die Antwort eines jungen Mannes auf die Frage, was er in der Kirche ändern würde, wenn er selbst Papst wäre: *„Ich glaube, da kann ich nicht alles ändern, weil das nicht von oben kommen kann. Es gibt so viel Millionen Christen auf der Welt, die diese Kirche bilden, da kann ich als Papst nicht sagen: Ich hab jetzt gerade ein Glas Wein zu viel getrunken und erlasse jetzt das und das Edikt und das wird so gemacht, weil ich das will. Der Papst kann mich nicht dazu zwingen, so und so zu handeln. Wenn die Menschen in der Kirche das nicht akzeptieren, bringt das nichts. Im Endeffekt machen alle Menschen die Kirche aus und nicht irgendeiner da oben auf seinem Stuhl. Als Papst alleine kann ich nicht irgendetwas ändern, wenn die Leute nicht mitziehen."* Auf der anderen Seite wird allerdings auch gesehen, dass eine weltumspannende Institution wie die Katholische Kirche Führung braucht: *„Also das muss man sich mal vor Augen führen. Es gibt eine Milliarde Christen und davon sind vielleicht 50 Millionen kritisch, also das ist halt schwierig, auch für den Papst. Ich denke, das ist halt auch das Problem, dass er es nicht allen recht machen kann. Das ist unmöglich, denn er muss irgendwie Leitlinien setzen, weil sonst ist er ja unglaubwürdig."* In beiden Aussagen kommt eine gewisse, für die jugendlichen Teilnehmer insgesamt charakteristische Ambivalenz zum Ausdruck: Zum einen soll der Papst führen, Leitlinien setzen, zum anderen soll er aber auch Mitsprache gewähren und die eigene, souveräne Entscheidung respektieren. Kritik an der Rolle des Papstes ist ebenso erkennbar wie Kritik an einzelnen päpstlichen Entscheidungen, insbesondere dann, wenn sie die Sexualmoral oder die Rolle der Frau in der Kirche betreffen, aber es ist immer eine seltsam gebrochene, ja distanzierte, vielleicht schon abgeklärte Kritik. Es wird durchaus anerkannt, dass die Kirche ein eindeutiges ‚Profil' benötigt, dass es Aufgabe des Papstes ist, ‚Leitlinien' vorzugeben, aber es sollen eben ‚Leitlinien' sein und keine definitiven, auf bedingungslosen Gehorsam abzielende Anweisungen. Der einzelne soll sich an diesen Leitlinien zwar orientieren, aber jeder *„muss für sich selbst entscheiden"*, wie er damit umgeht und *„es ist nicht angebracht, irgendwelche Vorgaben zu geben."*

2.4.2 Der Papst als das authentische und moralische Weltgewissen

Diese, für die jugendlichen Teilnehmer am Weltjugendtag gerade typische ‚Souveränität' im Umgang mit kirchlichen und päpstlichen Vorgaben, die sich die meisten der jugendlichen Teilnehmer auf dem Weltjugendtag zusprachen, ist auch mit ein Grund dafür, dass ‚Kirchenkritik' auf dem Weltjugendtag kein explizites Thema war. Anders noch als die Generation ihrer Eltern ‚leiden' sie nicht am ‚System Kirche'. Sie wissen, was sie erwartet, und sie wissen, wie sie damit umgehen müssen. Sie wollten in Köln nicht diskutieren, sie wollten mit ihrem Papst feiern. Und deshalb war es für sie auch nicht so wichtig, was der Papst sagte, sondern wie er auftrat und welchen persönlichen Eindruck er hinterließ, ob er die ‚menschliche Qualität', die Glaubwürdigkeit und die Authentizität besaß, die seinen Vorgänger auszeichnete. Denn dieser war bei allen Jugendlichen der – in Köln noch überall präsente – Maßstab, an dem der Neue, Benedikt XVI., gemessen wurde. Johannes Paul II. wurde von den Jugendlichen nicht nur als authentische Persönlichkeit verehrt, sie sprachen ihm eine ‚charismatische' Ausstrahlung zu – eine Ausstrahlung, die ganz wesentlich darauf beruhte, dass es ihm gelang, in der Begegnung mit Jugendlichen nicht als ‚Amtsträger', sondern als Person und in der Endphase seines Pontifikats sogar als ‚leidende', die Last der Welt tragende und deshalb jesusgleiche Symbolfigur wahrgenommen zu werden.

Deutlich wird dies in den folgenden zwei Aussagen. Auf die Frage nach der Faszination von Johannes Paul II. antwortete ein junger Mann: *„Naja, das war ein alter Mann, und der hat so viel Leiden auf sich genommen, um da überhaupt dabei zu sein, obwohl man in den deutschen Medien und von den ganzen Freunden immer gehört hat, dass er alt ist und abgesetzt gehört! Und dann von ihm eben die Botschaft zu hören, die so was von jugendlich ist, das war einfach faszinierend. Er hat einem einfach Mut gemacht. Er hat gesagt: Ihr sollt die Heiligen des neuen Jahrtausends sein. Und er hat es einfach verstanden auf die Jugendlichen einzugehen."* Und eine junge Frau meinte: *„Ich denke, er hat eine so große Faszination ausgeübt, weil er in unserer Welt so authentisch gelebt hat. Das, was er gesagt hat, dazu stand er, und das hat er auch gemacht. Er ist nicht mit den Meinungen mitgeschwommen. Heute ist es einfach so, dass viele immer mit dem Strom mitschwimmen. Deshalb ist es wichtig, so einen Fels in der Brandung zu haben, an dem ich mich festhalten kann, der immer seine Meinung vertritt und keine Angst hat, diese zu äußern."*

Abbildung 2.25: Johannes Paul II. als ‚Wegbegleiter'

Diese Eigenschaften Johannes Paul II. wünschte man sich auch von seinem Nachfolger. Mit Freude nahmen die Jugendlichen zur Kenntnis, dass sich Benedikt XVI. immer wieder in die Fußstapfen seines Vorgängers stellte. Der Jubel war immer dann am größten, wenn er in seinen Ansprachen das Andenken an Johannes Paul II. anmahnte. Da er immer wieder die Verbindung zu seinem Vorgänger herstellte und offen erklärte, sein Werk fortsetzen zu wollen, zudem durch seine Bescheidenheit, ja fast schon Schüchternheit ebenfalls einen authentischen Eindruck vermittelte, waren die meisten Jugendlichen bereit, ihn als den legitimen Nachfolger anzuerkennen, und die Wertschätzung, Sympathie und Liebe, die sie seinem Vorgänger entgegengebracht hatten, auf ihn zu übertragen. Benedikt übernahm die Rolle Johannes Pauls II. und so galt auch er – wie sein Vorgänger – vielen Jugendlichen als eine Art ‚moralischen Weltgewissens', als lebendes Symbol dafür, dass es in einer sich ökonomisierenden Welt noch etwas ‚anderes' gibt, das wichtig ist. Der Papst präsentierte sich als die Alternative zur Mittelmäßigkeit, Unübersichtlichkeit und den vielen technokratischen Zumutungen und Freiheitsverlusten des modernen Alltags. Die Jugendlichen wussten es zu schätzen, dass hier jemand fest zu seinen zeitgeistresistenten Überzeugungen steht und nicht ständig opportunistisch den Leuten nach dem Mund redet, ihnen nicht mit dem *„Geschwafel"* von Sachzwängen und funktionalen Erfordernissen daherkommt, sondern individuelle Verantwortlichkeit vor dem Hintergrund unhinterfragbarer Werte einfordert. Auf sie wirkte er als *„Werte-Dinosaurier"*, so ein junger Volunteer aus Süddeutschland, authentisch und glaubwürdig. Der Papst als moralisches Weltgewissen sprach die innere Sehnsucht vieler Jugendlicher nach Gewissheit, Sicherheit und Halt an. Zudem präsentierte er sich und damit auch seine Kirche als das einzig noch legitime Gegengewicht zu einem überbordenden Neoliberalismus und seinem, wie er selber formulierte, akzelerierenden Werterelativismus. Das kam ebenso an wie sein eindeutiges Bekenntnis zum Weltfrieden, auch wenn die Jugendlichen über die Konsequenzen, die aus dieser Diagnose zu ziehen sind, wohl anderer Meinung sind als ihr Oberhaupt.

Leichte Kritik an Benedikt kam nur dann auf, wenn es ihm nicht gelang, dem Vorbild seines Vorgängers zu entsprechen. Und das war eigentlich nur in einem Punkt der Fall: Anders als Johannes Paul II. gelang es Benedikt nicht – oder jedenfalls nicht in dem gleichen Maße –, die Distanz des Amtes zu überwinden und den Jugendlichen ,persönliche Nähe' zu vermitteln. Dementsprechend reagierten Jugendliche oftmals mit Ärger und Enttäuschung, wenn der Papst selbst Distanz schuf, zum Beispiel indem er Gebete lateinisch sprach, oder weil durch die Inszenierung des Papstes Distanz geschaffen wurde, es ihnen also nicht gelang, bis zu ihm vorzustoßen oder ihnen verboten wurde, dem Papst zuzujubeln zu dürfen. Aber hatten sie es einmal geschafft, in seine Nähe zu kommen, ihm von Angesicht zu Angesicht gegenüberzustehen, dann stellte sich auch schnell wieder die Faszination ein: *„Ja, also da ist viel zwischenmenschlich passiert, einfach nur in drei, vier Blicken und zwei Worten, und das kann man nicht beschreiben. Ich war davor nicht wirklich Papstfan, habe immer gesagt, das ist irgendwie toll alles, aber ich sage mal, in Sekunden ist das wirklich umgekrempelt worden. Wenn man dem Mann mal gegenübersteht und den mal drückt, dann weiß man, es ist wirklich der Vater der Katholischen Kirche, und er denkt auch an alle seine Schäfchen."*

2.4.3   Der Papst als religiöser Superstar

Der Papst wurde von den jugendlichen Teilnehmern nicht als ,religiöser Superstar' angesehen, aber er wurde von ihnen als ein solcher gefeiert. Den meisten Jugendlichen war bewusst, dass der Weltjugendtag ein Event war, und viele sprachen auch ganz unbefangen von *„unserem Event"*. Und ebenso sahen sie durchaus Parallelen zwischen dem Auftritt eines ,Popstars' auf einem solchen Event und dem Erscheinen ihres Papstes auf dem Weltjugendtag. Gleichzeitig strichen sie aber auch immer die Unterschiede heraus, verbaten sich zum Beispiel direkte Vergleiche zur ‚Loveparade' und betonten entschieden, dass der Papst *„halt kein Popstar ist wie Robbie Williams"*, sondern *„schon etwas anderes"* – auch wenn sie das ‚Andere' kaum benennen konnten. Das zeigt zum einen, dass die jugendlichen Teilnehmer des Weltjugendtags ‚Kinder' einer globalen Popkultur sind und sich ganz selbstverständlich in dieser verorten. Es zeigt zum anderen, dass sie ihre Erfahrungen auf dem Weltjugendtag nur in den Kategorien beschreiben können, die diese globale Popkultur zur Verfügung stellt. Die oftmals zu beobachtende Sprachlosigkeit, die Unfähigkeit, das ‚Andere', also den religiösen Mehrwert des Weltjugendtages, zu formulieren, weist sowohl auf die Dominanz jugendkultureller Erlebnis- und Deutungsmuster in der alltäglichen Lebenswelt der Teilnehmer hin als auch auf ihre zunehmende Unkenntnis traditioneller kirchlicher Lehraussagen und Dogmen.

Die Dominanz jugend- oder popkultureller Deutungs- und Erlebnismuster in der alltäglichen Lebenswelt der Jugendlichen wird besonders deutlich in der Art und Weise, wie dem Papst begegnet wird. Der Papst ist zwar kein Popstar, aber er wird als solcher behandelt. In kaum einer der Begegnungen mit dem Papst – weder am Tage seiner Ankunft bei der Fahrt mit dem Schiff, der zentralen Begrüßungsveranstaltung auf dem Domplatz und der anschließenden Fahrt mit dem Papamobil durch die Kölner Innenstadt, noch auf der Vigilfeier und dem Abschlussgottesdienst auf dem Marienfeld – waren jene herkömmlichen Verhaltensformen zu entdecken, mit der katholische Laien über Jahrhunderte ihren ‚Hirten' Verehrung und Gehorsam bezeugten. Kein Kniefall, kein Kopfsenken, keine Gebetsgeste waren außerhalb der Gottesdienste zu sehen und wenn, dann waren es ausschließlich ältere ‚Zaungäste', die dies taten. Nicht Demut und Devotion waren angesagt, sondern Begeisterung und Ekstase. Nicht Stille, Kontemplation und Nachdenklichkeit prägten die Begegnungen, sondern lautstarker Jubel und Akklamation. Allein deshalb unterschieden sich viele Szenen bei den Auftritten des Papstes kaum von den Auftritten eines Robbie Williams. Das stundenlange, geduldige Ausharren in Sonne oder Nässe, die gespannte, sich ständige steigernde – und für manche auch schlechthin nervenaufreibende, weil zu Unwohlsein, Übelkeit und Ohnmacht führende – Vorfreude, das Aufbauen eines Erregungs- und Geräuschpegels, wenn zum wiederholten Male ein meist über SMS verbreitetes Gerücht auftauchte, die Ankunft des ‚Stars' sei in Bälde zu erwarten, das Explodieren der Anspannung in ekstatischem Gekreische, stakkatoähnlichen Namensrufen, im wilden Schwenken von Fahnen und Bannern mit dem Bildnis oder dem Namenszug des Gefeierten als ‚er' endlich auftauchte, das Zücken der Handy- oder Digitalkameras, um den ‚heiligen Augenblick' für die Ewigkeit und die anderen festzuhalten, aber auch die schnell in Enttäuschung umschlagende Fassungslosigkeit, dass ein kurzer, nur Sekunden währender und zudem oftmals verstellter Blick auf den ‚Star' alles war, was von der Begegnung ‚mit dem Heiligen' übrig blieb – Verhaltensmuster wie diese unterscheiden sich in der Tat kaum von denen, die bei einem Konzert von Michael Jackson, Madonna, Robbie Williams oder von Tokio Hotel zu beobachten sind.

Abbildung 2.26: ‚Der Papst kütt'

Auch Papst Benedikt XVI. konnte sich seiner Verehrung mithilfe von inzwischen zu Ritualen verfestigten Stereotypen einer medial geprägten, weltweiten Popkultur nicht entziehen, zumal sein Vorgänger, worauf vor Jahren schon Jörg Bergmann, Thomas Luckmann und Hans-Georg Soeffner (1993) hingewiesen haben, die Macht der medialen Inszenierung erkannte und sie bewusst zur Präsentation und Verbreitung seiner ‚Botschaft' benutzte – gerade auch auf den von ihm ‚erfundenen' Weltjugendtagen. Versuche, die Jugendlichen zu disziplinieren, waren immer wieder zu beobachten. Sowohl Benedikt selbst als auch sein Gastgeber, Kardinal Meissner, versuchten immer wieder, die oftmals bis zu hysterischen Ausbrüchen reichende ‚sterile Aufgeregtheit' (Georg Simmel) der jugendlichen Masse zu zügeln. Sie scheiterten ebenso wie die vielen Versuche der Organisatoren des Weltjugendtages, durch ‚würdevolle' Inszenierung der Auftritte eine gesittete, andächtige und weihevolle Atmosphäre zu schaffen. Die Jugendlichen konterkarierten durch ihr Verhalten alle diese Bemühungen. Sie wollten den Papst und sich selbst ‚feiern', und das taten sie auch.

So ungehemmt sich die Begeisterung bei den Auftritten des Papstes auch Bahn brach, so muss doch darauf hingewiesen werden, dass es unter den Teilnehmern am Weltjugendtag auch einige gab, die der *„Papstbejubelei"* eher skeptisch gegenüberstanden und versuchten, sich ihr – jedenfalls teilweise – zu entziehen, indem sie beispielsweise die Ankunft des Papstes fern vom Ort des realen Geschehens über Videoeinwände verfolgten. An solchen Orten war die Stimmung weit weniger euphorisch, oftmals verfolgten die dort versammelten Jugendlichen das Geschehen auf der Leinwand kaum, sondern sangen, tanzten und beschäftigten sich mit sich selbst. Inwieweit ein solches Desinteresse nur auf die distanzierende Kraft des nur indirekten Erlebens zurückgeführt werden kann, oder ob hier ein bewusstes Absetzen von den *„ausflippenden Teenagern"* zu beobachten ist und damit so etwas wie ein ‚Generationenkonflikt', kann abschließend nicht beurteilt werden. Auffällig ist allerdings, dass es vor allem junge Erwachsene waren, die sich dem *„Hype"* entzogen und diesen durchaus kritisch – auch medienkritisch – kommentierten. Jugendliche von heute, die mit der medialen Durchdringung aller Lebensbereiche aufgewachsen sind, erkennen Inszenierungsstrategien sofort, wissen von ihrer Notwendigkeit, um bestimmte Ziele zu erreichen, akzeptieren aber auch ihre Verführungskraft und sind bereit, diese auch kreativ einzusetzen. Das sich teilweise Entziehen vom ‚Papst-Hype' darf deshalb nicht als ‚Grundsatzkritik' am Eventcharakter des Weltjugendtages betrachtet werden, sondern ist wohl eher der ‚Abgeklärtheit' der über 20-Jährigen zuzuschreiben, die über die Aufgeregtheit, Wildheit und Unmittelbarkeit des Spaß-haben-Wollens der 16-Jährigen milde lächeln und sich doch daran erfreuen, weil auch sie ihren ‚Spaß' haben wollen.

Das Bild, das sich die jugendlichen Teilnehmer am Weltjugendtag von ihrem Papst zeichnen, ist ebenso wenig eindeutig wie die Erwartungen, die sie an ihn richten. Es trägt durch und durch ambivalente Züge. Die Jugendlichen fühlen in ihm die ‚Gegenwart des Heiligen', wenn er ihnen nahe ist. Sie lassen sich vom ‚Mysterium' der katholischen Liturgie ‚verzaubern', wenn er sie zelebriert, ahnen die ‚spirituelle Tiefe', die sich in den Riten verbirgt. Sie bewundern seine Authentizität und seine Standfestigkeit. Und er stillt ihre Sehnsucht nach Geborgenheit und personaler Wärme durch die Unmittelbarkeit seiner Präsenz und direkte Zuwendung in seiner Ansprache. Ist er ihnen hingegen fern, wächst also die Distanz, dann schwindet auch seine amtscharismatische Aura und sein persönlicher Zauber. Dann wird er wieder zum Oberhaupt einer machtvollen Organisation, die mit ihren Regeln, Normen und Vorschriften versucht, sie in ihrer ‚Freiheit' einzuschränken. Die Jugendlichen von heute sind, um mit Ulrich Beck (1997) zu sprechen, nun einmal ‚Kinder der Freiheit'. Sie tragen in sich das Ideal der Selbstverwirklichung und werden in Elternhaus und Schule zu Eigenverantwortlichkeit, Demokratie und Rationalität erzogen. Eine Kirche und ein Papst,

die Gehorsam und Unterwerfung fordern und ihnen Mitsprache und Teilhabe –
wenn überhaupt – nur in deutlich markierten Grenzen zugestehen, müssen ihnen
nicht nur ‚fremd’, sondern schlichtweg ‚unbegreifbar’ vorkommen. Ein junger
Mann formulierte dieses ‚Unbegreifbare’ wie folgt: *„Ein Problem bei der ganzen Sache ist, dass diese ganzen Regeln aufgestellt wurden von Menschen. Vielleicht hatten die auch eine Eingebung, vielleicht hatten die aber auch nur zu viel
Phantasie. Ich habe ein Problem damit, wenn ein Mensch wie der Papst so tut,
als wäre er vollkommen und unfehlbar, und dies aber gar nicht sein kann.“*

Und doch ahnen sie, dass hier jemand in Erscheinung tritt, der für etwas
steht, dass sich dem rationalen Verstehen, der individuellen Verfügbarkeit und
dem eigenen Willen entzieht: *„Sein Charisma, das kann ich sehen, das kann ich
aus seinen Worten heraushören.“* Aus diesem Zwiespalt erklärt sich die ambivalente, um nicht zu sagen gebrochene, Sicht auf den Papst, die bei vielen Jugendlichen in Köln in immer wieder zu hörenden und deshalb geradezu typischen
Sätzen wie beispielsweise *„Irgendwie hat er schon recht, aber ...“* zum Ausdruck kam. In solchen Aussagen wird jedoch nicht nur das Grundproblem der
‚paradoxalen Verfasstheit’ gegenwärtiger, spätmoderner Lebensverhältnisse
erkennbar, in solchen Aussagen deutet sich auch schon an, wie Jugendliche heute
diese ‚Basisparadoxie’ entdramatisieren und damit für sich lösen. Sie erkennen
die katholische Lehre als allgemeinen Orientierungsrahmen und den Papst als
Oberhaupt der Kirche als allgemeine ‚Leitfigur’ an, beharren aber darauf, innerhalb dieses Orientierungsrahmens und in kritisch-rationaler Auseinandersetzung
mit den moralischen Appellen der Leitfigur eigenverantwortlich und souverän
ihre individuellen Lebensentscheidungen treffen und darüber hinaus in emotionalen Ausnahmesituationen wie den Weltjugendtagen situativ den ‚Schauer des
Heiligen’, den Papst und Liturgie verheißen, in jugendadäquaten Formen genießen zu dürfen.

2.5 Der Weltjugendtag als ‚totales’ Gemeinschaftserlebnis

„Das Gemeinschaftsgefühl ist ein wichtiger Bestandteil von Kirche“, so be-
schrieb Ulrich Hennes, ein leitender Mitarbeiter aus dem Organisationsstab des
Weltjugendtagsbüros, das allgemeine Credo des Weltjugendtags in Köln. Und
tatsächlich schaffte es bislang kein anderes Jugendevent, eine solche Masse –
auch an unterschiedlich religiös motivierten und kirchlich verbundenen Jugendlichen – anzuziehen wie der Weltjugendtag. Trotz oder gerade wegen der Pluralität des Katholischseins erzeugte der Weltjugendtag als Event bei allen Teilnehmern einen regelrechten ‚Gemeinschaftshype’. Fast ausnahmslos bekamen wir
auf die – relativ offene – Frage nach den persönlichen Eindrücken und High-

lights auf dem Weltjugendtag die Antwort: *„Miteinander sein", „Gemeinschaft erleben", „Teil einer Menge sein"* oder *„Mit anderen zusammenkommen".*

Abbildung 2.27: „Mit wem besuchst Du den Weltjugendtag?"
(Angaben in Prozent)

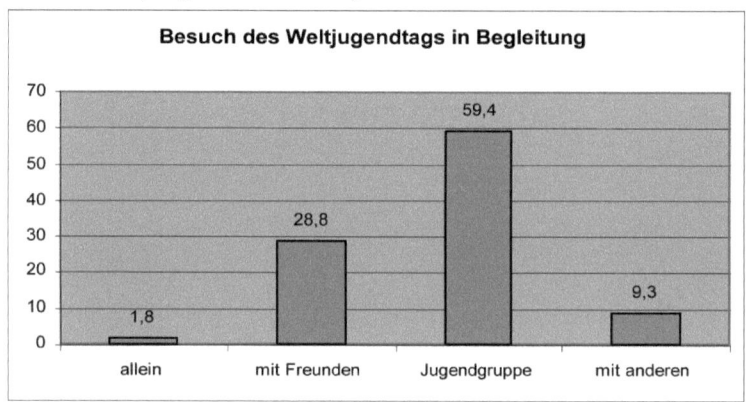

Obwohl das Erleben von Gemeinschaft quasi eine Basalerfahrung aller Teilnehmer war, umschrieben die einzelnen ‚Pilger' diese jedoch als etwas ganz Besonderes, Einmaliges: *„Dies ist eine besondere Veranstaltung in meinem Leben".* Auch wenn diese Einmaligkeit der Gemeinschaftserfahrung sicherlich zum Großteil auf der bereits vor Ort geleisteten ‚Erinnerungsarbeit' der Jugendlichen beruht (vgl. Kapitel 2.3.3), war sie von Seiten der Organisatoren zum Teil geplant. Die Gruppenidentität war gewissermaßen Voraussetzung, um am Weltjugendtag überhaupt teilnehmen zu können: Anmeldeverfahren, Herbergsquartierzuteilung, Essensausgabe und vieles mehr war an ‚Gruppen', nicht an ‚Individuen' adressiert. Dies spiegeln auch unsere quantitativen Befunde zur Zusammensetzung der Teilnehmerstruktur wider: Fast zwei Drittel der Jugendlichen besuchten das Event mit einer Jugendgruppe. Die übrigen Teilnehmer kamen vor allem mit Freunden nach Köln. Lediglich 1,8 Prozent gaben an, dass sie allein zum Weltjugendtag gereist waren.

Diese eher organisatorische Einbindung ins Kollektiv schlug sich während der Tage in Köln auch in der Handlungs- und Gemeinschaftspraxis der Teilnehmer nieder: Sie zogen in der Regel in Gruppen durch Köln und bewältigen die Programmpunkte gemeinsam – ‚Alleingänge(r)' blieben klar die Ausnahme. Dabei wurde die Einbindung ins Kollektiv nicht nur durch verbale Zugehörigkeitsbekundungen, z.B. durch ‚Schlachtrufe' und/oder auf T-Shirts gedruckte Motto-Texte, bekräftigt. Auch durch äußere nicht-sprachliche Zugehörigkeitsbe-

zeugungen, wie etwa uniforme Kleidung, Accessoires oder Fahnen, präsentierten
sich die Teilnehmer als ‚geschlossene' (Klein-)Gruppen mit einer gemeinsamen
Identität. Bezugspunkt der Kollektividentität blieb hier zunächst die Pfarrgemeinde, die als Kollektividentität durch Gruppenleiter, -banner und -name einen
gewissen Institutionalisierungsgrad aufwies.

Abbildung 2.28: Kleidungsuniformität bei Kleingruppen

Neben dieser – offensichtlichen – Kollektivstruktur, bestätigte sich auch auf
einer affektuellen Ebene der Gemeinschaftsfokus in unseren zahlreichen persönlichen Gesprächen mit Jugendlichen. Obwohl die ‚praktizierte' Gemeinschaft im
engeren Sinne häufig nicht über die eigene Pfarrgemeinde/Kleingruppe hinaus-
ging, waren gerade nicht die (unmittelbaren) Gruppenmitglieder Bezugspunkt
der ‚gefühlten' Gemeinschaft, sondern eher die abstrakte ‚Gemeinschaft der
Gläubigen', wie das folgende Zitat verdeutlicht: *„Also es ist sehr bestärkend für
mich zu sehen, dass die Kirche eine große Familie ist."* Auch die ‚Weltkirche',
oder noch allgemeiner ‚die Menschen aus aller Welt' bildeten wichtige Bezugspunkte der ‚gefühlten' Gemeinschaft: *„Also ich finde es einfach toll, wenn so
viele Jugendliche auf einmal da sind, und dass man sieht, dass die Religion so in
der ganzen Welt ist."* Auch die Ergebnisse unserer standardisierten Befragungen
bestätigen diesen überlokalen Gemeinschaftsfokus: Nahezu 80 Prozent stimmten

eindeutig der Aussage zu, dass sie sich auf dem Weltjugendtag als Teil einer lebendigen Glaubensgemeinschaft von katholischen Christen fühlen und die schönsten Momente mit anderen gemeinsam erleben. Über die Hälfte der Teilnehmer bestätigte sogar, dass der Weltjugendtag in ihrem bisherigen Leben die wichtigste religiöse Gemeinschaftserfahrung sei.

Abbildung 2.29: „Ich bin hier Teil einer lebendigen Glaubensgemeinschaft von katholischen Christen" (Angaben in Prozent)

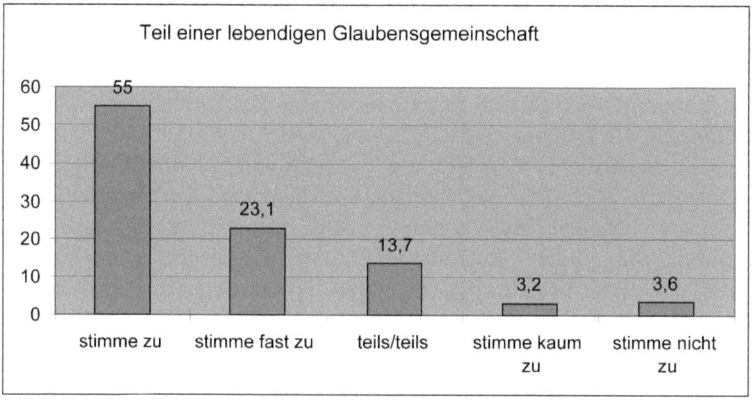

Teil einer lebendigen Glaubensgemeinschaft

stimme zu	stimme fast zu	teils/teils	stimme kaum zu	stimme nicht zu
55	23,1	13,7	3,2	3,6

2.5.1 ‚Masse ist klasse' – Entgrenzte Gemeinschaftserfahrungen

Das Massenerlebnis war eine zentrale Dimension der Gemeinschaftserfahrung auf dem Weltjugendtag, denn Massenbildungen fanden quasi überall statt: Auf den zentralen Veranstaltungen und ‚Pilgerwegen', an den Organisationszentralen und Unterkünften, nicht zuletzt in den Bahnhöfen, Geschäften und Cafés rund um Dom und Kirchen. Angesichts der Tatsache, dass ‚Masse nicht unbedingt Klasse' bedeutet, fragten wir genauer nach: Wie erfahren sich die Teilnehmer in der Masse, wie praktizieren und erleben sie trotz, oder gerade wegen der großen Teilnehmerzahl die Gemeinschaft auf dem Weltjugendtag und wie bewerten sie die – von den Organisatoren des Weltjugendtag – vorgegebene Leitidee einer lebendigen Glaubensgemeinschaft?

Massenerfahrungen waren für die Gemeinschaftserfahrungen auf dem Weltjugendtag konstitutiv. Und zwar nicht nur im Hinblick auf die Anzahl der Teilnehmer – auf dem Marienfeld fanden sich mehr als eine Million ‚Pilger' unter freiem Himmel ein –, sondern auch qualitativ im Hinblick auf die Eindrücke und Bewertungen der Teilnehmer: Für sie war das Weltjugendtagserlebnis ein ‚totales' Gemeinschaftserlebnis. So kommentiert etwa ein junger Mann seine intensiven Gemeinschaftserlebnisse, indem er Vergleiche mit anderen – zum Teil historisch nicht unproblematischen – ‚totalen' Ereignissen herstellt: *„Dieses gemeinsam Glauben erleben ist ja schon ein Gruppenerlebnis, sag ich mal. Man kann das hier allein vom gruppendynamischen Effekt vielleicht mit dem vergleichen, was auf den Reichsparteitagen gelaufen ist oder bei Rockkonzerten, das ist überall das gleiche. Diese Erfahrung suche ich hier schon ein bisschen. Einfach dieses gemeinsame Wissen, dass wir eine große Gruppe sind und gemeinsam unseren Glauben leben. Das ist was ganz tolles, eine tolle Erfahrung, die man auch mit nach Hause nehmen kann."*

Wie schon Michael Ebertz (2000: 356f.) in Bezug auf vergangene Weltjugendtage feststellte, dominieren in den Berichten der Teilnehmer zur Gemeinschaftserfahrung die Kategorien des Erlebens, darunter die der kollektiven Ekstase von ‚gemeinschaftlicher Begeisterung'. Er sieht daher in den Weltjugendtagen eine multisensitiv angelegte und charismatisch geprägte Kommunikations- und Erlebnisform. Weltjugendtage bieten – trotz ihres Verzichts auf typische ‚Rauschmittel' wie Drogen, Sexualität oder Alkohol – ein ‚sinnenreiches' und in gewisser Weise auch ‚ekstatisches' Gemeinschaftserleben. Hierin unterscheidet sich der Weltjugendtag in Köln nicht wesentlich von anderen jugendlichen Events wie etwa Rockkonzerten. Das Weltjugendtagserlebnis ist ein vitales, berauschendes Gemeinschaftserlebnis, dessen Fokus die Gemeinschaft selbst ist: Gemeinschaft als Gemeinschaftserlebnis! In diesem Sinne lassen sich Vergemeinschaftungen auf dem Weltjugendtag auch als ‚Eventgemeinschaften' umschreiben, da sie einerseits das Erleben von Gemeinschaft zeitlich und räumlich begrenzen und so intensivieren, dass sie andererseits den Teilnehmern außergewöhnliche Chancen bieten, sich wie in einem Kollektiv-Vehikel aus Lebensroutinen heraustransportieren zu lassen, um zeitweilig an symbolisch vermittelten, mehrkanaligen Sinnenfreuden zu partizipieren. Diese ‚Mehrkanalität' macht das Gemeinschaftserleben ‚total'.

In den Erlebnisberichten der jugendlichen Teilnehmer wird die ‚totale' Gemeinschaftserfahrung vor allem im Zusammenhang mit Massenerfahrungen auf den Großveranstaltungen des Weltjugendtags thematisiert, wie etwa der Papstankunft auf den Pollerwiesen, dem Eröffnungsgottesdienst im Rheinenergie-Stadion oder der Vigilfeier und Abschlussmesse auf dem Marienfeld. In der Masse fühlen sich die Jugendlichen wohl, hier erleben sie die Gemeinschaft besonders intensiv. Es wäre jedoch voreilig, die Suche bzw. Sehnsucht nach (Massen-)Gemeinschaftserfahrung als Beweis einer unmündigen, unkritischen oder gar verführten Jugend anzusehen. Die Jugendlichen wissen in der Regel um die gruppendynamischen Effekte von Massenveranstaltungen und gehen sie bewusst ein. Dies betont etwa auch ein Mädchen aus Münster: *„Ich kenn jetzt*

welche, die waren vor zwei Jahren in Toronto. Ich war selber nicht da, aber ich
bin jetzt auch hier, weil es sich gerade anbietet und weil man die Gelegenheit
nicht noch mal kriegt, von der Gruppendynamik, vom Gemeinschaftsgefühl so
was mal mitzuerleben. "

Viele der Jugendlichen fügten ihren Erlebnisschilderungen – ungefragt –
Begründungen hinzu, warum sie bestimmte Dinge so und nicht anders erlebt
haben und lieferten im selben Atemzug ‚rationale' Erklärungen ihrer ‚irrationa-
len' Erlebnisse. Grundsätzlich vermittelten die Teilnehmer den Eindruck, dass
sie ziemlich genau wissen, was ihnen gefällt und was sie vom Weltjugendtag
erwarten bzw. wie sie die Angebote zu konsumieren haben. Insofern handelten
die Teilnehmer des Weltjugendtags ganz im Sinne Gerhard Schulzes ‚erlebnisrational' (vgl. Schulze 1992). Sie folgen dem Imperativ ‚Erlebe dein Leben', d.h.
sie achten weniger auf die inhaltliche Botschaft als vielmehr auf die persönliche
Erlebnisnote. Erlebnisorientiertes Handeln ist ein innenorientiertes Handeln,
dessen geplantes Ziel es ist, schöne Erlebnisse für sich selbst herbeizuführen.
Dabei werden Dinge, Ereignisse oder auch Personen nicht mehr nach ihrem
Gebrauchs- oder Funktionswert, sondern nach ihrem Erlebniswert bewertet und
konsumiert. Auch wenn Schulze sich in seinen weiteren Ausführungen zur ‚Erlebnisgesellschaft' vor allem für die Milieuabhängigkeit der ästhetisch-affektu-
ellen Muster dieses Schönheitsempfindens interessiert, beschreibt er erlebnisrati-
onales Handeln doch als Massenphänomen gegenwärtiger Gesellschaften. In
diesem Sinne ließe sich vermuten, dass hinter den bewusst gesuchten ‚totalen'
Gemeinschaftserfahrungen auf dem Weltjugendtag und den damit verbundenen
‚Feeling' von Entgrenzung und Ganzheitlichkeit seitens der Jugendlichen auch
die Gestaltungsidee des ‚Projekts des schönen Lebens' steht. Immerhin erklärten
viele der Teilnehmer entweder direkt, dass es ihnen auf dem Weltjugendtag darum gehe, *„Spaß zu haben"* oder sie gaben – eher indirekt – an, dass sich Glaube
und Spaß keinesfalls ausschließen müssen.

2.5.2 ‚Ich bin nicht allein' – Die Angst vor der Marginalisierung

Der hohe Stellenwert von Gemeinschaftserfahrungen auf Events ist neben ihrer
außeralltäglichen Erlebnisstruktur vor allem in den mit Gemeinschaftserfahrung
verbundenen Zugehörigkeitserfahrungen begründet. Die Jugendlichen fühlten
sich auf dem Weltjugendtag als Teil einer ‚temporären Gegenwelt', die sich
gegen das sonst im jugendlichen Alltag dominierende Gefühl eines ‚für alles
verantwortlich Seins' stellt. Letzteres gewinnt vor allem vor dem Hintergrund an
Bedeutung, als die Jugendlichen als ‚Gläubige' bzw. als ‚bekennende Katholiken' im Alltag massiven Marginalisierungs- und Diskriminierungserfahrungen

ausgesetzt sind. Ein junger Mann beschreibt diese Angst vor Ausgrenzung und Isolierung sehr eindrucksvoll: *„Für mich hat der Weltjugendtag den Sinn, dass wir junge Christen sehen, dass wir einfach nicht alleine sind, gerade hier in Deutschland. Ich sag' mal, in vielen Ländern ist es vielleicht schon noch so, dass sie wissen, okay, da ist die Pfarrei einfach sehr stark und man ist kein Außenseiter, aber in Deutschland ist man ja schon fast ein Außenseiter. Hier in Köln auf dem Weltjugendtag, da ist es aber ganz anders. Da ist einfach festzustellen, man ist kein Außenseiter, sondern man ist ein ganz kleines Glied in dieser bombastisch riesigen Kette, die alle zusammenhält. Hier treffen jetzt eine Million Menschen aufeinander und sagen, wir sind hierher gekommen, um gemeinsam fröhlich zu sein und Gottesdienst zu feiern, das ist für mich bombastisch."*

Zu erleben, dass man als *„bekennender Katholik nicht alleine in der Welt steht"*, sondern sich *„in einem Meer von Gleichgesinnten"* befindet und auch körperlich spürt, dass es viele andere junge Katholiken gibt, die so sind wie ich, war eine ganz zentrale – vielleicht die zentralste – Erfahrung, die die Jugendlichen in Köln gemacht haben. Stellvertretend für viele andere sei hier wiedergegeben, was ein junges Mädchen auf die Frage nach dem Sinn des Weltjugendtags antwortete: *„Einmal natürlich einfach aus aller Welt Leute sehen, aus aller Welt Jugendliche, die feiern und dann auch mal zu sehen, dass es doch gar nicht so schlimm ist, wenn man mal ein bisschen an Gott glaubt. Ich meine, ich bin ja auch Messdiener und da kommt man sich bei uns in Trier schon manchmal ein bisschen dämlich vor. Dann gucken einen Leute so an, so, was bist du denn für eine. Dass man sieht, es gibt wirklich genug coole Leute, die aber deswegen trotzdem an Gott glauben können."* Ähnliches berichtete auch eine junge Frau, als sie sich an ihre Eindrücke von der Vigil-Feier auf dem Marienfeld zurückerinnert: *„Für mich war es sehr schön, als dann die ganzen vielen Kerzen, die Teelichter angezündet wurden, und man hat dann wirklich auch gesehen, dass man nicht alleine ist, weil irgendwo da ganz hinten waren immer noch Lichter und man hat so gesehen, dass ganz viele Leute da sind und das gab auch ein tolles Gemeinschaftsgefühl. Da saß man dann mit seiner Kerze und hat gewusst, eine Million andere Menschen sitzen jetzt genauso wie ich hier"*.

Die Jugendlichen beeindruckte vor allem auch die Lockerheit und Unverkrampftheit, mit der man sich auf dem Weltjugendtag über ‚Gott und die Welt' unterhalten konnte, wenn man es denn wollte. So offen ihre Glaubenszugehörigkeit zu zeigen und zu bezeugen, bedeutete für viele Jugendliche eine Erfahrung, die sie in dieser Form nicht kannten. Viele umschrieben ihre gesellschaftliche Situation als Gläubige im Alltag als eine ‚katholischen Diasporasituation', die sie dazu zwinge, ihre religiöse Haltung aus Furcht vor Diskriminierung auf die ‚Hinterbühne' zu verbannen: *„Bei uns zu Hause, da sind wir nur ganz wenige (Katholiken; d.A.), fast schon so wie in der Diaspora."* Besonders die verhältnismäßig zahlreichen jugendlichen Pilger aus den neuen Bundesländern beklagten sich über ihre ‚Randstellung' im Alltag.

Die Vorstellung der Jugendlichen, als Katholik im Alltag zu einer religiösen Randgruppe zu gehören, wurde auch immer wieder in den Expertengesprächen mit deutlichen Worten zum Ausdruck gebracht. So charakterisierten die von uns befragten Pastoralreferenten und die in der Kirche seit langem tätigen haupt- und ehrenamtlichen Mitarbeiter die katholische Jugend in Deutschland als *„eine Minderheit ohne Lobby"*, die nicht selten mit dem Gefühl lebe, *„ein Exot zu sein"*, quasi eine Art *„letzter Mohikaner"*. Dass von dieser wahrgenommenen Außenseiterposition kaum eine ‚religiöse Verstärkerwirkung' ausgeht, liegt auf der Hand. Aber sie führt auch nicht zur massenhaften Abkehr vom Glauben, sondern eher zu einer öffentlichkeitsscheuen ‚stillen Religiosität'. Stellvertretend für eine Vielzahl inhaltsähnlicher Äußerungen sei hier die Feststellung eines 16-Jährigen zitiert: *„Viele Jugendliche, denke ich mal, glauben an Gott, wollen dies aber nicht in aller Öffentlichkeit zugeben, weil sie Angst haben, von den anderen ausgelacht zu werden. Deshalb trauen sie sich nicht, sich zu ihrer Religion zu bekennen. Die Angst, ausgelacht zu werden, liegt größtenteils daran, dass die Kirche ein schlechtes Image hat als Langweileranstalt."* Aus Angst, in eine Minderheitenposition gedrängt zu werden, oder als *„unjugendlich"* und *„uncool"* zu erscheinen, wird im Alltag nicht über Religions- und Glaubensfragen gesprochen. Hinter der in der Öffentlichkeit wahrgenommenen ‚religiösen Funkstille' vermuten die Jugendlichen eine durchaus vorhandene, wenn auch nicht ausgesprochene Religiosität ihrer Altersgenossen. Die Antwortverteilung in nachstehender Abbildung bringt diesen Sachverhalt, der sich kommunikationssoziologisch auch als ‚religiöse Schweigespirale' beschreiben lässt, deutlich zum Ausdruck.

Abbildung 2.30: „Glaubst Du, dass Jugendliche insgeheim viel stärker an
Religion und Glaubensfragen interessiert sind, als es den
Anschein hat?" (Angaben in Prozent)

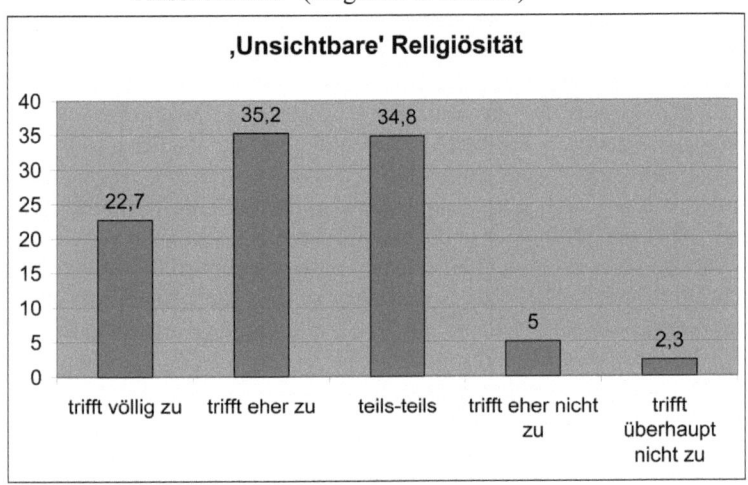

Um dem besonderen Weltjugendtags-Feeling der Teilnehmer ,auf die Spur zu
kommen', muss man diese alltäglichen Marginalisierungserfahrungen im Blick
behalten. Nur so erklärt sich, warum sich die Jugendlichen auf dem Weltjugendtag angesichts der großen Menschenmengen eher ,in Sicherheit' denn ,unwohl'
fühlten oder gar panisch auf die Massen reagierten. Denn hier machen sie eine
Erfahrung, die sie aus dem Alltag in dieser Form nicht kennen: ,Ich bin Teil
einer Gemeinschaft junger Katholiken, die offen und ungezwungen zu ihrem
Glauben stehen.' In dieser ,religiösen Kollektivsituation' manifestiert sich aber
nicht nur ein ,öffentliches Glaubensbekenntnis, sie verdeutlicht auch, dass die
situative Vergemeinschaftung auf dem Weltjugendtag eine Vergemeinschaftung
unter Individualisierungsbedingungen ist; sie ist eine Gemeinschaft aus der Ver-
einzelung heraus.

So beruft sich auch die Weltjugendtagsgemeinschaft nicht auf verbindliche
Traditionen, Dogmen oder gar ,Letzt-Wahrheiten'. Vielmehr bietet sie durch ihre
,simple' Botschaft ,Du bist nicht allein!' eine relative Sicherheit auf die dringli-
che Dauersinnfrage moderner Individuen: ,Was kommt auf mich zu?' oder auch:
,Wo soll ich hin?'. Gerade dieser axiomatische Charakter der Gemeinschaftserfahrung als ,Botschaft' ist sicherlich nicht ganz unabhängig von organisatorischen Corporate Identity-Strategien zu sehen, die das Gemeinschaftserlebnis
durch das allerorts sichtbare Logo des Weltjugendtags, die ,penetrante' Wir-
Rhetorik der Motto- und Liedtexte (*,,WIR sind gekommen, um Ihn anzubeten",*

„WIR sind das Licht der Welt" usw.), durch den hunderttausendfach verteilten blauen Pilgerrucksack mitsamt Kopftuch und Armband sowie anderen Merchandise-Produkten, die im Internet, aber auch in der Innenstadt Kölns zum Verkauf angeboten wurden, mit hervorgerufen haben.

In Anlehnung an Ronald Hitzler (1998) lassen sich die Vergemeinschaftungen auf dem Weltjugendtag auch als ‚posttraditionale Vergemeinschaftungen' verstehen. Zum Ausdruck wird damit gebracht, dass die in Köln anwesenden Weltjugendtagsbesucher zwar schon vor dem Event ‚katholisch' waren, aber erst durch veranstaltungsspezifische Erlebnisdynamiken aus einer ‚ideellen Gemeinschaft' eine ‚erlebte Gemeinschaft' wurde. Diese Beobachtung deckt sich mit der seit Max Weber gesicherten soziologischen Erkenntnis, dass Gemeinschaften keine ‚von Natur aus' fest gefügten und auf Dauer gestellten Lebensformen darstellen, die ausschließlich auf tradierten und gemeinsam geteilten Interessen, Werten und Ideen basieren, sondern nur als ‚Interaktionszusammenhang' und als ‚temporale Vollzugswirklichkeit' soziologisch fassbar sind, weil sie in erster Linie auf subjektiv gefühlter Zusammengehörigkeit beruhen.

Grundsätzlich fällt auf, dass die Jugendlichen ihre Weltjugendtagserlebnisse und eventbezogenen Gemeinschaftserfahrungen kontextualisieren – und auch vor ‚dramatischen' Zeitdiagnosen nicht zurückschrecken. Sie treten dabei in den Gesprächen teilweise selbst als ‚Experten der Jugend' in Erscheinung: Sie wissen um die Probleme, sie erkennen die Ursachen für bestimmte Sehnsüchte und Wünsche und beziehen diese auf die eigenen Weltjugendtagserlebnisse. So wird stärker als die ‚religiöse', die ‚soziale' Bedeutung des Weltjugendtags von den Teilnehmern herausgestrichen: *„Also, um die Jugendlichen an die Religion zu binden, dafür ist der Weltjugendtag eigentlich gar nicht so wichtig, weil Religion kann man auch in der Gemeinde erfahren oder in der Gemeinde erleben. Für die Jugend ist es eigentlich wichtig zu sehen, man steht nicht alleine, sondern es gibt viele, die genauso wie ich sind und dass man da mal dieses große, starke Wir-Gefühl mitbekommt. Und dafür ist der Weltjugendtag wichtig. Also Weltjugendtag ist auch, sag ich mal, noch mehr auf Gemeinschaft ausgerichtet als auf Spiritualität."*

Das Zitat verdeutlicht aber noch einen Aspekt: Die Sprache der Jugend und die Sprache der Jugendforscher haben sich immer mehr angeglichen. Selbst in spontanen Ad-hoc-Interviews überraschten die Jugendlichen mit ihren zum Teil sehr differenzierten Expertisen zur gesamtgesellschaftlichen Funktion des Weltjugendtags im Hinblick auf ‚die Lage der Jugend'. Die Jugendlichen wissen längst um die Individualisierungs- und Freisetzungsprozesse in spätmodernen Gesellschaften, sie wissen um das Dilemma der ‚Bastelexistenz' und die ‚Unverbindlichkeit' ihrer Wahl, sie akzeptieren den Verlust an Sicherheiten und Vorgaben und können dennoch die lediglich auf Zeit geschaffenen Wir-Gefühle genie-

ßen. Dies schließt mit ein, dass selbst die Erkenntnis, im Alltag ein ‚Außenseiter'
bzw. ‚allein' zu sein, von den Jugendlichen relativ ‚abgeklärt' verhandelt wird:
„Das ist halt so" oder: *„So sieht der jugendliche Alltag aus"*. Die jugendlichen
‚Sinn-Bastler' sind selbst zu ‚Sinn-Experten' geworden.

2.5.3   ‚Pleiten, Pech und Pannen' – Authentizitätserleben

Trotz überwiegend positiver Zugehörigkeitsbekundungen – *„es ist toll dazuzu-*
gehören" – zeigten vor allem unsere Beobachtungen, dass das ‚totale' Gemeinschaftserlebnis in physischer Hinsicht auch negative Ausmaße annehmen konnte.
Von früh bis spät hielten sich die ‚Pilger' in den Armen, schunkelten, stützten
oder feierten sich, liefen in großen Gruppen Hand in Hand die Kilometer bis zur
Herberge, um am nächsten Morgen gemeinsam zu frühstücken oder noch vor
dem Frühstück die Frühmesse miteinander zu feiern. Wurde ein ‚Pilger' müde
oder drohte, bei einem Programmpunkt nicht mitmachen zu wollen oder zu können, wurde er von den grölenden und tanzenden anderen regelrecht ‚mitgeris-
sen'. Viele Jugendliche quittierten die ‚permanenten' Gemeinschaftserfahrungen
mit Erschöpfung, Zusammenbruch oder ‚Gemeinschaftskollaps'. Verstärkt wurden diese ‚grenzwertigen' Gemeinschaftserfahrungen durch das Wissen, dass
man als Teilnehmer absolut abhängig von der Gruppe ist. Die Möglichkeit, alleine loszuziehen oder Treffpunkte zu vereinbaren, stellte sich angesichts der Massenveranstaltungen und Nahverkehrsprobleme als schwieriges Unterfangen heraus. Vor allem die An- und Rückreise(n) waren durch die weit verstreuten Veranstaltungsorte und Herbergsquartiere, verspätete und überfüllte Züge und U-
Bahnen und verschobene Zeitpläne der Veranstaltungen individuell nicht reali-
sierbar. So waren am Abreisetag über zehn Kilometer lange Fußmärsche vom
Marienfeld zum Hauptbahnhof oder sechsstündiges Anstehen und endlose War-
teschlangen am Bahnsteig Köln-Horrem keine Seltenheit, in der die ‚Leiden des
Pilgerns' hautnah erfahren werden konnten. Aber auch an den Hauptveranstal-
tungstagen gehörten kollektive ‚Schlafanfälle' in Bus und Bahn, Kreislaufpro-
bleme auf ‚offener Wiese' und körperliche ‚Ausfallerscheinungen' beim ‚Ver-
anstaltungs-Hopping' zur Tagesordnung. Wer bis zum letzten Tag überhaupt
noch ‚pilgern' konnte, brach spätestens auf dem Marienfeld zusammen oder
verschlief schlimmstenfalls sogar den ‚Höhepunkt' des Weltjugendtags: die
abendliche Vigil- und/oder Messfeier am nächsten Morgen.

    Dennoch wurde auf Seiten der Teilnehmer öffentlich wenig bis gar keine
Kritik am Weltjugendtag als Event, geschweige denn an den Organisatoren,
geübt. Das überraschte uns zunächst sehr. Hinzukam, dass gerade ‚ungeplante'
Ereignisse, die ‚eigentlich' als kontraproduktiv gelten, wie etwa organisatorische

Engpässe und Mängel, fehlende Ausstattung für schlechte Witterungsverhältnisse oder auch einfach nur überteuerte Getränkepreise, sich nicht negativ auf das Gruppenverhalten auswirkten. Vielmehr zeigten unsere Beobachtungen, dass Organisationspannen ‚von oben' und Gemeinschaftsbildungen ‚von unten' in einem konstruktiven Wechselwirkungsverhältnis standen. Vor allem die Versorgungsengpässe – etwa bei der Essensausgabe – und die Kontrolldefizite auf dem Marienfeld – etwa beim Zugang zum Gelände oder der Zuweisung der Planquadrate – stellten ungewollte und ungeplante Anlässe dar, die regelrecht zu ‚sozialen Kondensationskernen' und ‚situativen Handlungsgemeinschaften' führten. Auch an den überfüllten S- und U-Bahnhöfen bildeten sich situativ National-, Chor-, Hilfs- oder auch einfach nur Schlafgemeinschaften. Vor den wenigen Toiletten auf dem Marienfeld bildeten sich vorübergehend Essens- und Foto-Tauschgemeinschaften, auf den wenigen freigegeben öffentlichen Fußwegen zu Großveranstaltungen wurde man bei Betreten quasi automatisch zum Mitglied irgendeiner Pilger-, Fahr- oder Wallfahrtsgemeinschaft.

Selbst in der letzten U-Bahn, die spätnachts zu den teilweise weit entlegenen Quartieren fuhr, fühlte man sich beim Anblick vollkommen erschöpfter ‚blauer' Rucksackträger als Teil einer Schicksalsgemeinschaft, die beim Überbrücken von teilweise sehr langen Warte- und Fahrtzeiten mithilfe von Alkohol schnell zur Trinkgemeinschaft werden konnte. Diese ‚Transintentionalität des Organisationschaos' lässt sich ganz im Sinne von Robert Merton (1936) auch als „unanticipated consequence[s] of purposive social action", also als nicht-intendierte – positive – Handlungsfolgen verstehen. Was auf jeder anderen Großveranstaltung zu massiven Protesten und nachhaltigen Auflösungserscheinungen führen dürfte – gerade Massen- und Dichtesituationen sind anfällig für Krisen- und Konfliktformen unterschiedlichster Art –, erzeugte auf dem Weltjugendtag eher eine Haltung der Langmut und der kommunikativen und sozialen Verdichtung.

Abbildung 2.31: Schlafen auf dem Marienfeld

Auch im Rückblick – dies belegen die Interviews und Gruppendiskussionen, die wir mit ‚unseren Forschungsgruppen' mehrere Wochen nach dem Ende des Weltjugendtages geführt haben – berichteten die Teilnehmer immer noch sehr anschaulich und ‚aufgewühlt' über die Herausforderungen von Chaos und Pannensituationen, die sie in Köln meistern mussten. Insbesondere ‚das Marienfeld' wurde im Nachhinein in all seinen ‚dreckigen Details' als das Highlight schlechthin bezeichnet: *„Das Marienfeld war Stress pur! Da hat sich jede Gruppe ihr Revier gesucht, so wie beim wilden Campen, total planlos. Und wenn man dann einen Platz gefunden hatte, hat man sich einfach im Schlamm breitgemacht."* Stundenlanges ‚Pilgern' mit schwerem Gepäck, fehlende Waschgelegenheiten, tagelanger Schlafentzug, der auf dem Marienfeld durch den harten Boden und die Hintergrundgeräusche seinen Höhepunkt erreichte, dazu das mit Müll- und Schlafsäcken überzogene Feld, auf dem man sich auf vielleicht einem Quadratmeter ‚im Schlamm' einrichten musste, führten bei den Jugendlichen eher zu einem Authentizitäts- und Abenteuer- denn Krisenerlebnis, was den Teilnehmern das besondere Gefühl vermittelte, ‚mit allen in einem Boot zu sitzen'.

Abbildung 2.32: Ankunft am Bahnhof Deutz

Dies mag vielleicht auch erklären, warum der von den Cultural Studies oft beschworene ‚jugendliche Widerstand' ausblieb. Die Jugendlichen bewerteten das Gelingen des Events weniger nach professionellen – betriebswirtschaftlichen und logistischen – Maßstäben. Mehr noch, sie schoben auch gleich eine Erklärung hinterher – ganz im Sinne der Organisatoren –, warum eine solche Bewertung nicht zulässig ist. So lautete die gängige Begründung für die zahlreichen Unzulänglichkeiten: *„Für so ein Riesenereignis war das Chaos doch noch ganz erträglich."* Auch diese Aussage macht deutlich, dass die jugendlichen Teilnehmer ihre eigenen Maßstäbe an den Weltjugendtag anlegen: Sie bewerten ihn – wie schon zuvor mehrfach erwähnt – nach eigenen, erlebnisrationalen Gesichtspunkten. Insofern können gerade Pleiten, Pech und Pannen eine besondere Rolle auf Großveranstaltungen spielen, da sie das Gefühl des Ungeplanten, des Authentischen und Gefährlichen vermitteln und damit die Außeralltäglichkeit des Events, vor allem aber die Exklusivität des Gemeinschaftserlebnisses unterstreichen – getreu dem Motto: Nur wer auf der Erde schläft, nur wer kilometerlang läuft, nur wer sich den widrigen Zuständen in Massenunterkünften stellt bzw. auf dem Marienfeld im Schlamm campiert, hat den ‚echten' Weltjugendtag erlebt.

Dies zeigte sich nicht zuletzt in einer Abgrenzung der Weltjugendtags-Community gegenüber den zahlreichen Tagestouristen, Anwohnern und Schau-

lustigen, die am (vor-)letzten Tag der Großveranstaltung ebenfalls zum Marienfeld kamen und zum Großteil als ‚Eindringlinge' oder ‚störende Fremde' empfunden wurden, die weder dazugehören noch den Weltjugendtag in seiner Ge-
samtheit begreifen bzw. verstehen können.

2.6 ‚Spirituelle Rhythmen' in der ‚Weltgemeinschaft': Die Begegnung mit dem Fremden

Der Weltjugendtag lockte die Jugendlichen mit dem Versprechen, die katholische Weltgemeinschaft in Köln erfahrbar zu machen. Dies fand nicht allein darin
Ausdruck, dass über 180 Nationen nach Köln reisten und sowohl in den Gruppen
der Teilnehmenden als auch bei den Kirchenmännern und -frauen eine multikul-
turelle Zusammensetzung vorherrschte. Auch die den Kölner Tagen vorgeschalteten ‚Tage der Begegnung' in den deutschen Diözesen, an deren ‚Tag des Sozialen Engagements' am 12. August 2005 die Gäste und Gastgeber gemeinsam in
einem von über 4.300 sozial-karitativen Projekten mitarbeiten konnten, waren in
ihrem Kern darauf angelegt, die ‚Begegnung mit dem Fremden' ganz im bildungspolitischen Sinne eines interkulturellen Lernens für einige Tage erlebbar zu
machen. In ausführlichen Handbüchern und Begleitheften zum Weltjugendtag,
die auch vor einem „ABC der (guten) interkulturellen Begegnung" nicht zurück-
schreckten, wurde der Weltjugendtag als ‚Gemeinschaft von Fremden' bereits im
Vorfeld sichtbar. So hieß es auf der Internetseite der Veranstalter: „Der Weltjugendtag ist ein internationales Ereignis ersten Ranges, das von Gastfreundschaft
geprägt ist. [...] Eingeladen ist die Jugend der ganzen Welt. [...] Die Teilnehmer
sind weltoffen. Sie kommen aus über 180 Nationen", und: „Gegenseitig können
Gastgeber und Gäste voneinander lernen, sich über ihre jeweiligen Kulturen
austauschen und so erfahren: Aus Fremden werden Freunde." Auch in der Medienvorberichterstattung zum Weltjugendtag wurde immer wieder die Globalität
des Ereignisses als zentrales Kennzeichen hervorgehoben. Wie aber haben die
Teilnehmer selbst die von den Veranstaltern postulierte ‚Weltgemeinschaft' vor
Ort erlebt und erfahren? Welche Rolle spielte der Kontakt mit anderen Kulturen
und Nationen auf dem Weltjugendtag für die situative Vergemeinschaftung der
Teilnehmer und in welchem Zusammenhang standen interkulturelle Erfahrungen
und Glaubenserfahrungen auf dem Weltjugendtag? Gab es auch unterschiedliche
Einschätzungen im Hinblick auf die ‚Katholizität' bestimmter – etwa europäi-
scher und nichteuropäischer – Länder?

Sicherlich darf man angesichts des internationalen Selbstverständnisses der
Organisatoren und der multinationalen wie -kulturellen Zusammensetzung der
Teilnehmer behaupten, dass der Weltjugendtag wie kein anderes jugendkulturel-

les Event für den Kontakt mit anderen Kulturen stand und steht. Dies spiegelte sich auch in der Einschätzung der Besucher wider: Nahezu alle jugendlichen Teilnehmer haben während des Weltjugendtags interkulturelle Erfahrungen gemacht bzw. haben gerade diesen Erfahrungen eine besondere Bedeutung beigemessen.

Abbildung 2.33: „Ich bin zum Weltjugendtag gefahren, denn ich wollte Jugendliche aus anderen Ländern kennenlernen" (Angaben in Prozent)

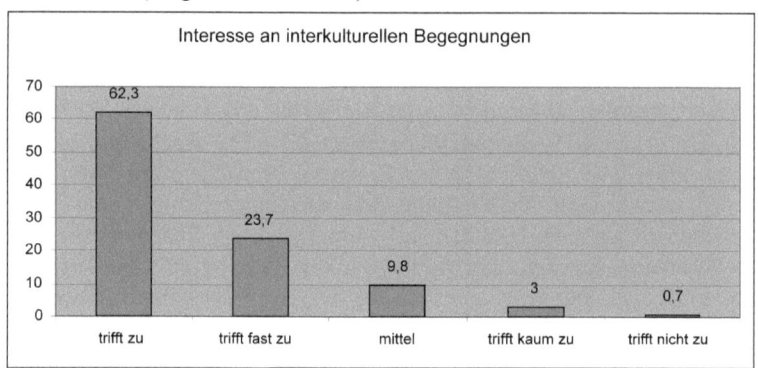

Auch in der Erwartungshaltung der Jugendlichen vor dem eigentlichen Event wurde Interkulturalität als ein zentrales Teilnahmemotiv genannt. So lautete im Vorfeld des Weltjugendtages die typische Antwort auf die Frage nach den Motiven und Erwartungen der Teilnahme am Weltjugendtag: *„Andere Kulturen und andere Menschen kennenlernen, zusammen beten."* Oder wie eine andere Teilnehmerin betont: *„Neue Erfahrungen sammeln, eben mit Jugendlichen aus anderen Ländern in Kontakt kommen und deren Glaubenseinstellungen kennenlernen."*

Ein Großteil der von uns befragten Jugendlichen stimmte eindeutig der Aussage zu, dass ihnen die Begegnung und der Austausch mit Jugendlichen anderer Nationalität sehr wichtig sei. Lediglich zwei Prozent hielten dies für weniger wichtig bzw. unwichtig. Auch in der inhaltlichen Differenzierung von Motivlagen und -interessen, die zur Teilnahme am Weltjugendtag geführt haben, zeigt sich dieser Befund sehr deutlich. Über 62 Prozent gaben an, dass die Tatsache, dass man *„Jugendliche aus anderen Ländern kennenlernen"* kann, die zentrale Motivation ist, um am Weltjugendtag teilzunehmen. Auch dem Wunsch, *„mit vielen Jugendlichen aus fremden Ländern ins Gespräch zu kommen"*, wurde mit über 83 Prozent relativ eindeutig zugestimmt.

2.6.1 ‚Weltgemeinschaft' und interkulturelle Praxis

Bereits Hans-Georg Ziebertz und Christian Scharnberg stellten in ihrer empirischen Studie zum Weltjugendtag 2002 in Toronto fest, dass es vor allem – in
ihren Worten – ‚touristische' Interessen sind, die die Jugendlichen zum Weltjugendtag treiben. Diese rangieren ihrer Untersuchung zufolge in einer Skala von
Motivlagen noch vor den ‚eigentlichen' religiösen Motiven, die sich bspw. in
dem Wunsch *„neue Impulse für meinen Glauben erhalten"* oder *„Anregungen
für mein Handeln als Christ/in bekommen"* ausdrücken.
    Im Gegensatz zu Ziebertz und Scharnberg, welche die touristischen Interes-
sen dabei vor allem auf den ‚fremden' Veranstaltungsort Toronto und die damit
verbundenen konkreten Reiseerfahrungen der deutschen Teilnehmer zurückführ-
ten – „Land, Leute und Kultur in Kanada kennen zu lernen" sowie „die Metropole Toronto zu erkunden" (Ziebertz/Scharnberg o.J.: 19), zeigte sich in unseren
qualitativen Interviews, dass der Wunsch, andere Menschen und Nationen kennenzulernen, gerade nicht als weltliche Präferenzentscheidung thematisiert, geschweige denn als solche problematisiert wurde. Ganz im Gegenteil, die Jugendlichen begründeten ihre zentrale Motivation, Jugendliche aus anderen Ländern
kennenzulernen, als ‚ethische' Zielsetzung des ‚wechselseitigen Voneinander-
Lernens' und der ‚Nächstenliebe', wie es eine junge Frau auf dem Marienfeld
umschrieb: *„Ich glaube, es ist wichtig, mit Jugendlichen aus anderen Ländern
zusammenzuleben, weil du andere Kulturen, andere Gewohnheiten kennenlernst.
Außerdem befreundest du dich mit Leuten, die dich zu sich einladen und dich gut
beherbergen können und dir die Zuneigung und die Begleitung bieten können,
die es während der Tage des Zusammenlebens gab."* So wurde ausschließlich
von Motiven des ‚internationalen Austausches', der ‚globalen Verbrüderung'
oder ‚Weltgemeinschaft' und nicht von ‚touristischen' Interessen gesprochen.
    Betrachtet man die tatsächliche Ausgestaltung der interkulturellen Begeg-
nung auf dem Weltjugendtag, fällt auf, dass sich ein Großteil des interkulturellen
Kontakts – zumindest auf dem Weltjugendtag, nicht unbedingt auf den Tagen
der Begegnung – seitens der Jugendlichen eher ‚oberflächlich' gestaltete: Außer
gemeinsamen Gesangswettstreiten, Schlachtrufen (*„Viva Benedetto"*), Fahnenschwenken, Warten, Begrüßen durch lautstarkes Skandieren des Nationennamens oder Autogrammtausch auf Rucksäcken und T-Shirts oder kurzzeitigem
Schunkeln, blieben die jugendlichen (Sprach-)Gruppen unter sich. Dennoch
wurden diese meist einmaligen, raum-zeitlich stark begrenzten Aktionen nicht
als ‚enttäuschende Ausbeute' oder gar ‚mangelnde interkulturelle Erfahrung' von
den Jugendlichen bewertet. Ganz im Gegenteil, sie avancierten zu Zeichen ‚echter' Begegnung mit anderen Kulturen. Hier zählte nicht die ‚praktische Tiefe',
sondern eher die ‚symbolische Breitenwirkung' der Begegnung. Auch in den

Gesprächen wurde diese symbolische Ausdeutung spezifischer Begrüßungs- und Darstellungspraktiken einzelner (Sprach-)Gruppen immer wieder evident. So betont etwa ein junger Mann während der Papstankunft auf den Pollerwiesen: *„Also, wenn man durch Köln geht und sieht die Leute mit ihren Fahnen und man hat selber auch Fahnen dabei und man jubelt einander zu, das ist einfach Wahnsinn, und dann findet auch der Austausch statt. Man interessiert sich dafür, woher der andere kommt, was er hier macht, das ist wirklich Wahnsinn. Der Austausch ist auf jeden Fall da."* Ausschlaggebend für die Bewertung des interkulturellen Kontakts sind nicht der tatsächliche Umfang und die (kognitive) Differenziertheit, sondern eher Sichtbarkeit und Eindeutigkeit des Kontakts.

Die Interpretation des temporären Kreuzens von Nationalflaggen als Zeichen eines ‚echten' interkulturellen Austauschs entwickelte auf dem Weltjugendtag eine gewisse Eigendynamik. Viele der Teilnehmer, die ohne Fahnen oder Banner angereist waren, kauften sich vor Ort noch schnell ihre Nationalflagge, um ‚interkulturell Flagge' zu zeigen und damit Teil der ‚Weltgemeinschaft' zu werden. D.h. nicht die Nationalgemeinschaft, sondern die inter- bzw. transnationale, katholische Weltgemeinschaft diente als Referenzpunkt des gemeinsamen Flagge-Zeigens, ohne dass die Nationalgemeinschaft dabei jedoch ‚unsichtbar' wurde.

Was aber genau kann dann aus globalisierungstheoretischer Sicht unter dem Phänomen der Weltgemeinschaft auf dem Weltjugendtag verstanden werden? Im Gegensatz zur viel beschworenen Homogenisierungsthese, die – simplifizierend – von einem ‚Einstampfen' kultureller Unterschiede ausgeht, lässt sich die Weltgemeinschaft auf dem Weltjugendtag nicht mit einer ‚Auflösung' nationaler bzw. kultureller Unterschiede gleichsetzen. Vielmehr folgte ihre praktische wie diskursive Interpretation seitens der Teilnehmer dem Prinzip einer ‚Einheit der Vielheit', getreu dem Motto: ‚Wir sind eine große Gemeinschaft auf dem Weltjugendtag, aber wir kommen aus unterschiedlichen Ländern!' Insofern lässt sie sich auch als transnationale oder translokale Weltgemeinschaft beschreiben, die in Anlehnung an Benedict Anderson (1983) als eine ‚vorgestellte Gemeinschaft' gefasst werden kann. Das bedeutet, dass sie nicht auf ‚realen', sondern auf ‚imaginierten' Gemeinsamkeiten basiert, die durch Symbole (Papst, Lieder, Weltjugendtagslogos), aber eben auch durch verbale wie non-verbale ‚Zugehörigkeitsbekundungen' der Beteiligten zusammengehalten wird.

Abbildung 2.34: Interkulturelle Begegnung: ‚Flagge zeigen'

Neben dieser – eher deskriptiv-analytischen – Definition von Weltgemeinschaft, werden seitens der Teilnehmer aber auch selbst (normative) Deutungen ins Feld geführt. Zentral ist dabei die Betonung der friedlichen Koexistenz der unterschiedlichen Nationen und Kulturen, die sich ebenfalls in der symbolischen Geste des Flagge-Zeigens kristallisiert. Aus einer nationalen Abgrenzungs- oder

Konkurrenzpraxis, die typischerweise bei Fußballspielen oder anderen Wett-
kampfsituationen sichtbar wird, wurde auf dem Weltjugendtag eine transnationale Eingrenzungs- und Versöhnungsgeste: *„Das ganze Fahnenmeer gehört dazu,
und dann einfach die anderen Kulturen und vor allem, dass hier auch keiner
negativ eingestellt ist. Also es will einfach jeder mit jedem feiern und es gibt
auch keine Rivalität, weil ja alle eigentlich gemeinsam Feiern. Wenn man sich
jetzt mal die Situation im Fußballstadion in Mainz vorstellt, wo unsere Aussen-
dungsfeier stattgefunden hat. Normalerweise sind da ja zwei verschiedene Ver-
eine, die gegeneinander spielen und da wird ausgebuht und so. Und das ist ja
dann gar nicht passiert, weil alle gemeinsam die Welle durchs Stadion gemacht
haben, und diese Erfahrung, das war halt schon einfach super."*
        Viele der Teilnehmer sehen gerade in der ,katholischen Weltgemeinschaft'
nicht nur ein zentrales Unterscheidungsmerkmal des Weltjugendtags gegenüber
anderen Events. Sie bewerten sie auch als ein Ergebnis ihrer eigenen Leistung.
Genau dieses Gefühl der eigenen Handlungsfähigkeit scheint ein wesentliches
Merkmal des Weltjugendtagserlebnisses auszumachen. Viele der Teilnehmer
gaben an, dass sie nicht nur teilnehmen, sondern auch aktiv mit ihrer Teilnahme
„ein Zeichen setzen". Dabei kontextualisierten sie das Zeichen nicht nur im
Rahmen des situativen Events als Zeichen der Weltgemeinschaft. Sie betrachten
es auch in einem umfassenderen Sinne als Zeichen der Hoffnung und alternativen Weltordnung: Alternativ zur Ordnung der ,Erwachsenen', alternativ aber
auch zum ,Horrorszenario' einer konfliktreichen und gewaltvollen ,Weltgemein-
schaft' der internationalen Politik und Tagespresse. Das Erleben des Weltjugendtags als Erleben von selbst gestalteter harmonischer Weltgemeinschaft wurde
von den Jugendlichen gewissermaßen als Gegenpol zu alltäglichen Frustrations-
und Ohnmachtserfahrungen und als Ausdruck einer allgemeinen Sehnsucht nach
der ,heilen Welt' gesetzt. Ein junger Mexikaner umschrieb diese Sehnsucht mit
den Worten: *„Ich bin zum Weltjugendtag gekommen, weil es da eine Brüderlichkeit zwischen allen gibt, eine Brüderlichkeit, die überall sein müsste, damit es
Frieden und Liebe gibt und nicht Konflikte und Krieg. Ich komme, um Friede zu
spüren."*

2.6.2 Spirituelle Einheits- und Differenzerfahrungen

Die Begegnung mit dem Anderen wird nicht nur im Sinne eines bildungspolitischen ,interkulturellen Lernens' gedeutet, sie wird auch als ,spirituelle Begegnung' interpretiert. So bewertet eine junge Amerikanerin das friedliche Zusammentreffen der Kulturen an sich schon als spirituelle Glaubenserfahrung *„I think
it is very important for the youth today to have a place where they know that*

their faith is supported and see how many other young people believe. We are so often discouraged from showing our faith, 'cause we think 'nobody has any faith'. But see all the young people here and the enthusiasm, just coming together and sharing with each other, it's really amazing to see. How a lot of people show their faith and it really becomes stronger, learning a little bit more, learning by other cultures, by other people, to know that we are all in communion together." Zu einer lebendigen, weltumspannenden Glaubensgemeinschaft zu gehören, deren nationale Grenzen und kulturellen Unterschiede in einer übergeordneten Form religiöser Sinnstiftung und Verbundenheit aufgehoben werden, wie kein anderes Symbol haben ,gekreuzte Flaggen' der Weltjugendtagsteilnehmer diese ,doppelte Verortung' zum Ausdruck gebracht: die Vielheit der Herkunftskulturen und die Einheit (in) der religiösen Kultur. Eine junge Frau findet dafür einprägsame Worte: *„Zu sehen, dass so viele Menschen sagen, egal ob du schwarz bist oder ob du weiß bist, woher du kommst, es macht keinen Unterschied. Wir alle sind hier wegen diesem einen Gott und deswegen halten wir auch zusammen. Das ist für mich gigantisch, so was zu wissen."*

Die Erfahrungen, andere Menschen zu sehen, ihre Unterschiedlichkeit ,hautnah' zu erleben, gemeinsam zu feiern, wurden von zahlreichen Jugendlichen als berührende und spirituelle Momente beschrieben. Gerade die ungewohnte körperliche Nähe zum Fremden, die sich vor allem in Massensituationen (zwangsläufig) immer wieder ergab – das Essen, ,Pilgern', Schlafen ,Seite an Seite' –, avancierte nicht nur in raum-zeitlicher Hinsicht zu symbolträchtigen ,weltgemeinschaftlichen', sondern auch in religiöser Hinsicht zu modellhaften ,spirituellen' Erlebnissen auf dem Weltjugendtag. Sie stehen für ,echte' interkulturelle wie ,echte' religiöse Erfahrungen, wie ein junger Mexikaner bemerkt: *„Der Zweck des Weltjugendtags ist ja, Jugendliche zusammenzuführen, aber mit einem Ziel, den Weg zu Gott zu finden. Beides steht in enger Verbindung zueinander, weil du ja verschiedene Formen des Glaubens kennenlernst, von Franzosen, Italienern und vielen anderen. Sie erleben es anders, deshalb steht der religiöse Aspekt im engen Verhältnis zum Leute Kennenlernen."* Immer wieder wurde seitens der Teilnehmer betont, dass der religiöse Aspekt der Veranstaltung und das ,Menschen aus anderen Ländern Kennenlernen' nicht voneinander zu trennen sei. Beides, so ist zumindest die Interpretation der jugendlichen Teilnehmer, steht in einem Wechselverhältnis zueinander.

Abbildung 2.35: ‚Seite an Seite mit dem Fremden'

Weltgemeinschaft ist damit im Erleben der Jugendlichen auch ein Symbol einer
‚Welt*glaubens*gemeinschaft'. Trotz oder gerade weil den Jugendlichen bewusst
ist, dass die nationalen und kulturellen Herkunftskontexte der einzelnen Teilnehmergruppen höchst unterschiedlich sind und neben diesen alltagspraktischen
auch sprachliche Barrieren existieren, sehen sie im Glauben ein universales Verständigungsschema, das die Weltgemeinschaft im Innersten zusammenhält, wie
ein junger Mann verdeutlicht: *„Also, ich find es Wahnsinn erstmal, dass so viele
Leute gekommen sind, obwohl ich glaube, dass ich nur den wenigsten Teil von
denen gesehen habe, die da sind. Auch wenn man eigentlich nicht so miteinander
reden kann, weil überall eine andere Sprache gesprochen wird, versteht man
sich, als würde man sich schon Ewigkeiten kennen."* Ein Großteil der Jugendlichen führte das Gefühl der Verbundenheit auf gemeinsame innere ‚religiöse'
Wertvorstellungen zurück, die selbst ‚offensichtliche' Unterschiede und Barrieren zu überbrücken vermögen, getreu dem Motto: ‚Wo die weltlichen Mittel zur
Verständigung versagen, da wird der Glaube als universales Bindeglied und
quasi als Wurzel einer Gemeinschaft herangezogen'. Das Ausbleiben von Kon-
flikten bzw. ‚krassen' Missverständnissen diente dabei als Beweis dieser ur-
sprünglichen Einheit: *„Man versteht sich, weil man den selben Glauben besitzt."*
Insbesondere in Massensituationen, im Stadion oder auf den Pollerwiesen, wurde
das ‚unsichtbare Glaubensband', das sich aus Sicht der ‚Pilger' gewissermaßen
‚quer' zu kulturellen Herkunftskontexten und Lebensformen spannte, besonders
intensiv gespürt.

Auf der anderen Seite zeigten unsere Beobachtungen und Interviews, dass
die interkulturelle Begegnung aber nicht nur als Weltgemeinschafts- bzw. Ein-
heitserlebnis gedeutet wurde. Ebenso häufig wie der Ausspruch *„Wir sind hier
eine große Familie"* fiel auch die Feststellung, dass *„wir doch nicht alle so
gleich sind"*. Sobald man die zentralen Massenveranstaltungen verließ und der
gemeinsame Fokus – der Papst – fehlte, erhöhte sich auch die Wahrnehmung für
Unterschiede. Abseits der ‚großen Bühnen' wurde aus dem ‚Menschen wie du
und ich' schnell wieder der ‚ausländische Gast', der ‚Fremde'. Dabei wurden die
Anderen in der Regel als Teil eines Kollektivs wahrgenommen, d.h. sie erschienen nicht als Individuum, sondern als Repräsentanten eines ‚anderen Kulturkrei-
ses', einer ‚anderen Welt'. Es waren dann in den Augen der deutschen Jugendlichen nicht nur ‚Ausländer' – ‚die' Mexikaner, ‚die' Italiener, ‚die' Afrikaner,
oder ‚die' Chilenen – es waren auch Menschen, die eine ‚andere Mentalität'
besitzen. Exemplarisch sei hier ein Jugendlicher zitiert, der seine interkulturellen
Erfahrungen in folgende Worte fasst: *„Das, was ich wichtig finde, ist, dass man
miteinander redet, dass man neue Bekanntschaften macht, dass man sieht, wie
die Leute in Afrika oder sonst wo so drauf sind und das ist ja das Wichtige."*

Durch den Rückgriff auf Begriffe wie ,Mentalität' oder ,Einstellung' wurden kulturelle Differenzen ,essentialisiert' und als ,national unterschiedliche Religionsstile' thematisiert, wie auch umgekehrt religiöse Differenzerfahrungen als kulturelle ,Mentalitätsunterschiede' wahrgenommen wurden – mit unterschiedlichen Abstufungen. Die Gäste wurden gewissermaßen auf einer Skala der ,Andersartigkeit' in ihrer kulturellen wie religiösen Unvertrautheit ,gerankt': So standen sich in der Wahrnehmung der deutschen ,Pilger' die ,südländischen' Gäste – Mexikaner, Brasilianer, Afrikaner aber auch Italiener –, die *„aufgrund ihres Temperaments, ihrer Mentalität und Fröhlichkeit eine vollkommen ungezwungene und unverkrampfte Freude am Glauben haben"*, und die ,westeuropäischen' Gäste – Deutsche, Franzosen, Engländer – als Vertreter eines ,verkopften' bzw. ,verkrampften' Glaubens quasi diametral gegenüber. Auf die Frage, ob in der Intensität des Glaubens Unterschiede zwischen den Teilnehmern existieren, antwortete beispielsweise ein junger Mann aus Süddeutschland prompt: *„Ja, auf alle Fälle. [...] Zum Beispiel in Afrika, da ist der Glaube eher noch etwas Freudiges. Wenn man da in die Kirche geht, da wird ja mehr getanzt und auch gesungen und so was. Bei uns ist Kirche doch mehr so etwas Steifes, Altes, was mehr oder weniger überkommen ist. Dort ist halt die Kirche noch neu, die Menschen sind jung und deswegen ist es da auch komplett anders. Ich mein, die Kultur ist da anders, auch die Geschichte und dazu kommt noch, dass bei der Religion teilweise andere Schwerpunkte gesetzt werden. Da kommt doch noch etwas von der alten Stammesreligion mit hinein. Was man zwar versucht auszutreiben, aber das gehört dazu."* Während die Kirche und der Glauben bei uns als *„steif"*, *„alt"* und *„überkommen"* bewertet werden, scheinen die ausländischen Gäste in den Augen der deutschen ,Pilger' ein ,komplett anderes' Verhältnis zur Religion zu besitzen: Viele schwärmten von ihrem ,intensiven', ja geradezu ,leidenschaftlichen' Verhältnis zum Glauben. Immer wieder betonten die deutschen Jugendlichen, dass andere Nationalitäten ihren Glauben selbstverständlicher im Alltag leben und nicht als etwas Außeralltägliches oder als ihre Privatsache betrachten. Viele der deutschen ,Pilger' ließen sich denn auch von der ,Glaubenseuphorie' der ,extrovertierten' Gäste auf den Tagen der Begegnung und in Köln mitreißen. Nach anfänglichem Zögern und zunächst noch ,vorsichtigen' Glaubens-Outings, wurde spätestens während der zweiten Hälfte des Weltjugendtags auf offener Straße mit Afrikanern, Brasilianern und Mexikanern gebetet, gesungen oder getanzt. Viele Jugendliche ließen sich von den südländischen Gästen inspirieren, die in ihren Augen einen anderen *„spirituellen Rhythmus"* besitzen.

Im Gegensatz zu den ,fremden Glaubensbrüdern und -schwestern aus dem Süden', wurden die nord- oder osteuropäischen Gäste von den deutschen Teilnehmern in Glaubensfragen als *„nicht ganz so unterschiedlich"* bewertet. Ganz

typisch hierfür ist die Aussage eines jungen Mannes, der die deutschen Teilnehmer mit den Gästen aus Tschechien vergleicht: *„Ich muss sagen, vom Glauben
her ist Tschechien nicht ganz so unterschiedlich, weil Tschechien hat auch eine
relativ alte Kirche und es sind relativ wenig, also das ist wie in Deutschland."*
Wie aber wurden der Glaube und die Religiosität in Deutschland von den deutschen Teilnehmern selbst eingeschätzt? Die meisten Jugendlichen empfanden
den eigenen Glauben im Vergleich zu den ausländischen Teilnehmern als ein
‚Problem'. Glaube und Freude, so die weit verbreitete Annahme, stünden sich
hierzulande in einer Art ‚Frontstellung' gegenüber. Der eigene Glaube sei zu
formalistisch, die Glaubenspraxis selbst wurde als ‚disziplinbesessen' und ‚rational' wahrgenommen. Deutlich zeichnete sich im interkulturellen Vergleich der
Teilnehmer ein Nord-Süd-Gefälle ab. So schwärmte eine junge Frau aus der
Eifel von der Lockerheit bzw. Extrovertiertheit der spanischen Jugendlichen,
während sie gleichzeitig die heimische ‚Verstocktheit' bemängelte: *„Die singen
auch auf der Straße und machen auch bei sich daheim viel mehr draußen und
gehen auch mehr aus sich heraus. Ich glaube, das ist ein Problem der Deutschen
so ein bisschen."* Ein junger Mann aus Langen hält Deutschland dagegen für ein
grundsätzlich sehr kritisches Land, was sich seiner Ansicht nach auch im Glauben widerspiegelt: *„Es gibt Länder, wo einfach mehr gefeiert wird. In Deutschland ist das immer so eine Sache. Deutschland ist halt einfach ein sehr, sehr
kritisches Land. Und das merkt man auch im Glauben."*

2.6.3 Stereotypisierung und Missionierung

Grundsätzlich finden sich in den Kulturvergleichen und Beschreibungen der
ausländischen Teilnehmer zahlreiche Anspielungen an koloniale und rassistische
Stereotype, in denen Attribute der Körperlichkeit, Ursprünglichkeit und Natür-
lichkeit dominieren: angefangen vom ‚trommelnden afrikanischen Buschmann',
dessen ‚ursprünglicher' Glaube *(„alte Stammesreligion")* im ‚Naturglaube' wur-
zelt, den ihm auch ‚die Zivilisation' nicht *„austreiben"* konnte, über das *„südländische Flair der Brasilianer"* und die *„trinkfesten Mexikaner"* bis hin zum
„feurigen Italiener". Die Stereotype werden zwar zur Abgrenzung, aber im Sinne einer positiven Diskriminierung benutzt: Körperliche Expressivität, Kontakt-
freude und auffälliges Erscheinungsbild werden zumeist als Zeichen ‚tieferer
Religiosität' bzw. gelebter Glaubensfreude interpretiert: *„Das sind so nette Leute. Die strahlen so eine Freude aus. Die tanzen und singen, und das sind einfach
so nette Menschen. Ich bin echt voll begeistert von denen."*
     Interessant ist in diesem Zusammenhang die Bewertung des Weltjugendtags
als quasi ‚umgekehrte Missionierung'. Viele der deutschen Jugendlichen gaben

an, dass sie von den fremden Gästen aus Drittweltländern bzw. ehemaligen Kolonialländern gelernt hätten, was ‚echter', ‚wahrer' Glaube bedeutet, gemäß der Vorstellung: Nicht ‚wir', also die Deutschen bzw. die Europäer, bringen ‚dem Anderen' etwas bei, sondern ganz im Gegenteil; wir lernen von ihm, was es heißt, ‚ein guter Christ zu sein'. So erzählte uns etwa ein Jugendlicher aus Deutschland, dass er durch den Kontakt mit der Glaubenspraxis anderer Jugendlicher in seinem eigenen Glauben bestärkt wurde: *„Der (Kontakt mit ausländischen Jugendlichen; d.A.) ist sehr bestärkend für mich, weil es zeigt, dass die Kirche eine große Familie ist. Ich meine, in unserem Land ist es ja leider so, dass die Jugend nicht mehr so kirchlich gebunden ist, wie das in anderen Ländern der Fall ist. Italien zum Beispiel oder auch Polen oder Spanien, da ist noch eine große kirchliche Bindung auch in der Jugend da und in anderen Ländern, Afrika oder Brasilien zum Beispiel, da nimmt es immer mehr zu, bei uns nimmt es aber immer mehr ab. Ja, das bestärkt mich sehr in meinem eigenen Glauben."*

Auch in den Erwartungen vor dem Weltjugendtag spiegelte sich bereits die Idee einer Inspiration und Stärkung des eigenen Glaubens durch den Kontakt mit anderen Kulturen wider. Gleichzeitig wurde mit den Fremden neben diesen – eher individuellen – Hoffnungen auch eine – quasi gesamtgesellschaftliche – Hoffnung auf Veränderung der deutschen Kirchen- und Glaubenskultur verbunden. Eine deutsche Theologiestudentin drückte dies, auf die Frage nach ihren Erwartungen an den Weltjugendtag, so aus: *„Ich hoffe für mich persönlich, dass ich meinen Glauben irgendwo stärke. Und für das Land hier hoffe ich, dass der Blick auf die Kirche offener wird. Ich habe immer die Erfahrung gemacht, dass sehr viele Leute eine negative Einstellung zur Kirche haben. Ich hoffe, dass sich das ändern wird durch die ganzen Jugendlichen hier."* Vergleiche wurden also nicht nur zwischen den einzelnen Jugendlichen bzw. zwischen einzelnen Kleingruppen, sondern auch zwischen unterschiedlichen kulturellen und nationalen Großgruppen gezogen.

Im letzteren Fall erlebten viele der von uns begleiteten Teilnehmer ihren eigenen Glauben dabei als typisch ‚deutsch', wenn nicht sogar defizitär, was sich aus der Sicht der Jugendlichen – im Verhältnis zu den ausländischen Gästen – in einem fehlenden katholischen Selbstverständnis bzw. einer deutschen *„Kirchenmüdigkeit"*, einer gering ausgeprägten Begeisterungsfähigkeit und eher verhaltenen Papsteuphorie ausdrückte. Gleichzeitig erschien aber die Antwort der ‚Deprivierten' (deutschen Jugendlichen) nicht im Intergruppenkonflikt zu liegen, sondern zeigte sich in der Identifikation mit den ausländischen Gruppen: Vor allem die südländischen Gäste avancierten – zumindest in Glaubensfragen – zu alternativen Vorbildern oder Idealen.

Auf der anderen Seite wurden aber die Macht- und Herrschaftsverhältnisse zwischen den Deutschen und den Ausländern nicht komplett umgekehrt. Der

Andere blieb in den Augen der deutschen Jugendlichen letztlich anders. Dieses Anderssein mag in Glaubensangelegenheiten als positiver Impuls für das Eigene gelten. In anderen Bereichen wurden die deutschen Eigenschaften – kritisch, vorsichtig, rational – nicht grundsätzlich abgelehnt, sondern eher legitimiert. Auf die Frage, warum die Deutschen vorsichtiger in öffentlichen Glaubensbekenntnissen seien, wog ein junger Mann das Für und Wider ab und kam schließlich zu der Einschätzung, dass das *„halt die kühlere und ernstere Art irgendwo ist. Also, was einem wichtig ist, zumindest in Deutschland, damit geht man da sehr sorgfältig um und da ist man auch verletzlich und von daher macht man so was ganz sachte nur."* So erschien das ‚südländische Flair' der Gäste zwar als ein wichtiger Erlebnisfaktor auf dem Weltjugendtag. Ihre Attraktivität beschränkte sich aber auf die Tatsache, dass sie *„einige Impulse für den eigenen Glauben liefern"*, nicht aber *„einen echten Wandel auslösen können"*. Ein Mitarbeiter der katholischen Jugendarbeit – und Gruppenleiter auf dem Weltjugendtag – begründete dies damit, dass *„die lebhafte, feurige Art aus dem Süden"* bei den deutschen Jugendlichen zwar auf Bewunderung stoße, sich die wenigsten aber *„selbst darin wiederfinden können"*. Auf die Frage nach der nachhaltigen Wirkung der interkulturellen Kontakte äußerte er sich dementsprechend zurückhaltend, ohne dies jedoch zu bedauern, schließlich sei ja allen klar, *„dass es unterschiedliche Mentalitäten gibt"*, die sich *„auch darin auswirken, wie sich Gruppen in ihrer Religiosität ausdrücken"* und dass *„das natürlich hier in nördlicheren Gefilden weniger mit Gefühl und mehr mit dem Kopf geht."* *„Aber"*, so setzte er im gleichen Atemzug fort, *„das muss man nicht verteufeln. Wir schielen oft so mit Neid nach Süden und sehen das Lebhafte, vergessen dann aber unsere eigenen Stärken, nämlich das Durchdringen und das Weiterbringen von Dingen"*.

Man kann sicherlich behaupten, dass die Interkulturalität und Internationalität des Weltjugendtags einen zentralen Bestandteil des besonderen Weltjugendtagserlebnisses der Teilnehmer darstellt. Viele erlebten die ausländischen Gäste nicht nur als Repräsentanten einer anderen nationalen, sondern auch einer anderen Glaubenskultur. Immer wieder wurde dabei der Vergleich entlang der Grenzen zwischen den deutschen bzw. westlichen und südländischen, nicht-westlichen Ländern gezogen. Dennoch reichte die Erfahrung des Anderen meistens nicht über die Idealisierung im Sinne einer positiven Diskriminierung oder/und Exotisierung hinaus. Außer dem in der Nachberichterstattung viel beschworenen *„Flair"* und einigen *„Impulsen für den eigenen Glauben"* blieb der Einfluss der interkulturellen Begegnung gering – zumindest besannen sich die meisten der deutschen ‚Pilger' in den ersten ‚ruhigen Minuten' während und nach dem Weltjugendtag wieder auf die Stärken der eigenen (Glaubens-)Kultur.

2.7 Fazit: Der Weltjugendtag – erlebte Katholizität in jugendkultureller Eventform

Versucht man die bisher im Detail beschriebenen Erfahrungen und Erlebnisse der jugendlichen ‚Pilger' auf dem Weltjugendtag in Köln zusammenzufassen und zu verdichten, so lässt sich das Event – jedenfalls aus der Sicht der Teilnehmer – als ein einmaliges, oftmals überwältigendes, auf jeden Fall aber außeralltägliches Ereignis von großer Bedeutung nicht nur für die Sicherung, sondern auch für die Konturierung des eigenen Selbstverständnisses als katholischer Christ oder katholische Christin im Alltag charakterisieren. In den Worten einer 17-jährigen Polin klingt dies wie folgt: *„Der Weltjugendtag ist für uns junge Katholiken gelebte Religion in der Gemeinschaft und für mich speziell ein Lebenshöhepunkt".* Was aber lässt den Weltjugendtag zu einem solch einmaligen Ereignis werden, das nicht nur von dieser jungen Polin als *„Lebenshöhepunkt"* gedeutet wurde? Aus unserer Sicht sind es insbesondere fünf Strukturmerkmale, die den Weltjugendtag zu einem ‚religiösen Erlebnisraum' der ganz besonderen Art werden lassen und die ihm in den Augen seiner jugendlichen Teilnehmer eine Faszination und Attraktivität verleihen, die ihnen der kirchliche Alltag so nicht zu bieten vermag. Diese sollen – sozusagen als Quintessenz unserer Teilnehmerforschung – nochmals kurz und prägnant formuliert und gesellschaftstheoretisch verortet werden:

a) Der Weltjugendtag ist für die jugendlichen Teilnehmer mit einem *totalen Gemeinschaftserlebnis* verbunden. Von den Massenunterkünften bis zu den Massenveranstaltungen, wie etwa der Papstankunft auf den Pollerwiesen, dem Eröffnungsgottesdienst im Rheinenergie-Stadion oder der Vigilfeier und Abschlussmesse auf dem Marienfeld, spannt sich ein Bogen von physischen und psychischen Dichtesituationen, in denen Gemeinschaftserfahrungen besonders intensiv erlebt werden. Was bei den meisten Erwachsenen an solchen Orten, *„an denen die Körper aneinander kleben",* wie der jugendliche Crowding-Habitus von einem deutschen Weltjugendtagsteilnehmer sehr plastisch umschrieben wurde, wohl eher Panik- und Fluchtreaktionen auslösen dürfte, ist der heutigen Jugendgeneration augenscheinlich eine vertraute – und erwünschte – Erfahrung. Sie kennt die gruppendynamischen Effekte solcher Massenveranstaltungen und setzt sich ihnen bewusst und gezielt aus. Sie sucht und findet hier den ‚Thrill des Kollektivs', das belebende, weil die Langeweile eines durchrationalisierten Alltags sprengende Gefühl ‚individueller Entgrenzung', ‚körperlicher Flow-Erlebnisse' und ‚ekstatischer Ganzheitserfahrungen'. Ihr Verhalten in solchen Situationen ist in hohem Maße ‚erlebnisrational' und durch erfahrungsgesättigte ‚situationale Efferveszenzen' bestimmt. Hierin unterscheidet sich der Weltjugendtag nicht von anderen jugendlichen Event-Sessions, wie etwa Sportveranstaltungen oder Rockkonzerten, sondern schließt an vorhandene Massenerfahrungen an. Die Differenz liegt jedoch darin, dass es neben den ‚situationalen Gemeinschaftserlebnissen' noch eine ‚religiöse Vergemeinschaftungserfahrung' gibt, nämlich die Erfahrung, Teil einer weltumspannenden ‚katholischen Communio' zu sein. Ein hoch fragmentiertes und bunt gemischtes jugendliches Publikum – zu erwähnen sind hier die ethnisch-kulturellen Unterschiede zwischen den Teilnehmern am Weltjugendtag genauso wie ihre Zugehörigkeit zu verschiedenen pfarrgemeindlichen, verbandlichen und ‚charismatischen' Gruppen und Bewegungen – erlebt mitunter zum ersten Mal und auf multisensitive Weise, was der Begriff ‚katholisch' meint. Der Weltjugendtag lässt sich vor diesem Hintergrund sowohl als eine Art temporärer Erlebnis- und Gemeinschaftsenklave umschreiben, als auch als Generator einer ‚gefühlten katholischen Weltgemeinschaft' im Sinne einer christlich-religiös inspirierten Fiktion der ‚communitas mundial'.

b) Ein weiteres Strukturmerkmal, das aus der Aneignungsperspektive auf den Weltjugendtag markant hervorsticht, ist die *Symbiose aus religiösen und jugendkulturellen Elementen*. Wir haben dafür – in Anlehnung an das ‚Doing Culture-Konzept' (Hörning/Reuter 2004) – den Begriff der ‚religious cool culture' gewählt. Zum Ausdruck gebracht wird damit zunächst einmal die stimmungsmäßige Aufladung eines religiösen Handlungsfeldes. Denn für die beteiligten Jugendlichen war der Weltjugendtag eine ‚Religionsparty im Megaformat'. In souveräner Manier demonstrierten sie, dass religiöse Erfahrungen und Partymachen durchaus zueinander passen können. Spaß und Spiritualität, Feiern und Beten, laute Musik und stille Andacht, ekstatisches Tanzen und kontemplative Beichtgespräche bildeten keine Gegensätze im Sinne voneinander abgeschotteter Lebensbereiche, sondern wurden als integraler Bestandteil einer ‚lebensweltlichen Religiosität' wahrgenommen. Aber sakrale und profane Handlungs- und Sinnfelder wurden auf dem Weltjugendtag nicht nur als miteinander verkoppelt wahrgenommen, sondern sie verschmolzen auch regelrecht miteinander. Dies zeigt sich nirgendwo deutlicher als an der ‚religiösen Imprägnierung' des populärkulturellen Zeichen- und Symbolbestandes. Ob Sticker, T-Shirts, Frisuren oder Handy-Logos, für die ‚religiösen Coolhunters' auf dem Weltjugendtag bildeten sie eine wahre Fundgrube anlassbezogener Umgestaltung und Expressivität. Dieses Anzapfen und Transformieren des schier unerschöpflichen stilistischen Zeichenreservoirs und damit verbundener Crossover- und Bricolage-Strategien gehört zu den Basisaktivitäten einer jeden Jugendkultur, die auf diese Weise eine eigene Theatralik und ein eigenes System symbolischer Handlungsformen erzeugt, dem eine starke distinktive Kraft zukommt. Die ‚religiöse Rekontextualisierung' der populärkulturellen Elemente und Stilsprache verweist aber noch auf eine zweite

Distinktionsebene. Denn die Jugendlichen signalisieren durch die religiös getönten Stilpraktiken ihre Zugehörigkeit zur Weltjugendtagsgemeinschaft gläubiger
Christen, für die Glaubens- und Spiritualitätserfahrungen in neuen Kontexten
und Formen möglich sind. In dieser ‚doppelten Distinktion' jugendlicher Emble-
matik, in der gleichzeitig populärkulturelle und religiöse Verweisungen sichtbar
werden, zeigt sich nachdrücklich, dass die Grenzen zwischen heiligen und weltlichen Sinnwelten und Ritualformen ‚durchlässig' geworden sind. Die von Michael Ebertz (2000) als ‚Transzendenz im Augenblick' diagnostizierte weltju-
gendtagsspezifische Religions- und Spiritualitätserfahrung rekurriert genau auf
diesen Sachverhalt.

c) Die situationalen und jugendkulturell geprägten Religiositätsstile, die auf dem
Weltjugendtag allerorts beobachtbar waren, können als Ausdruck und Element
eines weiteren Charakteristikums seiner ‚individualisierten Aneignung' angesehen werden: Angesprochen ist die akzelerierende *religiöse Selbstermächtigung*
Jugendlicher, die auch auf dem Weltjugendtag ihre Spuren hinterlassen hat. Ob
in Form gläubiger Kirchenkritik, ökumenischer Eucharistiefeier oder popkultureller Papstbegegnung, für die Mehrzahl der Weltjugendtagsteilnehmer waren
dies die religiösen Felder, auf denen sie ihre eigene, vom kirchlichen Lehramt
und traditionellen Ritus unabhängige, religiöse Kompetenz inszenieren und demonstrieren konnten. Als ‚autonom-religiöse Nagelprobe' kann dabei der Umgang mit der katholischen Morallehre, und zwar insbesondere deren Vorstellungen zur Verhütung und Abtreibung sowie zum Zölibat und den patriarchalisch
ausgerichteten Geschlechtsrollenbildern, angesehen werden. Auf den ersten
Blick überraschend zeigt sich dabei eine Doppelorientierung der Jugendlichen:
Sie halten sowohl die eigenen wie die kirchlichen Vorstellungen für richtig.
Besonders bei bestimmten Fragen zur Sexualität wird eine hohe Ambiguitätstoleranz sichtbar. Sieht man einmal von einigen neugeistlichen Gruppierungen ab, so
ist die überwiegende Mehrheit der Jugendlichen der Meinung, dass heute jeder
Mensch seine Sexualität so ausleben kann, wie er möchte. Gleichwohl akzeptieren sie das Zölibat für katholische Priester, auch wenn sie sich in dieser Frage
durchaus eine liberale Haltung der Kirche für die Zukunft wünschen und auch
vorstellen können. Was in solchen – bisweilen paradoxalen – Vorstellungen
sichtbar wird, verweist auf ein Grundmuster heutiger enttraditionalisierter Lebensformen und individualisierter Glaubenspraktiken junger Menschen: Ihre
Beziehung zu Religion und Kirche fügt sich keiner einfachen Denkschablone
mehr. Denn Individualisierungsprozesse rücken angesichts zunehmender Wahl-
freiheiten das individuelle Tun und die Eigenverantwortung ins Zentrum der
jugendlichen Daseinsgestaltung. Die Folge ist, dass die eigene Lebenspraxis sehr
stark als Experiment gesehen wird, das es weniger normativ, als vielmehr prag-

matisch zu bewältigen gilt. An die Stelle kollektiver Gewissheiten ist ein individueller Pragmatismus getreten. Wie sehr sich die Vorstellung individualisierter
und selbstverantwortlicher Lebensgestaltung bereits in den jugendlichen Habitus
eingeschliffen hat, kommt am markantesten vielleicht in der folgenden Aussage
eines 16-jährigen Schülers zum Ausdruck: *„Ich muss mein Leben selber meistern."* Diese Aussage, die in gewisser Weise als Basissatz der neueren Jugendforschung angesehen werden kann, markiert auch den Ankerpunkt, vor dessen
Hintergrund die Glaubensbindung und religiöse Praxis Jugendlicher zu betrachten ist. Denn alte Gewissheiten im Verhältnis Jugend, Religion und Kirche sind
durch die gleichzeitige Präsenz von alternativen Sinnwelten und Deutungsangeboten obsolet geworden. Jugendliche müssen auch – oder gerade – in Religions-
und Sinnfragen *„ihre persönliche Linie finden"*, wie eine 17-jährige Weltjugendtagsteilnehmerin kurz und prägnant feststellte.

d) Die individualisierte Religionspraxis Jugendlicher, die sich aufgrund der allgemeinen Subjektivierung und Privatisierung des Religiösen immer weniger an
‚sichtbaren Vorbildern' orientieren kann, findet auf dem Weltjugendtag – und
damit ist ein weiteres Strukturmerkmal angesprochen – einen idealen Ankerplatz
und eine publizitätswirksame Bühne, um sich *mit Gleichgesinnten öffentlich zum
Glauben zu bekennen*. Zu erleben, so bringt eine junge Irin ihre Gemeinschaftserfahrungen auf den Punkt, *„that there are lots of young people like me"*, war
einer der wichtigsten und nachhaltigsten Eindrücke, die die Jugendlichen während des Weltjugendtags gemacht haben. Dieser Aspekt gewinnt vor allem deshalb an Bedeutung, weil ein Teil der Anwesenden als ‚Gläubige' bzw. als ‚bekennende Katholiken' im Alltag massiven Marginalisierungserfahrungen ausgesetzt ist. Denn offen und ungezwungen ihre Glaubenszugehörigkeit zu zeigen
und zu bezeugen, ist in den plural verfassten Gesellschaften der Spätmoderne
keineswegs eine Selbstverständlichkeit. Im Gegenteil, vor allem Jugendliche aus
mittel- und nordeuropäischen Ländern sind in ihrem Alltag sehr viel eher mit
einer Art von ‚katholischer Diasporasituation' konfrontiert, die ihre religiöse
Haltung auf die ‚Hinterbühne' verbannt. Was hier zum Ausdruck gebracht wird,
verweist auf einen wichtigen Aspekt der neueren religions- und jugendsoziologi-
schen Forschung: Danach gibt es nicht nur einen Trend zur ‚unsichtbaren Religion' im Sinne Luckmanns (1967), sondern auch – und vielleicht noch stärker –
zur ‚unausgesprochenen Religion'. In einem sich selbst verstärkenden Prozess
religiösen Schweigens als Reflex auf die Selbstwahrnehmung als Minderheit,
erscheint Religion kommunikativ vielfach als nicht existent. Aus Angst, in eine
Minderheitenposition gedrängt zu werden oder als ‚uncool' zu erscheinen, werden Religions- und Glaubensfragen privatisiert und invisibilisiert. Wie sehr die
religiöse Schweigespirale sich in die Jugendmentalität bereits eingespurt hat,

verdeutlicht folgende Feststellung einer Weltjugendtagsteilnehmerin aus Thüringen: *„Ich glaube, dass Jugendliche insgeheim viel stärker an Religion und Glaubensfragen interessiert sind, als es den Anschein hat"*. Der Weltjugendtag ist vor diesem Hintergrund ein prototypisches Beispiel dafür, wie eventisierte und performative Formen des Religionsbekenntnisses gleichsam institutionell abgesichert werden. Inwieweit sie sich damit in den allgemeinen Trend einer ,Ausweitung der Bekenntniskultur' (Burkart 2006) einordnen lassen, bleibt abzuwarten.

e) Was dagegen bereits sehr viel stärker Kontur angenommen hat und von den Jugendlichen einvernehmlich als ein Highlight des Weltjugendtags angesehen wurde, ist der *interkulturelle Erfahrungsaustausch* und die *Sichtbarmachung eines globalen Glaubensbandes*. Was der ,global player' katholische Kirche mit dem Weltjugendtag eindrücklich demonstrieren wollte, ist ,an der Basis' angekommen: *„Das Katholische ist weltumspannend"*, wie dies eine junge Kölnerin so treffend charakterisiert hat. Angesichts des internationalen Selbstverständnisses und der multinationalen wie -kulturellen Zusammensetzung der Teilnehmer ist davon auszugehen, dass der Weltjugendtag wie kein anderes jugendkulturelles Event für den Kontakt mit anderen Kulturen stand und steht. Dies spiegelte sich auch in der Einschätzung der Besucher wieder: Nahezu alle jugendlichen Teilnehmer haben während des Weltjugendtags interkulturelle Erfahrungen gemacht bzw. haben gerade diesen Erfahrungen eine besondere Bedeutung beigemessen. Betrachtet man aber die tatsächliche Ausgestaltung, dann fällt auf, dass sich ein Großteil des interkulturellen Kontaktes – zumindest auf dem Weltjugendtag, nicht unbedingt während der vorgelagerten Tage der Begegnung – recht oberflächlich ausnahm: Außer gemeinsamen Gesangswettstreiten, Schlachtrufen (*Viva Benedetto*), Fahnenschwenken, Warten, Begrüßen durch lautstarkes Skandieren des Nationennamens oder Autogrammtausch auf Rucksäcken und T-Shirts oder kurzzeitiges Schunkeln blieben die jugendlichen (Sprach-)Gruppen unter sich. Dennoch wurden diese meist einmaligen, raum-zeitlich stark begrenzten Aktionen nicht als ,enttäuschende Ausbeute' oder gar ,mangelnde interkulturelle Erfahrung' von den Jugendlichen bewertet. Ganz im Gegenteil, sie wurden als Zeichen ,echter' Begegnung mit anderen Kulturen interpretiert. Offensichtlich zählte für sie nicht die ,praktische Tiefe', sondern eher die ,symbolische Breitenwirkung' der Begegnung. Damit verbunden, bekundeten die Jugendlichen – ganz im Sinne einer interkulturellen Pädagogik und weltbürgerlichen Katholizität – gemeinsame ethische Zielsetzungen, die etwa in Vorstellungen von ,Nächstenliebe', ,wechselseitigem voneinander Lernen', ,friedlicher Koexistenz', ,Einheit in der Vielheit', ,Verbundenheit der Nationen' oder ,Weltglaubensgemeinschaft' zum Ausdruck kamen. Trotz oder gerade weil den Jugendlichen bewusst ist, dass die nationalen und kulturellen Herkunftskontexte der einzelnen Teilnehmergruppen höchst unterschiedlich sind und neben diesen alltagspraktischen auch sprachliche Barrieren existieren, sehen sie in ihrer Religion ein universales Verständigungsschema, das die katholische Weltgemeinschaft wie ein ‚unsichtbares Glaubensband' im Innersten zusammenhält.

3 Der Weltjugendtag als Medienevent

3.1 Ein ‚katholisches Woodstock' in den Medien

Greift man die Überlegungen des italienischen Kommunikations- und Medienwissenschaftlers Bruno Ballardini auf, so erscheint der Weltjugendtag als eine „Art katholisches Woodstock" (Ballardini 2005: 149), das nicht nur viele Menschen vor Ort bindet, sondern auch durch vielfältige Medien- und Merchandisingprodukte gekennzeichnet ist. Populäre Medien werden gezielt eingesetzt, um den Papst zumindest in Teilen wie andere Berühmtheiten zu inszenieren. Für die Katholische Kirche geht es darum, in den Medien ihr Glaubensangebot zu kommunizieren – und die Medien scheinen an einer mediengerechten Inszenierung des Katholizismus durchaus Interesse zu haben.

Mit dieser ‚mediengerechten Inszenierung' des Weltjugendtags wollen wir uns im Weiteren befassen. Dabei begreifen wir in Abgrenzung zur bisherigen Betrachtung des lokalen Events in Köln den Weltjugendtag als eine *zweite Art von Event*, nämlich als ‚Medienevent' (Die Begriffe ‚Medienevent' und ‚Medienereignis' sollen im weiteren Verlauf des Texts synonym gebraucht werden.). Als solches ist der Weltjugendtag – wie andere Medienereignisse auch (vgl. Fiske 1994, Couldry 2003) – nicht einfach eine Berichterstattung über ein Ereignis. Als Medienereignis hat er vielmehr einen eigenen Charakter, konkretisiert sich in ganz eigenen Darstellungsformen und entwickelt ein Netzwerk von Bedeutungsangeboten, das nicht direkt auf die Ereignisse in Köln und das Erleben der dortigen Teilnehmer reduziert werden kann. In der Wissenschaft spricht man diesbezüglich von der „Mediatisierung" (Krotz 2001) als einem charakteristischen Wandlungsprozess, in dem auch der Weltjugendtag als Medienevent steht. Auf einer ersten Ebene meint Mediatisierung zuerst einmal, dass Medien sowohl zeitlich (‚immer mehr') als auch örtlich (‚an immer mehr Orten') und sozial (‚in immer mehr Situationen') unseren Alltag bzw. hier das *Medien*ereignis Weltjugendtag prägen. Auf einer zweiten Ebene meint Mediatisierung aber mehr, nämlich dass damit die ‚Logik' der Medienkommunikation – oder konkreter: ihre Formen und Muster – selbst prägend werden. Als Medienereignis wird der Weltjugendtag nicht nur durch die Katholische Kirche sondern auch durch die Medien als Organisationen mit spezifischen Kommunikationsformen artikuliert.

In Bezug dazu ist die Besonderheit des Medienereignisses Weltjugendtag darin zu sehen, dass er Momente mischt, wie wir sie von ‚rituellen' und ‚populären' Medienereignissen her kennen. Mit rituellen Medienereignissen werden in der Kommunikations- und Medienwissenschaft medienvermittelte Ereignisse wie Krönungen, Begräbnisse oder Eröffnungen von Olympiaden bezeichnet. Es sind also solche Medienereignisse, bei denen in den Medien feierlich eine Zeremonie vollzogen wird, die verschiedenste Einzelangebote (Sendungen, Zeitungsartikel etc.) dominiert und große Publika bindet (vgl. Dayan/Katz 1992, Dayan/Katz 1996). Als Inbegriff eines solchen Medienevents können wir uns das Begräbnis von Lady Diana oder auch die Siegesfeier bei einer Fußballweltmeisterschaft vorstellen.

Die Überlegungen von Bruno Ballardini sind in diesem Zusammenhang aber bereits ein Hinweis darauf, dass der Weltjugendtag als Medienereignis mehr ist als eine solche rituelle Fernsehzeremonie. Bei ihm geht es neben den rituellen Aspekten auch darum, religiöse Populärkultur zu inszenieren. Letztlich verweist dies darauf, dass der Weltjugendtag ebenso Momente von populären Medienereignissen integriert (vgl. Hepp/Vogelgesang 2003b). Als Medienevent ist der Weltjugendtag eben nicht nur 'feierlich' sondern auch 'spaßorientiert', und es finden sich Aspekte der Inszenierung, wie wir sie aus anderen populären Fernsehevents wie *Big Brother*, einem Filmevent wie *Titanic* oder auch populärkulturellen Musikevents kennen.

Das religiöse Medienevent Weltjugendtag ist also 'hybrid', steht gewissermaßen 'zwischen' rituellen und populärkulturellen Medienevents (vgl. Hepp/Krönert/Höhn 2005). Dies hängt nicht zuletzt damit zusammen, dass es bei dem Medienevent immer wieder um vier grundlegende thematische Zusammenhänge geht: Erstens geht es um die Darstellung des 'Sakralen', um die katholischen Gottesdienste und religiösen Zeremonien, die vollzogen werden und einer rituellen Inszenierung in den Medien bedürfen. Ebenso geht es zweitens um die Darstellung des 'Populären' beim Weltjugendtag, um das ausgelassene Feiern der katholischen Jugendlichen, aber auch um Momente einer Kommerzialisierung des Ganzen. Die verbindende Klammer von all dem ist, wie wir noch zeigen wollen, drittens die Figur des Papstes. Sie verbindet das Rituelle und das Populäre des Medienevents und wird damit – durchaus im Sinne von Bruno Ballardini – zu einer Art 'Markensymbol' des Katholizismus. Der Katholizismus als verschiedenste Nationen und Territorien übergreifende Glaubensgemeinschaft stellt schließlich den Bezugsrahmen dar, um diese unterschiedlichen Aspekte des Weltjugendtags im Hinblick auf einen möglichen Wandel von (katholischer) Religion im Spannungsfeld zwischen populären und sakralen Momenten zu verhandeln.

Im Weiteren wollen wir uns mit diesen Aspekten der Mediatisierung des Weltjugendtags – oder konkreter: mit seinem Charakter als Medienevent – auseinandersetzen. Die grundlegende Frage dabei lautet: Welche Folge hat die fortschreitende Mediatisierung für den Weltjugendtag und die an ihm beteiligten Akteure? Eine solche Frage klingt sicherlich zuerst einmal sehr übergreifend und abstrakt. Konkreter wird sie, wenn man versucht, sie auf bestimmte Aspekte herunterzubrechen: Wie inszeniert die Katholische Kirche den Weltjugendtag als Medienevent? Wie wirkt sich bereits hier seine Mediatisierung strukturierend aus? Hat der Weltjugendtag als Medienereignis eine eigene Verlaufslogik? Wie verändert sich das Sakrale des katholischen Glaubens in den Medien? Wie verträgt sich dies mit einer mediatisierten katholischen Jugend- und Populärkultur? Auf welche Weise wird der Papst bei diesem Medienevent zu einer ‚Medien-Berühmtheit'? Zeichnet sich damit ein Wandel des Papstamtes ab? Was heißt eine solche Mediatisierung für den Katholizismus insgesamt? Und wie ist all das in Bezug auf den Wandel von Religion einzuordnen?

Damit wird deutlich, wie vielschichtig das Unterfangen einer Analyse der Mediatisierung des Weltjugendtags ist. Um dabei nicht die verschiedenen Aspekte durcheinanderzuwerfen, wollen wir Schritt für Schritt vorgehen: Zuerst setzen wir uns mit der kulturellen Produktion des Medienevents auseinander. Im Anschluss betrachten wir den Gesamtverlauf des Medienevents, um ausgehend davon zunächst das ‚Sakrale' und dann das ‚Populäre' des Medienevents Weltjugendtag näher zu beleuchten. Auf dieser Basis befassen wir uns im weiteren Verlauf mit der Mediatisierung des Papstes und gehen dann zu einer Betrachtung der medialen Repräsentation des Katholizismus über. Abschließen werden wir diesen Teil des vorliegenden Buchs mit einer ersten Einordnung unserer Analyseergebnisse.

3.2 Zwischen ‚Inszenierungsversuchen' und ‚Freiräumen': Die kulturelle Produktion des Medienevents

Betrachtet man die Mediatisierung des Weltjugendtags aus Perspektive seiner Produktion, so sind zwei Akteursbereiche auszumachen. Dies ist erstens der Akteursbereich der Katholischen Kirche als Veranstalterin des Weltjugendtags, wobei im Zusammenhang mit der Mediatisierung vor allem die Bereiche „Kommunikation und Öffentlichkeit" sowie „Liturgie" innerhalb des mit der Planung und Durchführung des Ereignisses betrauten Weltjugendtagsbüros interessieren. Der zweite Akteursbereich sind die Medienschaffenden selbst – also die Fernseh-, Radio-, Presse-, Online und Foto-Journalisten. Beide Akteursbereiche stehen selbstverständlich nicht nebeneinander, sondern sind ineinander verschränkt. Auf einer allgemeinen Ebene wird das zunächst einmal dadurch deutlich, dass das Weltjugendtagsbüro bereits im Vorfeld eine Reihe von Medienpartnerschaften abgeschlossen hat: Es gibt allgemeine Medienpartner wie die

Bild-Zeitung, *Deutsche Welle* und das *Dom*-Radio, das Kooperationsprojekt „Weltjugendtagszeitung" mit dem *Kölner Stadtanzeiger* sowie ein Abkommen mit dem *WDR* als Host-Broadcaster für die weltweite Übertragung von Bild und Ton. Konkret stellt sich damit die Frage, inwieweit die Mediatisierung bereits die kulturelle Produktion des (Medien-)Events Weltjugendtag prägt. Eine Antwort darauf ergibt sich wenn man einen sehr genauen Blick darauf wirft, welche Unterschiede bei der kulturellen Produktion von ‚sakralen' und ‚populären' Momenten des Medienevents bestehen. In diesem Zusammenhang noch eine Anmerkung: Wenn wir in solchen Formulierungen von ‚kultureller Produktion' sprechen, so meinen wir nicht einfach das Handeln der Katholischen Kirche als kollektivem Akteur. Vielmehr gehen wir – durchaus im Sinne aktueller Medien- und Kulturforschung (vgl. bspw. du Gay 1997, Negus 2002) – davon aus, dass die ‚Produktion' solch herausragender Ereignisse vielfältige Akteure und Prozesse einbezieht, die stets auch in weiteren kulturellen Kontexten zu sehen sind.

Die Katholische Kirche hat in Bezug auf die Berichterstattung über den Weltjugendtag einen klaren Fokus auf die sakralen Großveranstaltungen, nämlich die Eröffnungsgottesdienste in Bonn, Düsseldorf und Köln, die Willkommensfeier des Papstes mit seiner Flusspredigt, die Nachtandacht Vigil und den Abschlussgottesdienst auf dem Marienfeld. Bei diesen geht es – so die Auskunft des für die Liturgieplanung Zuständigen – darum, das Sakrale des katholischen Glaubens in einer „Unverwechselbarkeit" der Inszenierung greifbar zu machen. Glaube und Kirche sollen als etwas Geheimnisvolles und Rätselhaftes in Szene gesetzt werden. Entsprechend versucht man, das „Möglichste zu tun, dass in der Kommunikation nach außen, beispielsweise in den Printmedien, im Radio oder in Fernsehsendungen, nicht über die Liturgie wie über das Oktoberfest in München berichtet wird."

Gerade weil sich die Katholische Kirche im Klaren darüber ist, dass sie das Medienereignis Weltjugendtag unmöglich ‚kontrollieren' kann, setzt sie in Bezug auf die Medienberichterstattung ihre Ressourcen und Kompetenzen also gezielt dahingehend ein, die Inszenierung der zentralen liturgischen Feiern für eine breite, das Sakrale aufgreifende Medienberichterstattung ansprechend zu konzipieren. Auffallend erscheinen in diesem Zusammenhang vor allem drei Punkte:

(1.) Zugang: Der Zugang für die Medienschaffenden zu den sakralen Veranstaltungen wird von Seiten des Weltjugendtagsbüros kontrolliert, indem unter allen akkreditierten Journalisten nur eine begrenzte Anzahl von sogenannten Pool-Karten vergeben wird, ohne die der Eintritt in den Pressebereich bzw. auf die Pressetribünen nicht möglich ist. Eine unabhängige, d.h. nicht (primär) auf das sogenannte Weltbild des *WDR* angewiesene Berichterstattung unmittelbar vom

Ort des Geschehens ist bei den zentralen Feierlichkeiten somit nur mit Erlaubnis des Veranstalters möglich. Umgekehrt ist die Katholische Kirche – gemäß dem Anspruch des Weltjugendtagspressesprechers, „medienwirksam ein positives Image zu vermitteln und durch den Weltjugendtag ein Mittel zur gelungenen Reputationspflege nutzen" – auf eine breite und im Grundtenor positive Medienberichterstattung über den Weltjugendtag angewiesen. Dadurch sind einer zu rigiden Zugangsbeschränkung wiederum Grenzen gesetzt.

(2.) Inszenierungsfokus: Im Fokus der Inszenierung des Weltjugendtags als Medienevent steht eine im Sinne der Katholischen Kirche ‚angemessene' Berichterstattung über die sakralen Veranstaltungen. Diese rückt entweder den Papst (bspw. beim Abschlussgottesdienst auf dem Marienfeld) oder aber eine andere hochrangige Kirchenpersönlichkeit (bspw. Bischöfe bei den Eröffnungsgottesdiensten) als zentralen Akteur in den Mittelpunkt. Je nach Dramaturgie werden die anwesenden Teilnehmer im Hinblick auf die Planung der medialen Inszenierung mit einer bestimmten Symbolfunktion einbezogen (bspw. die der ‚Gemeinde', der ‚Pilger' etc.) und bilden damit – so zumindest die Wunschvorstellung der inszenierenden Seite – eine ‚Identifikationskulisse' in den Medien.

(3.) Gestaltungsspielräume: Die von Seiten der Katholischen Kirche eingeräumten Gestaltungsspielräume der Medienschaffenden sind im Bereich des Sakralen somit stark eingeschränkt. Eine Einflussnahme auf den sakralen Geschehensverlauf ist nahezu ausgeschlossen. Rücksprachen finden da statt bzw. Freiräume werden da eingeräumt, wo es – insbesondere für den *WDR* als Host-Broadcaster – um die technischen Anforderungen einer (aus Perspektive der Katholischen Kirche) angemessenen Übertragung der Inszenierung geht.

Am Agieren des Bereichs „Kommunikation und Öffentlichkeit" des Weltjugendtagsbüros im Verlauf des religiösen Events lässt sich exemplarisch zeigen, wie diese drei Punkte in den Inszenierungsversuchen des Sakralen konkret umgesetzt wurden. So weist allein die Existenz eines solchen zentralen Bereichs mit den inhaltlichen Säulen Pressearbeit, Öffentlichkeitsarbeit, Merchandising und Internet auf den Stellenwert hin, den die Medienarbeit im Rahmen des Events hat: Öffentliche Kommunikation wird nicht von den verschiedenen Organisationseinheiten des Weltjugendtagsbüros bzw. der Katholischen Kirche betrieben, sondern – der Kommunikationspolitik von Großunternehmen durchaus vergleichbar – in einer Abteilung konzentriert.

Inwiefern dabei das Sakrale im Fokus des Bereichs „Kommunikation und Öffentlichkeit" steht, wird deutlich, wenn man berücksichtigt, dass der stellvertretende Bereichsleiter und zweite Pressesprecher bereits in der Vorbereitungsphase an allen Arbeitsgruppensitzungen der Liturgieplanung teilnimmt. Um sicherzustellen, „dass der Regisseur sich vorstellen kann, welche Bilder wir im Kopf haben", werden in diesem 28-köpfigen Arbeitskreis nach Auskunft des Bereichsleiters „Drehbücher" für die sakralen Veranstaltungen entwickelt. Ziel dieser Planungs- und Abstimmungsprozesse im Vorfeld ist es, insbesondere dem für das Host-Broadcasting zuständigen *WDR* die sakralen Aspekte des Weltjugendtags greifbar zu machen und damit über das ‚Weltbild' eine im Sinne der Katholischen Kirche angemessene Berichterstattung sicherzustellen.

Diese Inszenierungsversuche stoßen bei den Medienschaffenden aber nicht einfach auf Ablehnung. Im Gegenzug zur Exklusivität des Zugangs als ‚Weltberichterstatter' ist etwa der *WDR* zu inhaltlichen Kompromissen auch in seiner eigenen Berichterstattung bzw. der Berichterstattung der *ARD* über den Weltjugendtag bereit. So überträgt man auf Wunsch der Katholischen Kirche die aus Sendersicht nicht sehr attraktiv eingestuften Eröffnungsgottesdienste und realisiert alle sakralen Zeremonien mit hohem technischen Aufwand. Beispielsweise wird ein Übertragungswagen mit einem Kran auf das Schiff gehievt, auf dem Benedikt XVI. zu seiner Ankunft in Köln eine Andacht zelebriert. Von dort aus werden Bild- und Tonsignal zu einem darüber fliegenden Hubschrauber und dann weiter an einen Satelliten übermittelt. Auch auf dem Marienfeld werden spezielle Kameras an Seilwinden aufgebaut, um während Abendandacht und Abschlussmesse das Geschehen auf dem Altarhügel ebenso wie die Bewegungen des Papstes einfangen zu können.

Dieses vom *WDR* produzierte Bild- und Tonmaterial wird – wie die von uns durchgeführten Interviews zeigen – von den anderen Medienschaffenden positiv aufgegriffen, weil man selbst keinen Zugang zu eigenen Bildern und Tönen dieser Güte hat. „Viele Positionen", so eine Producerin eines deutschen Privatsenders, werden „nur durch den *WDR* abgedeckt" und sind für andere „nicht zugänglich". Einerseits produziert diese rigide Zugangskontrolle immer wieder auch Beschwerden von Seiten der Journalisten, andererseits ist man jedoch auch froh darüber, dank des ‚Weltbilds' mit verhältnismäßig wenig Aufwand eine nahezu perfekte Berichterstattung über die sakralen Veranstaltungen bieten zu können. In dieser Logik bedienen sich die Medienschaffenden – ob im Bereich von Hörfunk, Fernsehen oder Print – also des vom *WDR* bzw. dem Bereich „Öffentlichkeit und Kommunikation" des Weltjugendtagsbüros zur Verfügung gestellten Materials, gerade weil die Strategien der Inszenierung des Sakralen seitens der Katholischen Kirche in erheblichen Teilen die Erwartungen und Wünsche der Medienschaffenden treffen.

Dagegen liegen die Lokalitäten jenseits sakraler Veranstaltungen in weit geringerem Maße im Inszenierungsfokus der Katholischen Kirche. Hier bestehen in der kulturellen Produktion der Medienberichterstattung so etwas wie *Freiräume des Populären.* Zu denken ist dabei beispielsweise an die Straßen und Plätze von Köln, in denen sich der Weltjugendtag als Straßenfest konkretisiert, an Uferpromenaden, Hotels oder private Unterkünfte, in denen die Teilnehmer des Weltjugendtags übernachten usw. Auch bei diesen lassen sich die Umgangsformen der Katholischen Kirche und Medienschaffenden anhand von drei Punkten fassen:

(1.) Zugang: Straßen, Plätze und Uferpromenaden sind prinzipiell für jedermann zugänglich, worin sich letztlich auch die Erfahrung eines gewissen Kontrollverlusts seitens der Katholischen Kirche konkretisiert. So scheitern Überlegungen von Seiten des Bereichs „Kommunikation und Öffentlichkeit", Teilnehmerinnen und Teilnehmer für Interviews mit Medienschaffenden vorab auszuwählen, daran, dass diese an öffentlichen Plätzen von jedermann ansprechbar sind.

(2.) Inszenierungsfokus: Zwar wird in der Inszenierung des Weltjugendtags durch den Programmverlauf (bspw. ,Pilgerwege' entlang bestimmter Straßen und über bestimmte Brücken) versucht, den öffentlichen Raum zumindest teilweise in die Inszenierung des Sakralen zu integrieren. Populäre Aneignungen des Weltjugendtags durch die verschiedenen Jugendlichen und Jugendgruppen bzw. populäre Feierlichkeiten auf öffentlichen Plätzen sind aber kaum in der Form inszenierbar wie sakrale Veranstaltungen. Sie bilden vielmehr so etwas wie eine Kulisse des Medienereignisses Weltjugendtag, die die Katholische Kirche einbezieht und in ihrem Sinne kommunikativ zu nutzen gedenkt. Die populärkulturellen Aneignungen können sich jedoch – so sie Gegenstand der Medienberichterstattung sind – wegen deren Unkontrollierbarkeit gegen die veranstaltende Institution wenden. Dies haben exemplarisch die Bilder von Wiesen mit gebrauchten Kondomen beim Weltjugendtag im Jahr 2000 in Rom gezeigt.

(3.) Gestaltungsspielräume: Insgesamt bestehen im Bereich des Populären die größten Gestaltungsspielräume für die Medienschaffenden. Es ist der Bereich, in dem sie auf die ,Suche' nach ,ihren' jeweiligen Geschichten gehen können bzw. es auch tun.

Der Weltjugendtag ist dementsprechend aus der Perspektive der Medienschaffenden nicht nur eine Abfolge sakraler Veranstaltungen, sondern hat auch populäre Aspekte. Diese sind es, auf die sich die Berichterstattungsstrategien der Medienschaffenden fokussieren, um jenseits der an den zentralen Großereignissen orientierten Nachrichtenberichterstattung ,eigene', sich von der weiteren Weltjugendtagsberichterstattung abgrenzende Geschichten zu ,finden'. Dies trifft sowohl für den Bereich des Fernseh- und Radiojournalismus zu als auch für den Printbereich. So achtet beispielsweise die Deutsche Presseagentur (dpa) darauf,

nicht nur bei den sakralen Veranstaltungen vertreten zu sein, denn auf dem Weltjugendtag geht es, wie es ein Fotojournalist formuliert, auch „um andere Dinge".
Konkret nennt er in diesem Zusammenhang die „Pilger", über deren Erleben er
in einem entsprechenden Foto-Feature berichtet. Interessant scheint dabei – in
den Worten eines Fernsehredakteurs – insbesondere die Gleichzeitigkeit von
„naiver Frömmigkeit", „Saufen" und „Bumsen" als ein spezifisches Erlebnis-
moment auf dem Weltjugendtag. Um solche „ergänzenden Geschichten" einzufangen, werden, wie es eine von uns interviewte Producerin formuliert, zusätzli-
che Teams eingesetzt. Gerade bei Medienschaffenden aus dem Ausland setzt an
dieser Stelle auch die Ebene der ‚Nationalisierung' der Berichterstattung an,
indem man sich auf die ‚Geschichten' der Teilnehmer aus dem eigenen Herkunftsland konzentriert. Aber auch bei Regionalmedien innerhalb und außerhalb
des deutschsprachigen Raums findet bezogen auf das populäre Erleben eine
‚Regionalisierung' statt, indem man sich besonders für die Pilger der eigenen
Herkunftsregion interessiert. Die Freiräume des Populären bilden also gewissermaßen das ‚Gegengewicht' zu den Inszenierungsversuchen des Sakralen seitens
der Katholischen Kirche.

In Bezug auf die Ausgangsfrage dieses Abschnitts, auf welche Art und Weise sich bei der kulturellen Produktion des Medienevents die Mediatisierung konkretisiert, erscheinen nach unseren bisherigen Analysen zumindest drei Punkte
wichtig:

- Erstens wird überhaupt die *Zentralität der Medienarbeit* deutlich. Der Bereich „Kommunikation und Öffentlichkeit" ist nicht einfach ein Bereich des
  Weltjugendtagsbüros, sondern er hat insofern eine Schlüsselstellung, als er
  in anderen Bereichen der Organisation – wie bspw. der Liturgieplanung –
  an namhafter Stelle einbezogen wird. Dies verweist deshalb auf die Mediatisierung des Weltjugendtags, weil hieran deutlich wird, in welchem Maße
  er neben dem lokalen Event als ein zweites Event geplant ist, nämlich als
  Medienevent.
- Zweitens führt die Logik der Mediatisierung dazu, dass *Medienakteure in
  die kulturelle Produktion einbezogen* werden müssen. Als Medienevent ist
  der Weltjugendtag nicht einfach von der Katholischen Kirche ‚machbar',
  diese ist vielmehr auf die Kooperation von verschiedensten Medienakteuren
  – Journalisten, Redakteuren, Producern, Kameraleuten, Fotografen usw. –
  angewiesen. Hier gilt es einerseits, die eigenen Vorstellungen an die Medienschaffenden selbst zu kommunizieren, andererseits aber auch die Erwartungen der Medienschaffenden zu berücksichtigen.
- Drittens wird deutlich, in welchem Maße die *mediale Inszenierungslogik bei
  der kirchlichen Planung berücksichtigt* wird. Insbesondere sakrale Veran-

staltungen wie bspw. Gottesdienste rücken im Hinblick auf den Zugang der Medienschaffenden, den medialen Inszenierungsfokus und bestehende Gestaltungsspielräume in den Blick der Katholischen Kirche. Freiräume existieren für die verschiedenen Medienschaffenden vor allem im Bereich des Populären.

Zusammenfassend lässt sich damit sagen, dass auf Ebene der kulturellen Produktion eine strukturierende Logik der Mediatisierung insofern greifbar wird, als die mediale Inszenierung einen erheblichen Fokus der Arbeit der Katholischen Kirche überhaupt darstellt. In unseren gegenwärtigen Mediengesellschaften und Medienkulturen ist auch für die Katholische Kirche der Weltjugendtag nicht einfach als ein lokales Event in Köln zielführend, das seinen *dortigen* Teilnehmern ein außeralltägliches Erlebnisangebot bietet – selbst wenn dies eine Million Menschen sein mögen. Um als Ereignis eine translokale Relevanz zu entfalten, muss der Weltjugendtag zusätzlich ein Medienevent sein – und dies versucht die Katholische Kirche durch ihre Inszenierungsversuche sicherzustellen.

3.3 *‚Fokussierung' und ‚Personalisierung': Das Medienevent Weltjugendtag im Verlauf*

Events haben eine charakteristische Verlaufsstruktur. Allgemein lassen sich drei Phasen der „Trajektstruktur" (Hitzler 2000: 403f.) von Events unterscheiden; erstens die Phase der Produktion und Organisation der Voraussetzungen des Events, zweitens das Stattfinden des Events im Vollzug und drittens die Rekonstruktion und Bearbeitung des Events im Rückblick. Zwar ist diese Unterscheidung auf die Event-Organisation bzw. das Event-Erleben vor Ort fokussiert. Dennoch lässt sich eine ähnliche Strukturierung auch in Bezug auf die ‚Karriere' von Medienevents ausmachen (vgl. Hepp 2003). Für die Mediatisierung des Weltjugendtags heißt das Folgendes: Als Medienevent lässt er sich – was seine mediale Aufmerksamkeit betrifft – in Vor-, Haupt- und Nachphase einteilen. Während die *Vorberichterstattung (I)* nur aus vereinzelten Zeitungs- und Zeitschriftenartikeln, Internetveröffentlichungen oder Berichten in Radio und Fernsehen besteht, steigen Zahl und Umfang der Medienberichte während der *Hauptberichterstattung (II)* erheblich an. Hier konstituiert sich der eigentliche Kern des Medienereignisses. In der (kurzen) Phase der *Nachberichterstattung (III)* wird knapp reflektierend über das Medienereignis berichtet. Einen Überblick im Hinblick auf die Häufigkeit der Beiträge in den von uns untersuchten Medienorganen gibt folgende Abbildung:

Abbildung 3.1: Zeitverlauf der Medienberichterstattung zum
             Weltjugendtag 2005

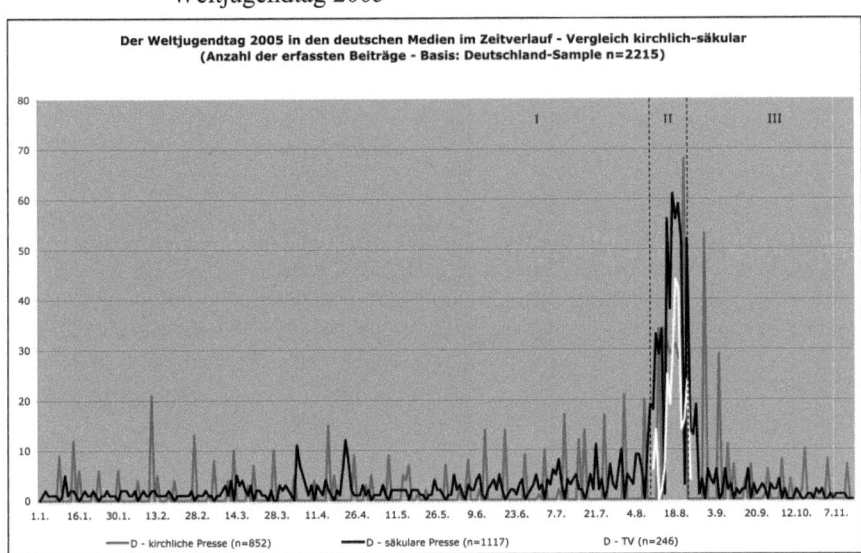

Die beschriebenen Phasen der Berichterstattung sind sowohl in den nicht-
kirchlichen als auch in den kirchlichen Medienorganen deutlich zu erkennen: Die
Phase der Vorberichterstattung endet erst unmittelbar vor Beginn des Weltjugendtags in Köln: Ab dem 10. August, dem Anreisetag der Pilger zu den ‚Tagen
der Begegnung' in den deutschen Diözesen, lässt sich ein sprunghafter Anstieg
an Beiträgen zum Weltjugendtag beobachten, der mit dem Papst-Besuch in Köln
seinen Höhepunkt erreicht. Nach dem 22. August, dem Tag nach der großen
Abschlussmesse auf dem Marienfeld, nähert sich die Berichterstattung in nahezu
allen von uns untersuchten Organen sehr schnell wieder an das Niveau der Vorberichterstattung an und verliert bis Ende November 2005 zusehends an Bedeutung. Allein in den kirchlichen Organen hält sich das Ereignis noch etwas länger
auf der Themenagenda.
     Deutliche Unterschiede zwischen ‚kirchlicher' und ‚weltlicher' Presse erge-
ben sich darüber hinaus in der Kontinuität sowie – bezogen auf die Anzahl der
erfassten Beiträge – im Umfang der Berichterstattung. In weiten Teilen der von
uns untersuchten weltlichen Presse findet der Weltjugendtag in der ersten Jahres-
hälfte nur am Rande und sehr sporadisch Erwähnung. Allein die Kölner Ausgabe
der *Bild*-Zeitung berichtet seit Anfang 2005 im Rahmen ihres Weltjugendtags-
countdowns täglich von den Vorbereitungen. In den übrigen Organen (*Frankfur-*

ter Allgemeine Zeitung, die *tageszeitung*, die Bundesausgabe der *Bild*-Zeitung, der Bremer *Weser Kurier*, *Trierischer Volksfreund*, *Spiegel*, *Zeit*, *Bunte* und *Bravo*) lässt sich lediglich im Zusammenhang mit dem Sterben Johannes Pauls II. und der Wahl Joseph Ratzingers zu seinem Nachfolger im März und April 2005 ein Anstieg von Beiträgen mit Bezug zum Weltjugendtag in Köln ausmachen (sowohl im Hinblick auf die Erscheinungsfrequenz als auch bezogen auf die Anzahl der Beiträge). Dagegen berichten die von uns untersuchten kirchlichen Organe (die Wochenzeitung *L'Osservatore Romano* des Vatikan, die Bistumszeitungen *Kirchenbote* aus Osnabrück und *Paulinus* aus Trier, das katholische Jugendmagazin *X-mag* bereits im Vorfeld regelmäßig mit etwa zehn Beiträgen pro Ausgabe über den Weltjugendtag. Geht man davon aus, dass während dieser Phase der Vorberichterstattung nicht einfach nur über die vorbereitenden (Organisations-)Arbeiten des Events berichtet wird, sondern – wie bei herausragenden Medienereignissen üblich – auch bestimmte Erwartungen gegenüber dem Event kommuniziert werden, kann man bei den kirchlichen Medien somit von einer das Medienereignis präfigurierenden Kommunikation sprechen: Die (jugendlichen) Katholiken werden durch kirchliche Medien auf das Ereignis und seinen Erlebnisanspruch eingestimmt. Mediatisierung heißt an dieser Stelle also, dass auch das Erleben der Teilnehmerinnen und Teilnehmer vor Ort – wenn man so will: das ‚erste' Event Weltjugendtag – vor seinem lokalen Beginn in Köln bereits durch Mediendiskurse geprägt ist.

Ab Mitte Juni intensiviert sich in der kirchlichen Presse die Berichterstattung über den bevorstehenden Weltjugendtag und erreicht am zweiten Augustwochenende 2005, also zwischen den ‚Tagen der Begegnung' und der Eröffnung der Weltjugendtagswoche in Köln, eine erste Spitze, die am darauffolgenden Abschlusswochenende des Weltjugendtags nochmals übertroffen wird. Dagegen lässt sich entlang der Verteilung von nicht-kirchlicher Presse- und Fernsehberichterstattung (von uns untersucht jeweils vom 10. bis 23.8.2005: *ARD* und *RTL*) recht genau der Ablauf der Ereignisse in Köln mit dem Höhepunkt des Papstbesuchs ablesen. Während *RTL* den Schwerpunkt stärker auf den Ankunftstag von Papst Benedikt XVI. legt, berichtet die *ARD* am intensivsten über den Tag des Zusammentreffens mit Vertretern anderer Glaubensgemeinschaften und Politikern am 19. August.

Während am Montag, den 22. August, noch umfassend über den am Vortag zu Ende gegangenen Weltjugendtag berichtet wird, fällt die Aufmerksamkeit der Medien für das Thema schon ab dem 23. weitgehend in sich zusammen. Insbesondere im Fernsehen verschwindet der Weltjugendtag von einem Tag auf den anderen vollkommen aus dem Programm. Aber auch in den Printmedien wurde im September 2005 im Rahmen der Nachberichterstattung verglichen mit August 2005 nur noch etwa ein Zehntel der Beiträge erfasst, nämlich 117 gegenüber

1.005. Im Oktober halbiert sich dies nochmals. Auffallend ist, dass das nicht nur die säkulare Presse betrifft, sondern ebenso die kirchliche. Im November 2005 ist der Weltjugendtag fast überall von der Agenda deutscher Medienorgane verschwunden.

Damit wird ein weiterer Aspekt der Mediatisierung des Weltjugendtags deutlich: In der Medienberichterstattung wird aus verschiedenen lokalen Geschehnissen in Köln und anderswo – angefangen bei den Tagen der Begegnung in den deutschen Diözesen, über die Eröffnungsgottesdienste in Köln, Bonn und Düsseldorf, die Domwallfahrt und die unzähligen kleineren Veranstaltungen des offiziellen Rahmenprogramms bis hin zu Willkommensfeier, Vigil und Abschlussmesse mit dem Papst – *der* Katholische Weltjugendtag als ein singuläres Ereignis mit einem spezifischen Verlauf, entlang dessen mit den jeweiligen medienspezifischen Besonderheiten das Erlebnis der ‚Pilgerschaft' auch für Nicht-Teilnehmer nachvollziehbar wird.

Diese rein auf den Verlauf der Zahl der Beiträge abhebenden Analysen geben einen ersten grundlegenden Eindruck von der Mediatisierung des Weltjugendtags. Inhaltlich greifbarer wird dies – insbesondere auch im Hinblick auf weitere Differenzen zwischen säkularen und kirchlichen bzw. kirchennahen oder überregionalen und lokalen Medien – anhand des Verlaufs der verschiedenen Themenfelder der Medienberichterstattung. Das unten stehende Schaubild zeigt die Gewichtung der einzelnen, von uns unterschiedenen Themenfelder über sämtliche erfassten Beiträge hinweg in der Gegenüberstellung von Fernsehberichterstattung einerseits und weltlicher bzw. kirchlicher Presseberichterstattung andererseits:

Abbildung 3.2: Themenverteilung in der Medienberichterstattung zum
Weltjugendtag 2005

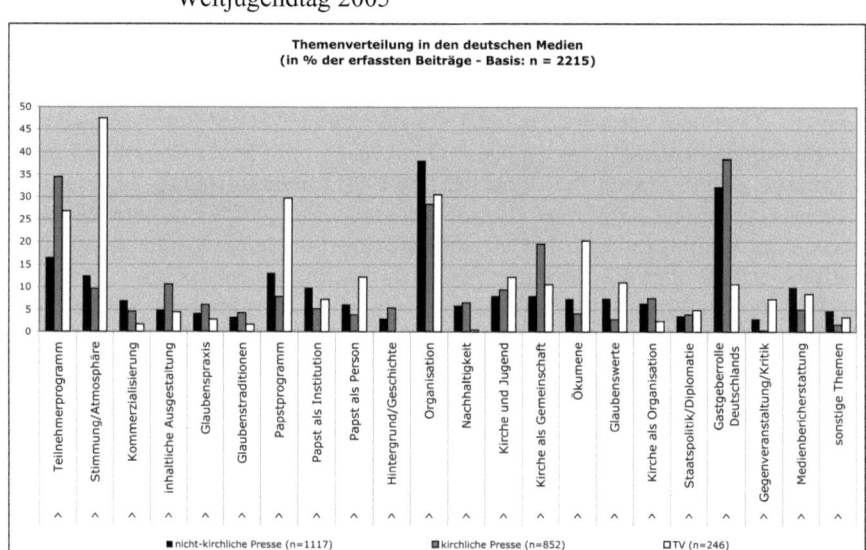

Es zeigt sich, dass nur wenige Themenfelder über die verschiedenen Medientypen hinweg relativ zur jeweiligen Anzahl der erfassten Medienberichte ausgeglichen bzw. nahezu ausgeglichen verhandelt werden. Neben ‚Staatspolitik und
Diplomatie' sowie ‚Kirche und Jugend' sind das – mit leichtem Übergewicht in
Richtung kirchlicher Presse – die Themenfelder ‚Glaubenspraxis' und ‚Glaubenstraditionen'. Deutlich wird auch, dass ausgerechnet das ‚Sakrale' – greifbar
über die Themenfelder ‚inhaltliche Ausgestaltung', ‚Glaubenspraxis' und ‚Glaubenstraditionen' – im Fernsehen sowie säkularer und kirchlicher Presse annähernd ausgeglichen thematisiert wird, gleichzeitig aber durchschnittlich nur rund
fünf Prozent aller Beiträge ausmacht. In anderen Bereichen lassen sich dagegen
zum Teil deutliche Abweichungen in der Themensetzung zwischen den unterschiedlichen Medientypen feststellen. Während etwa die nicht-kirchliche Presse
verschiedene ‚populäre' Aspekte des Weltjugendtags (‚Teilnehmerprogramm',
‚Stimmung und Atmosphäre', ‚Kommerzialisierung') vergleichsweise ausgewo-
gen zur Sprache bringt, lässt sich bei den kirchlichen Medien eine deutliche
Schwerpunktsetzung auf das ‚Teilnehmerprogramm' beobachten. Dies kann
nicht nur als Ausdruck des Regionalbezugs der Bistumszeitungen gewertet werden, sondern stützt zugleich auch unser Argument einer gerade im Hinblick auf
das Pilgererlebnis präfigurierenden Berichterstattung in den kirchlichen Medien.

In der Fernsehberichterstattung über den Weltjugendtag treten dagegen ‚Stimmung und Atmosphäre' in den Vordergrund: Beinahe jeder zweite von uns untersuchte Fernsehbeitrag nimmt darauf Bezug, in etwa jeder vierte auf das ‚Teilnehmerprogramm'. Weitere thematische Schwerpunkte innerhalb der Fernsehberichterstattung sind das ‚Papstprogramm' und in engem Zusammenhang damit die ‚Ökumene' sowie alles rund um die ‚Organisation' des Weltjugendtags. Kaum eine Rolle spielen dagegen ‚Glaubenstraditionen', ‚Hintergrund und Geschichte' sowie Fragen der ‚Nachhaltigkeit' des Weltjugendtags und seiner ‚Kommerzialisierung'. Während also die kirchliche Presse die unterschiedlichen Facetten des Weltjugendtagserlebens aufgreift, angefangen bei Vorbereitung und Gastfreundschaft über die einzelnen Stationen des Pilgerwegs bis hin zum Erleben der Katholischen Kirche als (Glaubens-)Gemeinschaft, zeichnet sich bei der Fernsehberichterstattung eine Zentrierung auf den Papst ab: Ausgehend von Papstprogramm und Papstbegeisterung vor Ort wird über das ‚Teilnehmerprogramm' berichtet bzw. werden weitergehende kirchen- und gesellschaftspolitische Fragen wie etwa die der katholischen ‚Glaubenswerte', das Verhältnis von ‚Kirche und Jugend' oder der Glaubensgemeinschaften untereinander verhandelt. Immer wieder wird dabei auf Benedikt XVI. als Kirchenoberhaupt wie auch als Persönlichkeit Bezug genommen. Mediatisierung heißt für das Fernsehen also vor allem eines: Die Personalisierung des Weltjugendtags in Bezug auf den Papst.

Das große Gewicht der Themenfelder ‚Organisation' und ‚Gastgeberrolle Deutschlands' in der säkularen Presse ist zu einem großen Teil auf die lokale und regionale Presse zurückzuführen. Zwar dominieren diese Themenfelder auch in den überregionalen Printmedien, in der Lokal- bzw. Regionalpresse liegt ihr Anteil aber zwischen acht und 16 Prozentpunkte höher. Gleichzeitig weist die Themenverteilung auf eine stärker kontextualisierende bzw. reflektierende Berichterstattung in den nationalen Tageszeitungen, Wochen- und Publikumsmagazinen hin. Bemerkenswert ist nicht nur der große Anteil von Beiträgen, die die Medienberichterstattung über den Weltjugendtag aufgreifen. Er liegt mit über 15 Prozent etwa doppelt so hoch wie beim Fernsehen sowie kirchlicher und lokaler bzw. regionaler Presse. In durchschnittlich etwa 13 Prozent aller Beiträge wird, mit unterschiedlichen thematischen Schwerpunktsetzungen, zudem der Katholizismus als Glaubensgemeinschaft verhandelt, gegenüber nur gut fünf Prozent in der lokalen bzw. regionalen Presse.

Sieht man solche Daten insgesamt, lassen sich bezogen auf die thematische Ausrichtung des Medienereignisses erste Tendenzen einer Mediatisierung des Weltjugendtags konkretisieren:

- Mediatisierung heißt allgemein, dass beim Medienevent Weltjugendtag eine Fokussierung auf dominante Themenfelder stattfindet. Dies sind die Veranstaltungsorganisation und die Rolle Deutschlands als Gastgeber, das Teilnehmerprogramm sowie vor allem der Papst und die Stimmung vor Ort.

- Mediatisierung heißt in Bezug auf das Fernsehen, dass eine Personalisierung des Medienevents als Papstereignis stattfindet, anhand dessen Fragen von Glaubenswerten, von Ökumene und von jugendlicher Religiosität verhandelt werden.

- Mediatisierung heißt in Bezug auf die kirchliche Presse, dass beim Medienevent Weltjugendtag eine Fokussierung auf die katholische Glaubensgemeinschaft stattfindet, wobei dieser als ein Ereignis erscheint, das Gläubige aus unterschiedlichen Teilen der Welt ebenso wie aus den Kirchengemeinden in Deutschland verbindet.

Solche Aussagen müssen an dieser Stelle allerdings als Tendenz-Einordnungen verstanden werden und bedürfen einer weitergehenden Differenzierung. Das soll im Weiteren in Bezug auf die unterschiedlichen thematischen Verdichtungen des Sakralen, Populären, des Papstes und des Katholizismus geschehen.

3.4 ‚Medienglaube' und ‚Fernsehgottesdienste': Die Mediatisierung des Sakralen

Wie bereits angeklungen ist, ist der Weltjugendtag als Medienevent durch bestimmte thematische Verdichtungen geprägt. Mit ‚thematischer Verdichtung' bezeichnen wir ein inhaltlich zusammengehörendes Netzwerk verschiedener Themenfelder. Eine erste thematische Verdichtung des Medienevents ist das ‚Sakrale' oder ‚Heilige'. Über das Sakrale gibt es eine breite Diskussion in der Religionssoziologie bzw. in der Kommunikations- und Medienwissenschaft, die wir hier nicht wieder geben wollen (vgl. Durkheim 1981, Couldry 2003, Sumiala-Seppänen 2006, Lundby 2006). Vielmehr wollen wir nur knapp darlegen, was wir darunter verstehen. So fassen wir mit dem Sakralen – soweit durchaus im Rückgriff auf klassische Überlegungen – dasjenige, das vom Alltagsleben, dem ‚Mundanen', ‚Gewöhnlichen' getrennt wird. Allerdings ist das Sakrale nicht ‚gegeben' (durch eine Religion, eine Kirche oder was auch immer), sondern artikuliert sich in einem Prozess der Auseinandersetzung zwischen kirchlichen Institutionen und Gläubigen immer wieder aufs Neue. Das Sakrale ist also ‚dynamisch', ‚flüssig' und ‚wandelbar' und kann nicht in einer feststehenden Dichotomie zum ‚Profanen' beschrieben werden: Grenzziehungen zwischen beiden erscheinen mitunter situativ. Dies trifft auch für die sakralen Momente des Welt-

jugendtags und deren Mediatisierung zu, wie sich entlang der Themenfelder
‚inhaltliche Ausgestaltung' ‚Glaubenspraxis' und ‚Glaubenstradition' zeigen
lässt:

Abbildung 3.3: Entwicklung der Themenfelder ‚inhaltliche Ausgestaltung',
‚Glaubenspraxis' und ‚Glaubenstraditionen' (1.1 bis 15.11.2005)

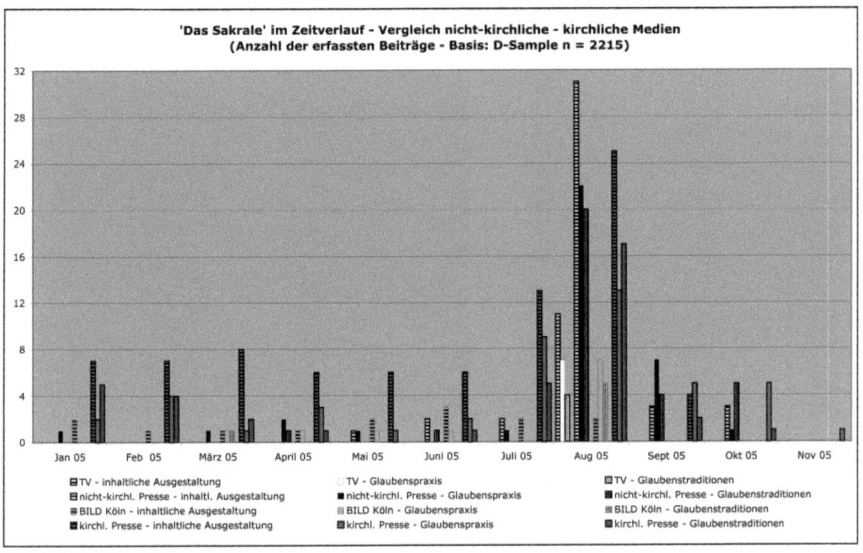

Zuerst einmal fällt – wie bereits erwähnt – auf, wie wenig das Sakrale in den
weltlichen Medien insgesamt thematisiert wird. In der Vor- und Nachberichterstattung spielen Praxis und Traditionen des katholischen Glaubens abgesehen
von einzelnen Beiträgen so gut wie gar keine Rolle, ebenso wenig wie das inhaltliche Konzept des Weltjugendtags und seine Umsetzung. Mit den zentralen liturgischen Feierlichkeiten während der Hauptphase kommen die betrachteten Themenfelder dann zwar überdurchschnittlich häufig zur Sprache, mit rund 20 Beiträgen im Fernsehen und 70 in der nicht-kirchlichen Presse bleibt das Interesse
an sakralen Themen insgesamt jedoch recht gering. Dagegen werden diese Themen in den kirchlichen Medien bereits in der Vorberichterstattungsphase aus-
führlich behandelt. Während in weltlichen Medien sakrale Momente des Weltjugendtags also erst in der Kernphase zur Sprache kommen, lassen sich in den
kirchlichen Medien wiederum Momente einer Präfiguration der Erwartungen an
das sakrale Geschehen auf dem Weltjugendtag ausmachen.

Das heißt jedoch keineswegs, dass eine Mediatisierung des Sakralen beim Weltjugendtag einen nur untergeordneten Stellenwert hat. Auch wenn das Sakrale quantitativ – also im Hinblick auf die Zahl der Beiträge – zuerst einmal untergeordnet zu sein scheint, ist es qualitativ – also im Hinblick auf dessen Relevanz für das Medienereignis – in hohem Maße prägend. Dies wird erstens an der spezifischen Darstellung von ‚Medienglauben' deutlich, zweitens am Genre des ‚Fernsehgottesdienstes'.

Wenn wir von *Medienglauben'* sprechen, bezeichnen wir damit das charakteristische Muster der Repräsentation von sakralen Momenten des Glaubens anhand der Themenfelder ‚inhaltliche Ausgestaltung', ‚Glaubenspraxis' und ‚Glaubenstradition' in den Medien. Dabei wird in der Printberichterstattung in Bezug auf den Weltjugendtag ein spezifisches Moment von Medienglauben kommuniziert. So fällt beim Themenfeld ‚inhaltliche Ausgestaltung' des Weltjugendtags generell auf, welchen Stellenwert Hinweise auf das sakrale Motto des Weltjugendtags „Wir sind gekommen, um IHN anzubeten" (Matthäus 2.2) haben. Selbst wo es sich lediglich um Nennungen ohne weitere inhaltliche Kontextualisierung handelt, wird damit die Veranstaltung als etwas Religiös-Außeralltägliches gerahmt. Es sind diese Momente des Glaubens, die in den Presseartikeln immer wieder angesprochen werden. Die *FAZ* schreibt etwa in ihrer Sonderbeilage vom 15. August unter dem Titel „Sie bringen Gold, Weihrauch und Myrrhe" von der „Leistungsschau katholischer Frömmigkeit", die in dieser Außeralltäglichkeit „das alltägliche Leben aller Menschen im Rheinland berührt, beeinflusst und teilweise behindert" und folgert daraus, dass „das was ein sinnenfroh-weltliches Unternehmen zu sein scheint, in Wahrheit eine Wallfahrt ist." (*FAZ* 15.8.05: C5)

Der Glaube erscheint in den von uns untersuchten Printorganen immer wieder als etwas zumindest teilweise vom gewohnten Alltag ‚Entrücktes'. Dies konkretisiert sich in der Beschreibung der dramaturgischen Gestaltung des Weltjugendtags. In diesem Zusammenhang wird nicht nur der Stellenwert des Papstes bzw. seiner Auftritte im Gesamtkonzept des Weltjugendtags verhandelt, thematisiert werden ebenso sakrale Symbolik und Bildsprache bei diesen Inszenierungen; auch dafür ein Beispiel, in diesem Fall aus dem Bremer *Weser Kurier*: „Wie bestellt tauchte die Abendsonne den Papst in goldenes Licht, als er im gläsernen Auto über das Marienfeld fuhr. Als es dunkel wurde, erstrahlte die Freiluftkathedrale, das größte Gotteshaus der Welt für einen Tag, im Licht ungezählter Kerzen. Auf einem schlichten Holzstuhl saß Benedikt XVI. – sein Schmuck waren die Jugendlichen aus aller Welt." (*Weser Kurier* 22.8.05: 3) Erst einmal geht es in diesem Artikel darum, den Auftritt des Papstes bei der Nachtandacht – der Vigil – auf dem Weltjugendtag zu beschreiben. Auffällig ist aber, auf welche Weise dessen ‚sakrale Aura' beschrieben wird: Der Papst wird nicht nur in ein

„goldenes Licht" gehüllt, zusätzlich schafft Kerzenschein eine „Kathedrale" und Jugendliche werden zum „Schmuck" des Kirchenoberhaupts. Ganz ähnliche Versuche, sakrale Momente des Weltjugendtags in der Presse zu fassen, lassen sich in verschiedenen Fotoreportagen der *Zeit, FAZ, Bunte* oder des *Volksfreunds* finden.

‚Medienglaube' umfasst in einem weiteren Sinne auch ‚Glaubenspraxis' und ‚Glaubenstradition'. So findet in den Printmedien u.a. ein Diskurs über religiöses Bekenntnis statt. Für den Blick der Kirchenpresse auf ‚Glaubenspraktiken' und ‚Glaubenstraditionen' ist dabei kennzeichnend, dass eher deren Stabilität betont wird. Exemplarisch wird dies an der Thematisierung des Beichtens im *Kirchenboten* deutlich, der in der Ausgabe vom 28. August über Cecilia berichtet, für die die Beichte eine Möglichkeit bietet, in einer außeralltäglichen Situation über ihren Glauben zu sprechen (*Kirchenbote* 28.8.05: 5). Thema im selben Artikel sind auch andere Jugendliche, die nach einer langen Abstinenz wieder zur Beichte gefunden haben. Ein anderes Bild wird allerdings von der *FAZ* (12.8.05: 40, 19.8.05: 7) gezeichnet. Hier erscheinen die Jugendlichen zwar in hohem Maße kirchlich engagiert, indem sie kirchliche „Kinderdiskos, Jugendpartys und Freizeiten" organisieren. An der Beichte als „Sakrament" sind sie allerdings wenig interessiert.

Welche Aussagen sind ausgehend von diesen wenigen ausgewählten Beispielen in Bezug auf ‚Medienglauben' möglich? Zuerst einmal wird deutlich, dass dem ‚Glauben' sakrale Momente zugesprochen werden. Dieser erscheint als etwas ‚Außergewöhnliches', vom ‚normalen' Alltag Getrenntes. Es sind diese Momente, die die verschiedenen Artikel immer wieder einzufangen suchen. So groß die Differenzen der Darstellung des Glaubens aber auch sein mögen, ein wichtiges Moment seiner Mediatisierung ist der Versuch, dessen sakrale Momente in sprachlichen Metaphern und Bildern zu greifen. Die Mediatisierung erscheint hier als eine ‚Verbildlichung' des Sakralen.

Wie bereits angedeutet, konkretisiert sich die Mediatisierung des Sakralen zweitens im *Genre des ‚Fernsehgottesdienstes'*. Der Ausdruck ‚Fernsehgottesdienst' hebt darauf ab, dass in der Hauptphase des religiösen Medievents dessen sakrale Momente insbesondere in einer bestimmten Sorte von Fernsehsendung greifbar werden. Diese lässt sich nicht einfach als eine ‚Gottesdienst-Übertragung' in dem Sinne begreifen, dass ein lokaler Gottesdienst im Fernsehern ‚abgebildet' wird. Vielmehr sind Fernsehgottesdienste ganz charakteristische Inszenierungen des Sakralen im Rahmen des Medievents. Wodurch ist diese Form der Mediatisierung des Sakralen im Einzelnen gekennzeichnet? Eine Antwort auf diese Frage findet sich am ehesten, wenn wir die Abschlussmesse des Weltjugendtags auf dem Marienfeld als einen exemplarischen Fernsehgottesdienst näher betrachten.

Abbildung 3.4: Die Inszenierung des Sakralen (Quelle: *Das Offizielle Magazin des Weltjugendtags*, 11. bis 21.08.2005: 146)

146 I Der XX. Weltjugendtag in Köln

In der *ARD* ist dieser Gottesdienst in die Sondersendung „Der Papst in Deutschland" eingebettet, die am 21.8.05 von 8:45 Uhr bis 12:30 Uhr live ausgestrahlt wurde. Innerhalb dieser Sendung ist die sakrale Veranstaltung allerdings deutlich herausgehoben, und ihr kommt der Status eines eigenen Genres zu. Dies wird daran greifbar, in welchem Maße sich die Form der Inszenierung mit Beginn des Abschlussgottesdienstes um 10:00 Uhr ändert: Über die erste Stunde der Berichterstattung hinaus führt Jörg Schönenborn als ‚anchor man' durch die Sondersendung, u.a. indem er Stimmungsbilder auf dem Marienfeld und weitere Berichte anmoderiert. Nach Ankunft des Papstes auf dem Marienfeld und nach dem Aufbruch des „liturgischen Zugs" – des Zugs der Würdenträger auf den Altarhügel – übernehmen schlagartig um 10:00 Uhr Pfarrer Erwin Albrecht und Maria Dickmeis (Leiterin der *WDR*-Programmgruppe Religion/Bildung) die Kommentierung. Von dem Moment an befindet man sich in einer anderen ‚Sen-

dung', die exemplarisch für die Mediatisierung des Sakralen steht: In ruhig ge-
schnittenen Bildern, mit nahezu perfekter Tonübertragung, langen Liedeinlagen
und nur den notwendigsten erläuternden Kommentaren kann die „Heilige Messe
mit dem Heiligen Vater" im Fernsehen miterlebt werden. Die Art und Weise der
Mediatisierung des Sakralen ist dabei prototypisch für Fernsehgottesdienste
überhaupt und kann anhand der drei Punkte Personen, Handlungen und Inhalte
festgemacht werden.

Betrachtet man erstens die Darstellung der Personen in dem Fernsehgottesdienst, so fällt gerade im Gegensatz zu der einleitenden Berichterstattung der
Sondersendung auf, in welchem Maße diese auf die mediale Inszenierung in
einer rituellen Veranstaltung verweist: Es interessieren weniger die verschiedenen Personen als Individuen, sondern vielmehr deren sakrale Rollen im Medien-
gottesdienst. Dies betrifft den Papst, der – als er am Papsthügel ankommt – zuerst das Fernsehpublikum und dann (für diese nur über Videowände sichtbar) die
Anwesenden auf dem Marienfeld begrüßt. Im Verlauf des Gottesdienstes ist er in
der Rolle dessen präsent, der die Messe zelebriert. Die lokalen Teilnehmerinnen
und Teilnehmer des Gottesdienstes werden nicht mehr persönlich interviewt, wie
in der Live-Sendung zuvor, sondern kommen als zuhörende und mitsingende
Menge ins Bild. Sie sind durchaus dem Saalpublikum einer Talkshow vergleichbar, in diesem Falle mal die ‚Gemeinde der Zuschauer', mal die ‚Gemeinde der
Katholiken' symbolisierend. Einbezogen in den Fernsehgottesdienst sind daneben rund 800 Bischöfe und 10.000 Priester, die einheitlich weiß gekleidet sind
und sich als Gesamtgruppe entweder auf dem Altarhügel oder zwischen Altarhügel und den Teilnehmerinnen bzw. Teilnehmern auf dem Marienfeld befinden. In
der Medienübertragung symbolisieren sie vor allem die Institution der Kirche.
Schließlich lassen sich Pfarrer Erwin Albrecht und Maria Dickmeis als ‚sakrale
Kommentatoren' begreifen, die mit ruhiger Stimme die ‚Glaubenspraktiken' und
‚Glaubenstraditionen' des Gottesdienstes erklären.

Bemerkenswert ist zweitens auch die Darstellung der sakralen Handlungen
(Gebete, Eucharistie etc.) in dem Fernsehgottesdienst. Zuerst einmal fällt auf,
dass diese über lange Phasen hinweg unkommentiert bleiben und in ihrem Detail
wiederum vor allem an die Fernsehzuschauerinnen und -zuschauer gerichtet zu
sein scheinen. Viele Handlungen (bspw. die Vorbereitung der Eucharistie durch
den Papst oder die Bewegung des liturgischen Zuges auf den Altarhügel) können
von den Teilnehmerinnen und Teilnehmern auf dem Marienfeld wiederum allenfalls über die Videoeinwände verfolgt werden, die Einzelheiten dieser Handlungen bleiben den Zuschauern zu Hause vorbehalten. Eine sakrale Sphäre solcher
Handlungen wird insbesondere durch deren Unterlegung mit einer perfekt einge-
spielten, die Stile unterschiedlichster Regionen der Welt aufgreifenden Musik
unterstrichen, durch Überblendungen auf eine Ikone oder Kameraschwenks in

den Himmel. Mittels solcher Inszenierungspraktiken hat der Fernsehgottesdienst phasenweise fast den Charakter eines sakralen Musikvideos.

Drittens ist der Gottesdienst inhaltlich gesehen als Fernsehgottesdienst zuerst einmal durch die Aussagen der beiden ‚sakralen Kommentatoren' gekennzeichnet. Deren Funktion ist es, das Geschehen auch Nicht-Katholiken verständlich zu machen. Ihre Aussagen reflektieren damit die disperse Adressierung des Geschehens an verschiedenste – religiös interessierte – Publika. Aber auch in den Predigtinhalten des Papstes wird der Charakter des Gottesdienstes als *Fernseh*gottesdienst zumindest teilweise deutlich, indem Benedikt XVI. eine Grundproblematik der Mediatisierung von Religion anspricht. So ist eine breite Berichterstattung über Religion – auch im Hinblick auf den Weltjugendtag – u.a. dem vom Papst angesprochenen „Boom des Religiösen" geschuldet. Der für Ratzinger problematische Aspekt dieses Booms ist, dass damit „Religion geradezu zum Marktprodukt" wird. Dem setzt er in seiner Predigt das Spezifische des Glaubensangebots des Katholizismus entgegen, nämlich nicht – wie die „selbst ausgesuchte und gemachte Religion" – „bequem" zu sein, sondern über Jesus Christus und die über ihn vermittelte „Liebe zur Heiligen Schrift" Zugang zu dem verbindlichen sakralen Glaubensangebot der Katholischen Kirche zu vermitteln. Mit einer solchen Predigt positioniert sich der Papst also zuerst einmal auf dem (medial vermittelten) Markt der verschiedensten Glaubensangebote. Gleichzeitig betont er gerade in dessen Kritik die Alleinstellungsmerkmale der Katholischen Kirche.

Auch wenn unsere Analysen die Vielschichtigkeit und Widersprüchlichkeit solcher Mediatisierungsprozesse deutlich machen, kann man die verschiedenen Momente der Mediatisierung des Sakralen pointiert in folgenden Punkten zusammenfassen:

- Als ‚*Medienglaube*' interessieren in der Presseberichterstattung immer wieder gerade dessen sakrale Momente. Glaube wird in den Printorganen durchaus fasziniert in seinen ‚heiligen Momenten' beschrieben. Eine Logik der Mediatisierung wird an dieser Stelle in den Versuchen greifbar, das Sakrale in anschaulichen, manchmal stereotypen ‚Medienbildern' zu fassen – wobei die Presseberichterstattung trotz Fotoreportagen an ihre Grenze stößt.
- Das Sakrale manifestiert sich im Verlauf des Medienevents insbesondere in den *Fernsehgottesdiensten*. Eine Mediatisierung des Sakralen wird in diesen konkret, weil die Fernsehgottesdienste ihre eigentliche Dynamik als mediale Inszenierung entfalten. Auch wenn die Gottesdienste für die Teilnehmerinnen und Teilnehmer vor Ort ein herausragendes Erlebnis gewesen sind, viele Dimensionen ihrer Inszenierung des Sakralen werden erst in der Repräsentation im Fernsehen greifbar.

Diese beiden Punkte machen deutlich, in welchem Maße es der Katholischen Kirche gelang, vor allem über das Medium Fernsehen eine mediale Repräsentation von sakralen Momenten ihres Religionsangebots durchzusetzen. Damit ist aber nur ein erster Pol des religiösen Medienevents Weltjugendtag beschrieben. Um dieses weiter fassen zu können, ist eine Auseinandersetzung mit dem Populären unabdingbar.

3.5 ,Katholische Jugendkultur' und ,Kommerzialisierung': Die Mediatisierung des Populären

Man kann sich nicht mit dem Weltjugendtag als einem Medienevent befassen, ohne die thematische Verdichtung des Populären im Blick zu haben. Ganz bewusst sprechen wir an dieser Stelle vom ,Populären' und nicht – wie es zumindest die Leserinnen und Leser, die sich mit Fragen der Religion bereits befasst haben, erwarten würden – vom ,Profanen' oder ,Popularen'. Das Profane bezeichnet in der Religionsforschung gemeinhin das Gegenstück des Sakralen: das Weltliche, Mundane, in gewissem Sinne damit auch das Alltägliche. Dies ist aber nicht die zweite thematische Verdichtung, die charakteristisch für den Weltjugendtag als Medienevent ist: Auch wenn es dabei nicht um sakrale Momente geht, bleibt der Weltjugendtag dort, wo bspw. über das Feiern der Jugendlichen berichtet wird, etwas Außeralltägliches – ein Event eben. Im Vordergrund steht in diesen Momenten aber auch nicht die in der Forschung so bezeichnete „populare Religiosität" (Ebertz/Schultheis 1986, Knoblauch 1999: 186), also eine ,Volksreligiosität' oder ,Alltagsreligiosität' mit einem diffusen Organisationsgrad. Vielmehr erscheinen uns die *populärkulturellen Momente* des Weltjugendtags in dem Sinne zentral, wie der Begriff ,Populärkultur' in der heutigen Kultur- und Medienforschung gebraucht wird (vgl. bspw. Fiske 1999, Storey 2003, Hepp 2004). Das Populäre bezeichnet also diejenige thematische Verdichtung des Medienevents Weltjugendtag, mit der so etwas wie eine ,katholische Jugendkultur' als Teil von Populärkultur greifbar wird. In unserer Analyse geschieht dies über die Themenfelder ,Teilnehmerprogramm', ,Stimmung und Atmosphäre' und ,Kommerzialisierung':

Abbildung 3.5: Entwicklung der Themenfelder ‚Teilnehmerprogramm',
Stimmung/Atmosphäre' und ‚Kommerzialisierung'
(1.1 bis 15.11.005)

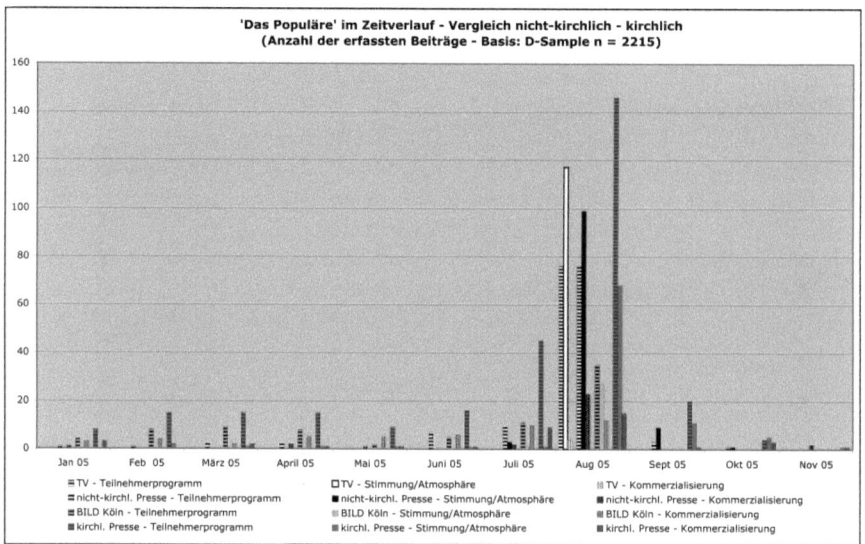

Das Schaubild macht deutlich, dass das Populäre in der Hauptphase des Medienevents die quantitativ gesehen ausgeprägteste thematische Verdichtung ist, in
der Vorberichterstattung aber – abgesehen von einer Auseinandersetzung mit
dem Teilnehmerprogramm in der Kirchenpresse – kaum berücksichtigt wurde.
Präfigurierende Momente sind also, wenn überhaupt, im kirchlichen Umfeld im
Hinblick auf das während des Weltjugendtags zu erwartende Programm auszumachen.

Die Kategorie ‚Teilnehmerprogramm' fasst vom ‚Programmüberblick' über
‚Reiseberichte' bis hin zu ‚Pilgerportraits' einschließlich der Vorbereitungen und
Erwartungen im Hinblick auf die Pilgerreise alle Facetten der medialen Auseinandersetzung mit einer Teilnahme am Weltjugendtag. Je nach Profil des Me-
dienorgans kann die Akzentuierung dabei unterschiedlich sein: Während die
regionalen Tageszeitungen den Weltjugendtag tendenziell eher als „Massenereignis" (*Trierischer Volksfreund* 22.8.05: 1) darstellen und in diesem Zusammenhang die zentralen Großveranstaltungen und die Dimension der internationalen Begegnung betonen, wird der Weltjugendtag in der sogenannten Boulevard-
presse (hier: *Bild, Bunte, Bravo*) eher zur „Mega-Party" (*Bild Köln* 16.3.05: 8
und 17.8.05: 11). Es rückt stärker der Event-Charakter des Teilnehmerpro-

gramms in den Vordergrund. So heißt es etwa in der *Bild*-Zeitung: „So wird die Wahl zur Qual, die Rheinschiene zum Musik- und Kulturrausch. Das sind vom 15. bis 21. August allein in Köln mehr als 90 Events." (*Bild Köln* 16.3.05: 8) Ein ähnlicher Blick kennzeichnet die Boulevard-Formate im Fernsehen. Nicht nur *RTL* berichtete zwischen dem 16. und 20. August regelmäßig in dem Boulevardmagazin „Explosiv" über das religiöse Event. Und auch in „Brisant", dem Pendant der *ARD*, wurde der Weltjugendtag mehrfach aufgegriffen (Erstsendungen vom 13., 17., 20. und 22.08.05).

Anhand von solchen Beispielen wird bereits deutlich, was in den Medien als charakteristisch für die ‚Stimmung und Atmosphäre' des Weltjugendtags jenseits seiner sakralen Veranstaltungen erscheint: das Feiern der ‚Pilger'. Am stärksten wird dieses populäre Feiern innerhalb der Printberichterstattung durch die *Bild*-Zeitung thematisiert, die dieses in verschiedensten Metaphern und Wortspielen zu fassen sucht: „Köln – die total verpapste Stadt" (*Bild Köln* 19.8.05: 2), „das war dombastisch" (*Bild Köln* 18.8.05: 13) oder „Kölleluja" (*Bild Köln* 19.8.05: 1) wären Beispiele dafür. Aber auch in umfassenderen Beiträgen wird (sprach-)spielerisch mit dem Ereignis umgegangen. So werden in einer Ausgabe Personen mit dem Namen ‚Papst' vorgestellt, um zu sehen, „was hinter dem christlichsten aller Nachnamen steckt" (*Bild Köln* 16.8.05: 10). Ähnliche Darstellungen finden sich auch in der Fernsehberichterstattung, wenn beispielsweise *RTL* in der Weltjugendtagsberichterstattung einen Papst-Doppelgänger auftreten lässt, der am Vortag der Ankunft von Benedikt XVI. in weißer Kleidung durch die Fußgängerzone läuft und Passanten-Reaktionen provoziert, die der Reporter dann einfängt. Der Beitrag schließt mit dem Ausdruck der Sehnsucht nach einem ‚Papst zum Anfassen', was ein „kleines Stückchen Himmel auf Erden" bedeuten würde (*RTL Punkt 6* 17.8.05: 6:00). Dies sind von anderen Medienprodukten her allgemein bekannte Muster der Darstellung des Populären (vgl. Fiske 2006): In einer exzessiven Darstellung gestattet ein Spiel mit Stereotypen assoziative Verstehenshorizonte und lässt eine ‚Offenheit' populärkultureller Texte entstehen. Als Charakteristikum der Mediatisierung des Weltjugendtags zeichnet sich damit ab, dass über dessen populäre Aspekte mit generell aus der Populärkultur bekannten Mustern berichtet wird.

Ein besonderer Fokus einer solchen ‚populärkulturellen Berichterstattung' ist die ‚Partystimmung' auf dem Weltjugendtag, die unabhängig von der Bewertung des religiösen Geschehens als friedlich dargestellt wird. Dies zeigt exemplarisch ein Blick in die *taz*, die „die typische Katholiken- und Kirchentagsatmosphäre" (*taz* 17.8.05: 2) aus internationaler Begegnung in Andacht ebenso wie in Partylaune thematisiert: „geistliche Gesänge in der U-Bahn, jugendfrei kuschelnde Jugendliche an öffentlichen Platzen und überall Enge ob eines Zuviels an Gotteskindern allerorten. Das ganze noch etwas freudiger, lauter und überspannter als in Deutschland sonst üblich, dafür sorgen schon die Gruppen aus Italien, Mexiko oder sonst woher" (*taz* 17.8.05: 2).

Ähnliche Repräsentationen des Populären finden sich im Fernsehen. Greift man die Berichterstattung von *ARD* heraus, wird das Populäre vor allem in der Darstellung von Teilnehmern auf öffentlichen Plätzen greifbar. Die häufigen Bilder jubelnder, klatschender und tanzender, Fahnen schwenkender Menschen stehen für eine populäre Begeisterung für den Papst. Reporter vor Ort beschreiben immer wieder die Stimmung und das Geschehen an den Schauplätzen der Höhepunkte des Papst- und Pilgerprogramms.

Weit stärker noch steht in der Berichterstattung von *RTL* das Feiern auf öffentlichen Plätzen im Vordergrund. Dabei verschiebt sich der Schwerpunkt der Darstellungen explizit auf den Party-Charakter des Weltjugend- bzw. „Weltpartytags" (*RTL Punkt 12* 17.8.05: 12:00), der im Tanzen und langen nächtlichen Feiern der Jugendlichen zum Ausdruck kommt. So weisen die Beiträge wiederholt auf das ausgelassene, sehr weltliche Feiern hin, welches ein *RTL*-Reporter live von der Kölner Domplatte wie folgt kommentiert: „Stimmung ist eine Mischung aus Olympischen Spielen, Karneval in Rio und Karneval am Rhein." (*RTL Aktuell* 18.8.05: 18:45, bei 0:12:13). Und im *RTL Nachtjournal* vom 18.8.05 heißt es:

> „Es ist wie eine WM und Karneval zusammen, von tiefer Religiosität und Demut ist wenig zu spüren. Die Jugendlichen feiern sich und ihren Papst wie einen Pop-Star mit der Pulle in der Hand. Das würde Benedikt XVI. kaum gefallen. Doch der hat sich am Nachmittag in seine Gemächer zurückgezogen. Trotzdem pilgern die Massen zum Dom mit Benedikt-T-Shirt und Pilgerrucksack und Jugendliche lassen sich am Wegesrand segnen. Die Euphorie ist groß." (RTL Nachtjournal 18.8.05: 0:10, bei 0:10:40)

Die genannten Beispiele weisen damit auf einen weiteren Aspekt der ‚Stimmung und Atmosphäre' des Weltjugendtags in den Medien hin: Über die unterschiedlichen thematischen Akzentuierungen hinweg lebt sie von einer Kontextualisierung in einer allgemeineren Populärkultur. So wird der Weltjugendtag häufig mit anderen nicht-kirchlichen Events verglichen, einem „katholische[n] Woodstock" bzw. einer „friedvolle[n] Loveparade des Glaubens" (*Bunte* 25.8.05: 96) oder einer „Pope-Parade" (*taz* 20./21.8.05: 20). Ganz ähnliche Beispiele aus der Fernsehberichterstattung wären eine Charakterisierung als „das christliche Woodstock-Feeling" (*ARD Tagesthemen* 18.8.05: 22:30) und als „christliche Loveparade" (*ARD heute* 19.8.05: 9:00). Damit einher geht die explizite Präsenz von Körperlichkeit und Sexualität in der Weltjugendtagsdarstellung – wiederum ein Muster, wie es aus der populärkulturellen Medienberichterstattung bekannt ist. Ein typisches Beispiel für die Bedeutung von „Sexyness" im Rahmen weiter

Teile der Weltjugendtagsberichterstattung liefert der *Weser Kurier* auf der Jugendseite „ZOOM" vom 23.8.05. In dem Artikel „Glauben und Party verbinden" heißt es unter einem Foto sich küssender Jugendlicher:

> „Alle sind hier für Frieden, da sind auch Liebe und Flirten nicht weit. Sexy Christinnen tragen statt unförmigen WJT-Shirts weit Ausgeschnittenes zu Hotpants und braun gebrannten Beinen. Dafür gibt es von coolen Pilgern sehr weltliche Blicke." (Weser Kurier 23.8.05: 28)

Die ‚Stimmung und Atmosphäre' des Weltjugendtags erscheint in solchen Momenten ähnlich ‚erotisiert' wie bei anderen jugend- und populärkulturellen Veranstaltungen.

Diese vielfältigen Beispiele machen deutlich, wie sich in der thematischen Verdichtung des Populären eine Mediatisierung des Weltjugendtags konkretisiert: Bei dem Medienevent rückt im Bereich des Populären die Repräsentation einer multikulturellen und friedlichen ‚katholischen Jugendkultur' in der Vordergrund. Dabei werden nicht nur vielfältige Bezüge zu anderen Bereichen der Populärkultur hergestellt. Mediatisierung bedeutet, dass mit denselben Mustern über diese ‚katholische Jugendkultur' berichterstattet wird, wie sie generell aus der populärkulturellen Berichterstattung der Medien bekannt sind: Es ist derselbe exzessive Sprachgebrauch, es sind dieselben Boulevard-Formate, es sind dieselben (Fernseh-)Bilder des Feierns – bis hin zu Schnitt- und Montagetechnik –, die das Populäre des Medienevents Weltjugendtag prägen. Mediatisierung heißt an dieser Stelle also, dass das Medienevent Weltjugendtag Eingang findet in den allgemeinen medienvermittelten Horizont heutiger Populärkulturen. Die katholische Jugendkultur ist in einer solchen medialen Repräsentation eine von vielen möglichen – wenn auch eine mehr oder weniger bekennend religiöse.

Heutige Populärkulturen sind stets auch kommerzialisierte Phänomene. Exakt dieser Punkt der *Kommerzialisierung* ist ebenfalls wichtig bei der medialen Darstellung des Populären des Weltjugendtags. So werden im Rahmen der Berichterstattung kommerzielle Aspekte der Veranstaltung aufgegriffen, wenn auch – wie eingangs dargestellt – bei Weitem nicht in dem Umfang, wie das ‚Teilnehmerprogramm' oder die ‚Stimmung und Atmosphäre'. Im Wesentlichen lassen sich drei Aspekte identifizieren, die das Themenfeld ‚Kommerzialisierung' konkretisieren. Dies sind das Merchandising, die lokale Kommerzialisierung und die Beschäftigung mit dem Weltjugendtag als einer selbst kommerziellen Veranstaltung.

Am häufigsten werden Merchandising-Aktivitäten rund um den Weltjugendtag thematisiert. Meist handelt es sich dabei um kurze Meldungen zu offiziellen Weltjugendtags-Souvenirs, Papst-Devotionalien wie Weltjugendtagstasse (*Trierischer Volksfreund* 11.1.05), Papst-Bierkrug oder Lutscher mit Papst-

Motiv (*ARD Harald Schmidt* 17.8.05: 0:00). Gerade Kuriositäten wie Papst-Lutscher oder Papst-Sammelpuppe werden immer wieder in der Medienberichterstattung rein zur Illustration verwendet, ohne deren Inhalte oder Problematik weiter zu diskutieren.

Neben diesen vorwiegend auf einzelne Merchandising-Artikel fokussierten Beiträgen finden sich solche, die „Zusatzgeschäfte" Dritter und damit die lokale Kommerzialisierung im Umfeld des Weltjugendtags thematisieren. Effekte des Weltjugendtags für die Tourismusregion Köln (*Bild Köln* 4.2.05: 3) erscheinen ebenso berichtenswert wie die „Geschäftemacherei" von Gastwirten und Einzelhändlern rund um den Weltjugendtag. Nicht nur die *Bild Köln* schreibt auf ihren lokalen Sonderseiten zum Weltjugendtag vom 16.8.05 unter der Überschrift „Heiliger Vater, rette uns!" über die Erwartungen der Kölner Gastwirte (*Bild Köln* 16.8.05: 7). In einem Beitrag in *RTL Punkt 6* vom 16. August heißt es: „In der Kölner Innenstadt wird den Gästen aus aller Welt derzeit nichts geschenkt. In den Läden rund um den Dom versucht fast jeder sein Geschäft mit dem Papst zu machen. Geht nicht gibt's nicht – zum Beispiel das Papst-Bier in dieser Eisdiele." (*RTL Punkt 6* 16.8.05: 6:00) Woraus gefolgert wird: „Und so wird aus ganz normalem Weizenbier ein teures heiliges Gebräu." (ebd.) Dazu sieht man Aufnahmen aus der Kölner Innenstadt, wie etwa Werbeposter für Papst-Bier und einen LED-Pointer mit Papst-Motiv oder Marien- u.a. Heiligenfigürchen in einem Schaufenster.

Zu guter Letzt findet auch eine Auseinandersetzung mit dem *Weltjugendtag als an sich kommerzieller Veranstaltung* statt. Dabei werden in erster Linie Sponsoring-Partnerschaften und andere Kooperationsformen mit dem Weltjugendtagsbüro verhandelt, wenn es beispielsweise um die Frage geht, dass das Papa-Mobil von Volkswagen stammt (vgl. *FAZ* 22.4.05: 18, *Bild Köln* 21.4.05: 4).

Diese Beispiele sollen genügen, um die Thematisierung von Kommerzialisierung als einen weiteren Aspekt der thematischen Verdichtung des Populären greifbar zu machen. Als auch populäres Medienevent ist der Weltjugendtag – wie populäre Medienevents generell (vgl. Hepp 2003) – in seiner medialen Repräsentation durch Kommerzialisierung geprägt. Dies lässt sich ebenfalls als ein Aspekt seiner Mediatisierung begreifen und zwar nicht einfach nur in dem Sinne, dass insbesondere die kommerziellen Medien ein Interesse an diesem Themenfeld zu haben scheinen. Der Sachverhalt ist wesentlich vielschichtiger: Die Aufmerksamkeit, die der Weltjugendtag als ein herausragendes Medienevent genießt, eröffnet neue Möglichkeiten der (lokalen) Kommerzialisierung. Eine Papst-Sammelpuppe oder ein Papst-Lutscher haben nur dann einen kommerziellen Wert, wenn deren ‚herausragende Bedeutung' von vielen (zumindest ironisierend) geteilt wird. Diese ‚Bedeutung' entsteht translokal in erheblichem Maße mit der Inszenierung des Ereignisses als herausragendes Medienevent. Die Paradoxie der Mediatisierung des Weltjugendtags besteht an dieser Stelle also darin, dass wenn über verschiedenste Formen der (lokalen) Kommerzialisierung berichtet, damit die auch kommerzielle ‚Wertigkeit' des Events einmal mehr betont und so dem Event als Medienevent ein weiterer ‚Baustein' hinzugefügt wird.

Unsere Analysen machen damit folgende zwei Punkte bezüglich der Mediatisierung des Weltjugendtags deutlich.

- Bezogen auf die *‚katholische Jugendkultur'* haben wir herausgearbeitet, dass das Populäre als Teil des religiösen Medienevents Einzug erhält in denselben Berichterstattungsmustern und -formaten, die auch von anderen Bereichen der medienvermittelten Populärkultur her bekannt sind. Die mediale Repräsentation einer katholischen Jugendkultur fügt sich damit in den Horizont der anderen gegenwärtigen, mediatisierten Populärkulturen ein.
- Daneben heißt Mediatisierung im Hinblick auf die *‚Kommerzialisierung'* des Weltjugendtags, dass durch die medienvermittelte Aufmerksamkeit, die dieser genießt, Papst- und Weltjugendtagsbezüge im Bereich weitergehender Populärkultur ‚vermarktbar' werden. Die Katholische Kirche kann nicht verhindern, damit konfrontiert zu werden, selbst Teil heutiger Kommerzialisierungen zu sein. Die Logik der Mediatisierung steht also in Beziehung zu der der Kommerzialisierung.

Damit eröffnet sich die Frage, wie das religiöse Medienevent in einer solchen scheinbaren Widersprüchlichkeit zwischen dem ‚Populären' und dem im vorigen Abschnitt betrachteten ‚Sakralen' zusammengehalten wird.

3.6 *‚Celebrity' und ‚Klammer': Die Mediatisierung des Papstes*

Betrachtet man den Papst als Teil des Medienevents Weltjugendtag, so geht es nicht einfach um Joseph Ratzinger bzw. Benedikt XVI., wie er als ‚Mensch' agiert. Bei einer Auseinandersetzung mit solchen Ereignissen fokussieren wir – wie es Knut Lundby in einer Untersuchung zur Wahl des Bischofs von Oslo im Jahr 2005 formuliert hat – eine „sakrale Figur" (Lundby 2006: 46). Diese steht gewissermaßen an der ‚Schnittstelle' zwischen Sakralem und Populärem: Auf der einen Seite agiert sie als „sakraler Praktiker" (ebd.), auf der anderen Seite hängt ihr Erfolg in der Gegenwart von einem Aufgreifen als „Celebrity" (Evans 2005), als ‚Medien-Berühmtheit' in der Populärkultur ab.

Solche Zusammenhänge erscheinen zentral, wenn wir das religiöse Medienevent Weltjugendtag im Hinblick auf den Papst betrachten. Sicherlich ist dieser – zumindest im Diskurs des Katholizismus – nicht einfach *ein* Bischof neben anderen, sondern als Bischof von Rom Nachfolger des Apostels Petrus. Der Papst gilt in der römisch-katholischen Kirche als ‚oberster Hirte' und ‚Stellvertreter Christi auf Erden'. Mit ihm ist ein dementsprechend herausragendes „Amtscharisma" (Weber 1972: 675) verbunden. Der Kern eines solchen Amtscharismas ist – wie Winfried Gebhardt (1994: 64) herausgearbeitet hat –, „dass Charisma vollkommen losgelöst von jeder konkreten Person gedacht wird, die das betreffende Amt besetzt". Gleichwohl gilt es, dieses Amtscharisma wiederum in Bezug auf die jeweilige Person als Amtsträger zu konkretisieren. Winfried Gebhardt (1994: 67) unterscheidet diesbezüglich drei „Techniken": erstens die der rituellen Übertragung des Charismas auf den neuen Amtsträger, wie es auch bei der Amteinführung von Benedikt XVI. geschehen ist; zweitens die symbolische Ausstattung des Amtes mit sogenannten Amtsinsignien (im Falle des Papstes dem Papstthron, dem Hirtenstab, dem Fischerring sowie spezifischen liturgischen Gewändern); und drittens eine spezielle Schulung oder Ausbildung des Amtsinhabers, um den besonderen Anforderungen des Amtes entsprechen zu können. Bezogen auf den Weltjugendtag als Medienevent erscheint vor allem dieser letzte Punkt wichtig: Auch bei diesem Medienevent geht es um den Versuch, „Amtsinhabern mittels von Werbeagenturen, Medien- und Persönlichkeitsberatern massen- und medienwirksame Attribute zuzuschreiben [...] und Verhaltensweisen einzuüben, die die Tat- und Überzeugungskraft, Vertrauen, Ehrlichkeit, vielleicht auch Kompetenz, kurz: Charisma suggerieren sollen" (Gebhardt 1994: 68).

Damit wird deutlich, was im Fokus unserer weiteren Analysen der Mediatisierung des Papstes steht: Mediatisierung bedeutet an dieser Stelle die Notwendigkeit einer bestimmten medialen Inszenierung des Papstes, nämlich als ‚Celebrity' oder ‚Berühmtheit' des Medienevents, die dessen sakrale und populäre Aspekte verbindet (oder, wie wir sagen wollen: klammert). Damit zeichnet sich – wie noch zu zeigen sein wird – ein Wandel des Amtes des Papstes ab: Die Notwendigkeit einer Selbstinszenierung als ‚Celebrity' kann nicht mehr dem persönlichem Charisma eines Mannes zugeschrieben werden, wie es bei Johannes Paul II. noch getan wurde (vgl. Bergmann/Luckmann/Soeffner 1993). Vielmehr erscheint dieses Muster der Inszenierung in den heutigen Mediengesellschaften als verstetigter Teil des Papstamtes. Dies zeigt sich exemplarisch an den von Johannes Paul II. geschaffenen und von Benedikt XVI. ‚übernommenen' Weltjugendtagen.

Einen Zugang zu diesen Zusammenhängen bilden die Themenfelder ‚Papstprogramm', ‚Papst als Institution' und ‚Papst als Person'. Nähert man sich darüber dem Weltjugendtag als Medienevent, so fällt auf, in welchem Maße dieser bereits durch seine Vorberichterstattung als ‚Papstereignis' gerahmt wurde (siehe unten stehende Abbildung; der Höhepunkt der Vorberichterstattung zu diesen

Themenfeldern im April 2005 verweist ein weiteres Mal auf den Tod von Papst Johannes Paul II. und die Neuwahl von Benedikt XVI.).

Abbildung 3.6: Entwicklung der Themenfelder ‚Papstprogramm', ‚Papst als Institution' und ‚Papst als Person' im Untersuchungszeitraum (1.1 bis 15.11.2005)

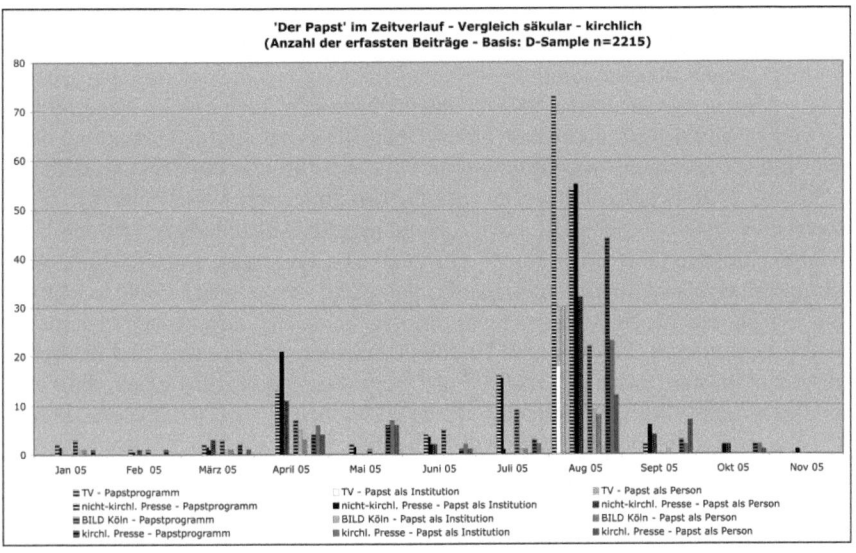

Gerade in der Hauptphase des Medienereignisses dominiert deutlich ein Fokus auf das Papstprogramm. Lange Sondersendungen und viele Nachrichtenbeiträge über die Stationen des Papstes auf seiner ‚apostolischen Reise' nach Köln kennzeichnen die Hauptberichterstattung über den Weltjugendtag. Diese erreicht ihre Höhepunkte mit den großen sakralen Veranstaltung, bei denen Papst und ‚Pilger' aufeinandertreffen, also mit der Begrüßungsfeier auf dem Rhein (18.8.2005), dem Synagogenbesuch (15.8.2005) sowie Vigil und Abschlussgottesdienst auf dem Marienfeld (20. und 21.8.2005).

Die *kommunikative Klammerfunktion* des Papstes in der Medienberichterstattung hängt also unmittelbar mit einer Fokussierung der Aufmerksamkeit erheblicher Teile der Medienberichterstattung auf ihn zusammen. Deutlich wird dies, wenn man die Medienberichterstattung zu ‚Stimmung und Atmosphäre' nochmals in Bezug auf die thematische Verdichtung ‚Papst' betrachtet. Wie unsere Analysen im vorherigen Abschnitt gezeigt haben, wird im Rahmen dieses Themenfelds vorwiegend die friedfertige Feierstimmung des Weltjugendtags verhandelt. Interessant ist nun, dass der Papst dabei regelmäßig als personalisierter Fokus dieses Feierns dargestellt wird. Auffallend ist auch, dass die Themenfelder ‚Teilnehmerprogramm' und ‚Papstprogramm' oftmals gemeinsam auftreten: So zählen die Höhepunkte des Teilnehmerprogramms, wie etwa die Begrüßungsfeier für Benedikt XVI. in der Kölner Innenstadt, die Vigil oder der Abschlussgottesdienst auf dem Marienfeld, zugleich auch zu den zentralen Stationen der Papstreise. Der Papst erscheint dabei als das verbindende Element zwischen Sakralem und Populärem, selbst wenn das im Einzelfall nur durch eine ‚Papst-Rahmung' eines Beitrags mittels eines Bilds oder einer kurzen Erwähnung bzw. Ankündigung durch Sprecher, Trailer oder Überschrift geschieht.

Diese Überlegungen möchten wir anhand von einigen Beispielen weiter verdeutlichen. Das erste Beispiel ist das Poster „Bravo Bene!" der deutschen Jugendzeitschrift *Bravo* (600.000 verkaufte Exemplare im 1. Quartal 2006), das in der Hochphase des Medienevents erschien.

Abbildung 3.7: Poster *„Bravo Bene!"* der deutschen Jugendzeitschrift Bravo
(Quelle: *Bravo* 17.08.05)

Auf der einen Seite handelt es sich bei diesem Poster um ein offensichtlich religiöses Bild mit sakralen Implikationen: der Papst vor einem tiefblauen Himmeln mit weißen Wolken, seine Hand halb zum Gruß, halb zum Segen hebend. Solche sakralen Momente werden weiter durch seinen glitzernden Fischerring und das leuchtende Brustkreuz um seinen Hals betont. Auf der anderen Seite ist das Poster deutlich populärkulturell gerahmt, indem der Stil eines solchen Posters normalerweise mit der Vermarktung eines Musik-, Film- oder Fernsehstars verbunden ist. Durch den informellen Untertitel „Bravo Bene" wird eine persönliche Beziehung zur ‚religiösen Berühmtheit' Benedikt XVI. signalisiert. Der Papst fungiert als ein Symbol der Katholischen Kirche, das es gestattet, sowohl das Sakrale als auch das Populäre des heutigen Katholizismus auszudrücken. Er ‚klammert' als ‚Figur' gewissermaßen die verschiedenen Momente des Weltjugendtags.

Momente der ‚Klammerung' lassen sich auch anhand der Fernsehberichterstattung von *ARD* und *RTL* weiter konkretisieren. So wird in der *ARD*-Berichterstattung der Ablauf der ‚apostolischen Reise' Benedikts XVI. nicht nur als Einstieg für die Weltjugendtagsberichterstattung genutzt, sondern ebenso als roter Faden, um verschiedenste populäre und sakrale Momente des Geschehens in Köln und damit zusammenhängende Themen aufzugreifen und darum herum zu gruppieren. Beispiele dafür wären der interreligiöse Dialog oder die Diskussion um Abtreibung und Empfängnisverhütung. Kürzere Nachrichtenbeiträge zielen vor allem auf die Darstellung und Erläuterung des päpstlichen Besuchsprogramms und auf das Phänomen der Papstbegeisterung. Ein weiteres wichtiges Element der Papstberichterstattung sind Portraits und Charakterisierungen von Benedikt XVI. durch Reporter, Interviewpartner und Pilger. Beispiele dafür sind etwa die Live-Sendungen der *ARD* aus dem Domstudio in Köln mit dem Chefredakteur des *WDR*-Fernsehens Jörg Schönenborn und seinem Studiogast Pater Eberhard von Gemmingen von Radio Vatikan. In diesen geht es nicht nur um den ‚Papst als Person', seine ‚Lockerheit', ‚Freundlichkeit' und auch ‚Spontaneität' in der Begegnung mit den Jugendlichen vor Ort. Darüber hinaus setzt sich die *ARD*-Berichterstattung auch mit dem Amtsverständnis Benedikts XVI. und der inhaltlichen Ausrichtung seines Pontifikats auseinander.

Die kommunikative Klammerung des Weltjugendtags durch den Papst zeigt sich weiter in der abwechslungs- und umfangreichen sowie um atmosphärische Dichte bemühten Berichterstattung über die Stimmung unter den Weltjugendtagsteilnehmern und ihr Programm. Vor allem im Rahmen der verschiedenen Magazinsendung wie *ARD Morgen-* und *Mittagsmagazin* bzw. *Brisant* wird die Begegnung mit dem Papst als Ziel der jugendlichen ‚Pilger' aus ‚aller Welt' beschrieben, indem über ihre Vorfreude und Erwartungen an die Begegnung oder aber über die ‚bereichernde Erfahrung' dieses Erlebnisses berichtet wird. Das Erlebnis ‚Papst-Sehen' wird somit zum Fokus des Weltjugendtags stilisiert, auf das sich – auch wenn es meist auf kurze Sekunden aus weiter Ferne beschränkt bleibt – die gesamte Pilgerreise zuspitzen lässt. Dabei fällt auf, in welchem Maße die *ARD*-Berichterstattung über die Weltjugendtagswoche in Bezug auf den Papst positiv geprägt ist. Anders als in weiten Teilen der Print-Berichterstattung, wo im Vorfeld immer wieder skeptisch auf die bevorstehende Begegnung des ‚neuen' Papstes mit ‚der' Jugend Bezug genommen wird, wird die Begeisterung der Jugend nur selten kritisch hinterfragt bzw. eigentlich kritische Beitragstexte von den visuellen und akustischen Eindrücken der jubelnden Pilgerscharen überlagert.

Eine Ausnahme bildet die Thematisierung der Diskussion um die kirchliche Sexualmoral, die meist auf einen Widerspruch zwischen den offiziellen Standpunkten des Papstes und der gelebten Praxis der Jugendlichen zugespitzt wird. So lässt etwa das *Morgenmagazin* der *ARD* regelmäßig einen Vertreter der ausdrücklich papstkritischen Jugendorganisation „Wir sind Kirche" zu kontroversen Fragen wie Empfängnisverhütung oder Frauenordination zu Wort kommen. Eingebettet in die Vielfalt der Themen und Berichte und in die Flut der Fernsehbilder fröhlich feiernder junger Menschen verliert diese Position aber schnell an Schärfe. Sie wird zu einer unter vielen möglichen Positionen und damit für ein positives Weltjugendtagserlebnis ebenso wenig bindend wie die offiziellen Positionen der katholischen Lehre.

Die Berichterstattung von *RTL* ist ebenfalls sehr papstzentriert. Die Analyse von Ratzingers Rolle als Amtsinhaber tritt jedoch stärker zurück gegenüber der Charakterisierung seiner Person, wobei immer wieder auf seine anfängliche Schüchternheit und seine verlegenen Reaktionen auf die Begeisterungsrufe und ‚Benedetto'-Gesänge abgehoben wird. Über den Papst, seine Persönlichkeit und sein Programm wird der Weltjugendtag – wie wir bereits herausgearbeitet haben – verglichen mit der *ARD* stärker als Party mit christlichem Motto und geistlichen Erlebnisinhalten inszeniert, bei der es um die ‚Mitnahme' des päpstlichen Segens geht. Die *RTL*-Berichterstattung zieht bezogen auf den Papst als ‚verbindende Klammer' teils kuriose Vergleiche zwischen populären und sakralen Momenten. So wird bspw. das Gedränge vor dem Dreikönigs-Schrein im Kölner Dom mit der Platznot im Kölner Hauptbahnhof verglichen – die ‚Klammer' bleibt aber auch hier der Papst, indem er für alles als Einladender ‚verantwortlich' sei.

Noch konkreter werden solche Zusammenhänge an der Sondersendung *Live aus Köln* am Tag der Ankunft des Papstes. Dietmar Heeg von der Deutschen Bischofskonferenz analysiert den Papst in der *RTL*-Live-Sendung selbst explizit als verbindendes Element zwischen Party und Gebet der Jugendlichen. Dies seien die konstituierenden Bausteine des Weltjugendtags: Auf der einen Seite das Feiern der Jugendlichen und auf der anderen Seite die christliche Stille des Gebets. Benedikt XVI. zeige, wozu die Jugend neben dem Feiern noch nach

Köln gekommen ist, indem er lange am Dreikönigsschrein und am Tabernakel betet. Diese Brücke zu schlagen, so Heeg schon vor Ablauf des ersten Tags des Papstbesuchs, sei dem Papst in Köln gelungen. Benedikt bringe die Verbindung dieser beiden Aspekte sehr gut auf den Punkt (*RTL Aktuell* 18.8.05: 18:45, ab 0:06:33).

Die Fernsehberichterstattungsmuster ähneln sich damit in Bezug auf den Papst in etlichen Punkten: Der Fokus beider Sender ist papstzentriert und liegt auf einer positiven Berichterstattung, problematische Themen werden weit seltener angesprochen. Differenzen ergeben sich in den ‚bunten Geschichten', die im Bereich des Populären angesiedelt sind. *RTL* kreiert teils kuriose Beiträge, bspw. den bereits erwähnten Papst-Doppelgänger. Solche Geschichten, für die der Papst als Aufhänger dient und die jeglichen Bezug zum Weltjugendtag verloren haben, sucht man bei der *ARD* vergebens. Obwohl die *ARD* den Weltjugendtag umfassender und differenzierter als *RTL* behandelt, bleibt auch dort der Fokus der Berichterstattung – geht es nun um Populäres oder Sakrales – auf den Papst bestehen.

Dieser Klammerfunktion entspricht, dass Benedikt XVI. in der Medienberichterstattung die *Rolle einer ‚Celebrity'* zugesprochen bekommt. Durch alle deutschsprachigen Organe zieht sich eine Betitelung von Benedikt XVI. als Star des Weltjugendtags. Dies verweist nicht nur auf seine herausragende Stellung als Fokus der Veranstaltung, sondern auch auf die Popularität, die ihm von Seiten der Medien zugesprochen wird: Die Jugendlichen drücken – so die medialen Konstruktionen – ihre Begeisterung durch „fan-ähnliches Verhalten" aus, das in der Medienberichterstattung durch die Titulierung des Papstes als Fußball-, Pop- bzw. Rockstar gefasst wird. So schreibt etwa die *taz* in Bezug auf den Papst als ‚Celebrity':

> „Es hat etwas von einem Champions-League-Finale: Hunderttausende Menschen in der Stadt, die meisten mit dem gleichen Emblem auf T-Shirt, Hut oder Schal. Fahnen und verstopfte U-Bahnen. Vor allem aber Schlachtgesänge in typischer Stadion-Manier: Be-ne-de-tto (zweifaches, dann vierfaches Klatschen) Be-ne-de-tto. Nun, Benedetto ist kein genialer brasilianischer Mittelfeldspieler, sondern ein alter Mann, der morgen nach Köln kommen wird [...]" (taz 17.8.05: 2).

Im Stil der *Bild*-Zeitung lautet dies dann wie folgt: „Der Papst ist populärer als Robbie Williams und Britney Spears. [...] Benedikts Erfolgsgeheimnis: Er hat Starqualitäten entwickelt. Wie ein guter Musiker trifft er genau den Ton" (*Bild Köln* 18.8.05: 16). Exakt dies wird in der *FAZ*, ohne den Tatbestand der ‚Papst-Berühmtheit' als solchen zu bestreiten, kritisiert, wenn man davon spricht, dass das Kirchenoberhaupt „gedankenlos zum Popstar hoch- oder besser niedergeschrieben" (*FAZ* 22.8.05: 13) wird. Die Artikulationen dieses ‚Celebrity'-Phänomens unterscheiden sich damit über die verschiedenen von uns untersuchten Organe hinweg zwar in der Wertung des Ganzen, treffen sich aber in der gemeinsamen Thematisierung des Startums und damit seiner medialen Konstruktion.

Auch die kirchliche und kirchennahe Presse trägt zum Status der ‚Medien-Berühmtheit' von Benedikt XVI. bei, allerdings in einer anderen Weise, nämlich mit stärkerem Fokus auf dem Sakralen. So veröffentlicht im Mai 2005 das *X-mag* zur Vorbereitung des Weltjugendtags eine Sonderausgabe über den kürzlich inthronisierten Benedikt XVI., in der auch das Papstprogramm des Weltjugendtags in einem Hauptbeitrag thematisiert wird. Als Überschrift eines Artikels dient der in der Medienvorberichterstattung über den Weltjugendtag – auch in den profanen Medienorganen – viel zitierte Satz, den der neu gewählte Papst zu Kardinal Meisner unmittelbar nach seiner Wahl im April 2005 gesagt haben soll: „Du, ich komm' nach Köln!". Im Artikel selbst geht es dann um das sakrale „globale Glaubensfest", dem allerdings bereits eine kulthafte Papstbegeisterung unterstellt wird: „Benedetto, Benedetto!" (*X-mag* Mai 2005: 44) kommt nach Köln.

Auch die August/September-Ausgabe des *X-mag* rückt den Papst als ‚Celebrity' des Medienevents in den Fokus der Berichterstattung. Diese Ausgabe vom 9. September ist komplett dem zu Ende gegangenen Kölner Weltjugendtag gewidmet und zeigt auf dem Titelbild lachende ‚Pilgerinnen' mit einem Papst-Fähnchen und den Jubelruf „Beee-ne-det-to!", den das *X-mag* zum „Soundtrack des WJT" (*X-mag* 9.9.05) erklärt. Die Schlagzeile dieser Ausgabe „1 Million Jugendliche aus aller Welt feiern ihren Glauben und haben einen neuen Star: Papst Benedikt XVI." zeigt exemplarisch die Fokussierung auf den Papst, der als ‚Berühmtheit' von den Jugendlichen mit Sprechchören und lautem Jubel verehrt wird. Und obwohl eine Rubrik des Hefts „Die Stars seid Ihr!" heißt – womit die jugendliche Zielgruppe des Weltjugendtags und auch des Magazins angesprochen ist –, liegt der Fokus exakt in dieser Rubrik wiederum eindeutig auf dem Papst, dem selbst als Star eine „Volksnähe" anerkannt wird, oder wie es eine junge Frau in dem Artikel formuliert: „Der Papst ist so unglaublich menschlich" (*X-mag* 9.9.05: 6-7).

Wie können wir solche Analysen in Bezug auf die Ausgangsfrage nach der Mediatisierung einordnen? Zuerst einmal wird greifbar, was Mediatisierung in Bezug auf den Papst bedeutet: Der Weltjugendtag erscheint als ein in hohem Maße papst-zentriertes Ereignis. Dass Mediatisierung sich im Fernsehen und bei Boulevardmedien in einer solchen Personalisierung konkretisiert, ist an sich nicht weiter verwunderlich. Bemerkenswert erscheint aber, dass mit dieser Mediatisierung in weiterer Hinsicht ein Wandel des Papstamtes einherzugehen scheint:

- Indem der Papst durch die heutigen Medien in ‚Echtzeit' bei einem solchen Medienevent mit verschiedenen Publika kommuniziert, heißt Mediatisierung hier, dass er als *‚kommunikative Klammer'* solcher Ereignisse verschiedenste Kontextbezüge kontinuierlich ermöglichen muss und auch ermöglicht. Die Kontexthorizonte, die dabei geschaffen werden, sind sicherlich nicht nur die von der Katholischen Kirche erwünschten.

- Mediatisierung bedeutet zweitens, dass der Papst – ob er es will, oder nicht – in den Medien zur ‚Celebrity' des Medienevents Weltjugendtag wird. Die Mediatisierung strukturiert also die Inszenierung der ‚Figur' des Papstes durch entsprechende Darstellungs- und Inszenierungsmechanismen. Vom Amtsträger wird (zunehmend) erwartet, dass er sich in diese Mechanismen fügt.

Das Papstamt wandelt sich damit in heutigen Mediengesellschaften und -kulturen dahingehend, dass es *auch* die Erfüllung einer ‚Medienfigur' erfordert. Indem die Katholische Kirche zumindest dem Prinzip nach mit dem Papst über ein Amt verfügt, das mit seinem grundlegenden Amtscharisma den Anforderungen der Personalisierung von ‚Medien-Berühmtheiten' gerecht wird, hat sie herausragende Möglichkeiten, ihr Glaubensangebot den heutigen Medien angemessen zu kommunizieren. Bevor wir dies allerdings insgesamt in seinen produktiven und problematischen Aspekten näher betrachten können, müssen wir uns näher mit der Darstellung des Katholizismus bei dem Medienevent Weltjugendtag befassen.

3.7 *‚Deterritoriale Vergemeinschaftung' und ‚individualisierte Religion': Die Mediatisierung des Katholizismus*

Wie festgestellt, lässt sich das Medienevent Weltjugendtag im Kern in einer ‚Triade' der thematischen Verdichtungen des Sakralen, des Populären und des Papstes verorten. Dabei haben unsere bisherigen Analysen deutlich gemacht, dass es das Spannungsverhältnis dieser Pole ist, durch das das religiöse Medienevent bestimmt wird. Um das Medienevent insgesamt aber kontextualisieren zu können, ist es wichtig im Blick zu haben, dass dieses in den Medien als ‚Sinnhorizont' die Glaubensgemeinschaft des Katholizismus repräsentiert. Entsprechend steht das Medienevent auch für die Mediatisierung des Katholizismus im Allgemeinen. Dabei wird auf Anhieb deutlich, inwiefern die thematische Verdichtung des Katholizismus einen wichtigen Bezugsrahmen für die Medienberichterstattung über den Weltjugendtag darstellt und damit zugleich über diesen hinaus reicht: So verweist der Weltjugendtag als katholische Veranstaltung zunächst grundlegend auf die katholische Glaubensgemeinschaft. Gleichzeitig wird in der Medienberichterstattung aber auch deutlich, dass diese Glaubensgemeinschaft weit mehr bedeutet als die (lokale) Manifestation des Weltjugendtags.

Bestimmt wird diese thematische Verdichtung des Katholizismus in unserer Analyse durch die Themenfelder ‚Glaubenswerte', ‚Kirche und Jugend', ‚Kirche als Gemeinschaft', ‚Kirche als Organisation' und ‚Ökumene'. Die quantitativen Daten unserer Inhaltsanalyse zeigen, dass unter diesen Themenfeldern Fragen der ‚Kirche als Organisation' einen deutlich untergeordneten Stellenwert haben, sowohl in der Hauptphase des Medienereignisses als auch in dessen Nachberichterstattung (siehe dazu die unten stehende Abbildung).

Abbildung 3.8: Entwicklung der Themenfelder ‚Ökumene' und ‚Kirche als Institution' (1.1 bis 15.11.2005)

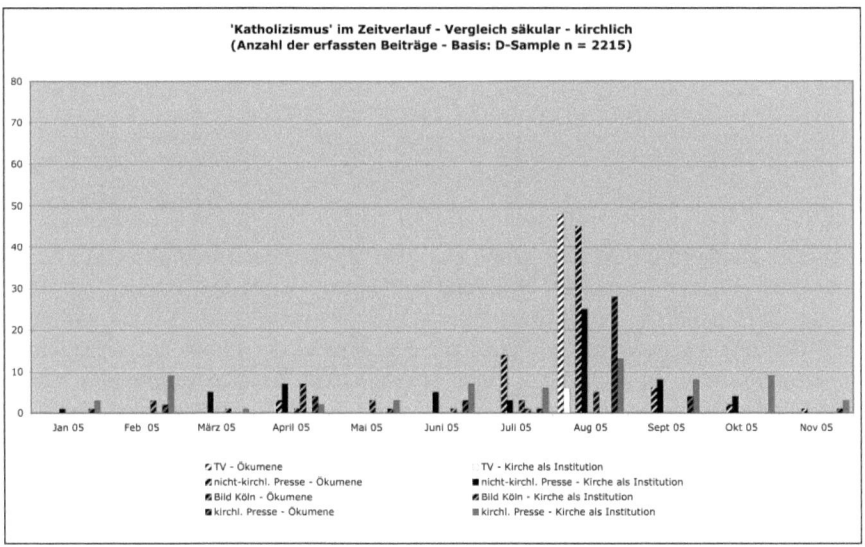

Während es beim Medienevent Weltjugendtag nicht weiter überrascht, dass ‚Kirche als Gemeinschaft' und ‚Kirche und Jugend' wichtige Themenfelder sind, geht das Maß, in dem Fragen der ‚Ökumene' fokussiert werden, allerdings deutlich über unsere ersten Erwartungen hinaus.

Abbildung 3.9: Entwicklung der Themenfelder ‚Glaubenswerte', ‚Gemeinschaft'
und ‚Kirche und Jugend' (1.1 bis 15.11.2005)

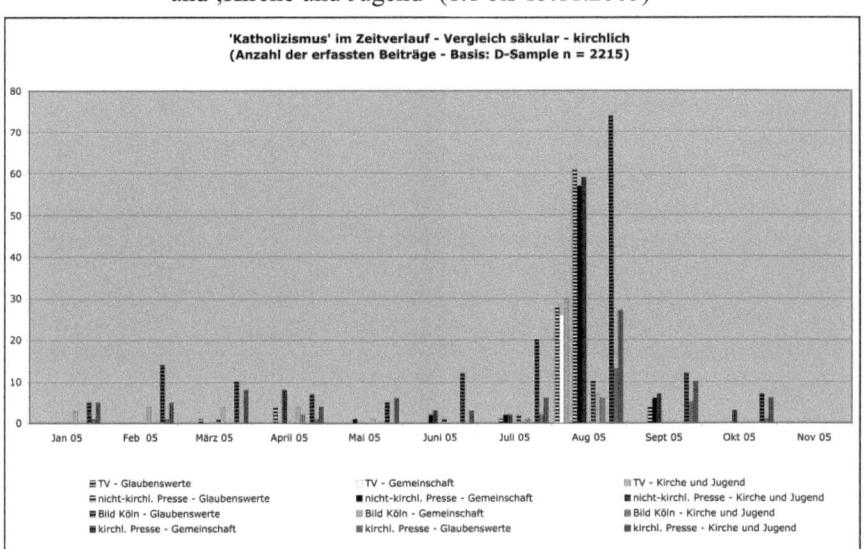

Konkreter einzuordnen ist dies, wenn man den Verlauf der Hauptphase des Medienevents genauer betrachtet. Während vor der Ankunft des Papstes am 18.
August 2005 deutlich die Themenfelder ‚Glaubenswerte' und ‚Kirche und Jugend' dominieren, gewinnt nach Ankunft des Papstes der Fokus auf die ‚Glaubensgemeinschaft' an Relevanz. Einen sprunghaften Anstieg erfährt das Themenfeld der ‚Ökumene' mit dem Papstbesuch in der Kölner Synagoge (19.8.05)
sowie mit der Audienz für die Vertreter muslimischer Glaubensgemeinschaften
(20.8.05). Man kann wiederum verfolgen, in welchem Maße das symbolische
Handeln des Papstes die Berichterstattung über den Weltjugendtag prägt und mit
Fragen der Ökumene ein in Bezug auf den Weltjugendtag möglicherweise nicht
erwartbares Themenfeld über zwei Tage hinweg die Medienberichterstattung
deutlich dominieren lässt.

Wie wird die Mediatisierung des Katholizismus über solche reinen Verlaufsangaben hinweg konkret? Eine erste Antwort auf diese Frage ergibt sich,
wenn wir das Themenfeld ‚Kirche als Gemeinschaft' näher betrachten. Unsere
Analysen machen deutlich, dass die Medienberichterstattung über den Weltjugendtag die Kirche als eine *deterritoriale religiöse Vergemeinschaftung* in den
Mittelpunkt der Berichterstattung rückt. ‚Deterritorialität' meint mit Bezug auf
die aktuelle Globalisierungsforschung (vgl. García Canclini 1995, Tomlinson

1999, Hepp 2006), dass es sich beim Katholizismus um eine Glaubensgemeinschaft handelt, die sich jenseits territorialer Bezüge definiert. Der gegenwärtige
Katholizismus versteht sich entsprechend gerade nicht als ‚Religion eines Staa-
tes' oder eines anderen definierten Territoriums, sondern seinem Anspruch nach
als eine Gemeinschaft von Gläubigen über prinzipiell alle Territorien hinweg.
Genau dies prägt seine Repräsentation beim Medienevent Weltjugendtag. Typische Beschreibungen sind die Bezeichnung des Katholizismus als „Weltkirche"
(*Weser Kurier* 17.8.05: 1), „Weltreligion" (*FAZ* 24.8.05: 34) mit „Nationengren-
zen überschreitenden Verbindungen" (*FAZ* 15.8.05: 4), als „Miteinander der
Nationen" (*Kirchenbote* 28.8.05: 11) oder gar als „sozialistisch[e] Internationale"
(*Trierischer Volksfreund* 30.7.05: 9).

Das Themenfeld ‚Kirche als Gemeinschaft' wird weiter über die verschiedenen Medienorgane hinweg in einem Spannungsverhältnis zwischen Faszination gegenüber dem transkulturellen Gemeinschaftserleben auf dem Weltjugendtag einerseits und einem Exotismus andererseits greifbar. Beides wollen wir
anhand der Gegenüberstellung zweier Artikel aus der *Frankfurter Allgemeine
Zeitung* und der Kölner Ausgabe der *Bild*-Zeitung jeweils vom 20. August exemplarisch verdeutlichen. Was an dem *FAZ*-Artikel greibar wird, sind Momente,
die wir auch schon in Bezug auf das Themenfeld ‚Stimmung und Atmosphäre'
diskutiert haben, nämlich das herausragende Vergemeinschaftungserlebnis, als
das der Weltjugendtag in der Medienberichterstattung dargestellt wird. Unter der
Überschrift „Vereinte Nationen unter dem Kölner Dom" werden die „Souvenir-
jäger und Gottsucher aus aller Welt" wie folgt beschrieben:

> „[…] Der in die Hunderttausenden gehenden Zahl junger Menschen aus aller Welt,
> die sich seit Tagen dem Schrein nähern, lächelt Johannes Paul II. – er starb im April –
> als überlegensgroßes Mosaik aus tausenden Passfotos hoch über ihren Köpfen entge-
> gen. ‚Thank you JP II' ist unter dem Bild zu lesen. Sein Nachfolger heißt Benedikt
> XVI., und auch er herrscht, glaubt man den Sprechchören, über ganze Divisionen von
> Jugendlichen in aller Welt: ‚Esta es la juventud del Papa.' Wirklich aus aller Welt?
> Der neu gestaltete Bahnhofsvorplatz ist samt der ebenfalls neuen Treppe, die von dort
> zum Kölner Dom hinaufführt, seit Tagen eine Art mobiler Generalversammlung der
> Vereinten Nationen. Das Durchschnittsalter der Gäste in Alt-Köln dürfte freilich um
> einiges unter dem der Diplomaten und Beamten in New York liegen. Und fröhlicher
> geht es zu und lautstärker. Brasilianische Sambagruppen sind noch die harmloseste
> Erscheinungsform, zumal die Bekleidung der Tänzer in Köln sich von der in Rio de
> Janero ungefähr so weit unterscheidet wie ein Lodenmantel vom String-Tanga.
> Schwieriger ist es, sich der Dynamik einer Polonaise zu entziehen, mit der Südkorea-
> ner den Bahnhofsvorplatz durchpflügen. […]" (FAZ 20.8.05: 3)

Thematisiert werden in diesem Ausschnitt die durch die Stadt ziehenden Sprech-
chöre, die feiernden jungen Leute unterschiedlicher Nationen. In Abgrenzung zu

reinen Stimmungsbildern zeichnet sich der Artikel dadurch aus, wie Stimmung
und Atmosphäre auf dem Weltjugendtag gedeutet werden – als Ausdruck der
Katholischen Kirche als einer deterritorialen Glaubensgemeinschaft, die einen
transkulturellen Bestand hat. Die Metapher, die dabei gefunden wird, ist die der
„mobilen Generalversammlung der Vereinten Nationen".

Anders erscheint die deterritoriale Glaubensgemeinschaft des Katholizismus
in dem Artikel „BILD lüftet das Geheimnis des Wischmop-Pilgers". Dort heißt
es:

> „Köln – Millionen Fernsehzuschauer sahen beim Papst-Besuch einen Mann mit
> weißer Wischmop-Perücke. Er wich dem Pontifex beim Bad in der Menge nicht von
> der Seite. Wer war das? Er heißt Murat Klycher (24), ist Katholik und kommt aus
> Turkmenistan. Der junge Mann zu BILD: ‚Es war wie im Traum – so nah dran am
> Heiligen Vater. Und er hat mich sogar gesegnet!' Wollte er mit der Perücke den
> Papst verulken? Murat: ‚Nein, das ist ein Brauch in meinem Heimatland: In brau-
> nem Gewand und heller Perücke begrüßen wir Ehrengäste.'" (Bild Köln 20.8.05:
> 10).

Auch in diesem Artikel geht es um Transkulturalität, jedoch stärker in einem
durch Exotismus geprägten Blick. In der Sprache überzeichnend und mit einem
entsprechenden Bild versehen, setzt sich der Artikel mit einer Person auseinander, die durch die traditionelle Tracht in der Fernsehübertragung der Rheinschiff-
fahrt des Papstes am auffälligsten war. Der scheinbar aufklärende Artikel ist
durch einen ironischen Blick auf den ‚Fremden' geprägt. Nichtsdestotrotz wird
auch hier in der Mediatisierung des Weltjugendtags die Transkulturalität der
deterritorialen Glaubensgemeinschaft sichtbar: Leute aus unterschiedlichen
‚Heimatländern' zählen zur Gemeinschaft des Katholizismus.

In welcher Form konkretisiert sich diese deterritoriale Glaubensgemein-
schaft aber in Bezug auf den Weltjugendtag genau? Und welche weitergehenden
Kontexte werden dabei eröffnet? Eine Klärung dieser Fragen wird möglich an-
hand der Auseinandersetzung mit der Wertorientierung (‚Glaubenswerte'), dem
Bild der Jugend (‚Kirche und Jugend'), dem Verhältnis zu anderen Religionen
(‚Ökumene') sowie institutionellen Aspekten (‚Kirche als Organisation').

Beginnt man mit dem Themenfeld der ‚Glaubenswerte', fällt auf, in welchem Maße insbesondere zwei Aspekte die Hauptberichterstattungsphase des
Medienevents prägen: erstens die ‚Zeigbarkeit von Glaubenswerten' und zweitens die ‚Problematik der Sexualmoral'. Dass mit dem Weltjugendtag Glaubenswerte wieder zeigbar seien, ist ein Thema, das die verschiedensten von uns untersuchten Medienorgane durchzieht. Als exemplarisch dafür steht nicht nur,
dass sich in dem Jugendmagazin *Bravo* mehr oder weniger Prominente zum
Papst, der Katholischen Kirche und deren Werten überhaupt – wenn auch abwä-

gend kritisch – äußern (vgl. *Bravo* 17.8.05: 24). Ebenso charakteristisch kann man dafür einen Artikel der *taz* zu Beginn der Hauptberichterstattungsphase heranziehen, in dem unter der Überschrift „Alles nur aus Liebe" darauf hingewiesen wird, dass die Jugendlichen und jungen Erwachsenen in Köln keine „Lifestyle-Verweigerer" sind (*taz* 15.8.05: 13), sondern für eine allgemeine Skepsis gegenüber der aktuellen Moderne stehen (und damit, wenn man so will, auch für eine neue ,Mode').

Diese in der Medienberichterstattung postulierte – und im Bericht darüber selbst medial vollzogene – (neue) ,Zeigbarkeit der Glaubenswerte' des Katholizismus lässt sich in ihrer Widersprüchlichkeit am deutlichsten anhand der ,Problematik der Sexualmoral' festmachen. Dies ist dasjenige Thema, das in den untersuchten Organen im Themenfeld der Glaubenswerte am ausgeprägtesten behandelt wird. Exemplarisch wird dieses Spannungsverhältnis in einer Schlagzeile der Kölner Ausgabe der *Bild*-Zeitung greifbar, die unter der Überschrift „So herrlich fromm, so herrlich frei" (*Bild Köln* 20.8.05: 11) Bilder unterschiedlich knapp bekleideter, küssender Weltjugendtagsbesucherpärchen zeigt und diese Bilder mit Zitaten von Weltjugendtagsbesuchern wie den folgenden kommentiert: „,Wir sind gläubig, hatten aber alle schon Sex.'" oder „,Den Weltjugendtag nehme ich ernst, aber er ist eigentlich eine Single-Party.'" Was in solchen Berichten anklingt, ist sicherlich einerseits der bereits auch in Bezug auf das Fernsehen analysierte ,sexuelle Voyeurismus' der Boulevard-Medienberichterstattung. Andererseits erregt der Widerspruch zwischen der offiziellen katholischen Sexualmorallehre und der von Jugendlichen und jungen Erwachsenen gelebten Sexualität Interesse. Dass diese Widersprüchlichkeit komplex ist, macht die unten stehende Karikatur aus der *taz* besonders deutlich.

Solche als typisch herausgegriffenen Beispiele machen greifbar, dass bei der medialen Diskussion von Glaubenswerten der Weltjugendtag zwar als Aufhänger für eine Auseinandersetzung mit dieser Thematik fungiert, gleichwohl aber ,mehr' verhandelt wird als einfach die Frage, welche (sexuelle) Wertorientierung dessen Teilnehmerinnen und Teilnehmer haben. Vielmehr geht es in den Medienberichten darum, sich mit Fragen der Vielfalt von Glaubenswerten des Katholizismus und deren Lebbarkeit generell zu befassen. Hierbei wird deutlich, in welchem Maße mit einer Mediatisierung dieses Diskurses die Individualisierung des Katholizismus manifest wird: Mediatisierung bedeutet also, dass eine individualisierte Welt von katholischen Glaubenswerten öffentlich präsent wird. Exemplarisch dafür mag der unten stehende *taz*-Cartoon stehen.

Abbildung 3.10: Das Thema Kirche und Sexualität in einem Cartoon zum
Weltjugendtag (Quelle: *taz* 18.08.05: 11)

Ähnliche Zusammenhänge sind kennzeichnend für die Behandlung des Themenfelds ‚Kirche und Jugend'. Die typische Form, in der das Themenfeld aufgegriffen wird, ist die des ‚Personenportraits', entweder als Einzelportrait (bspw. in
einzelnen Magazinsendungen des Fernsehens) oder als vergleichendes Portrait,
bei dem verschiedene jugendliche Gläubige gemeinsam vorgestellt werden. Als
ein erstes Beispiel für diese Form der Berichtererstattung über ‚die' Jugend und
‚den' Weltjugendtag kann der bereits betrachtete Artikel der *Bild*-Zeitung zur
Sexualmoral der verschiedenen Weltjugendtagsbesucher angesehen werden.
Dass dieses Muster der reportageartigen Personenportraits auch über die Boule-
vard-Presse und das Fernsehen hinaus prägend ist, wird an zwei Beispielen aus
gänzlich anderen verlegerischen Kontexten deutlich, nämlich der Titelgeschichte
der *Zeit* vom 18.8.05 sowie einem Artikel des kirchlichen Jugendmagazins *X-
mag* während der Vorberichterstattung zum Weltjugendtag vom Februar 2005.
Der *Zeit*-Artikel ist eine Reportage über Jugendliche, die im Vorfeld des Ereignisses das Weltjugendtagskreuz von Dresden nach Köln getragen haben. Dabei
geht es um so unterschiedliche Aspekte wie die Fastenpraktiken der Jugendlichen, ihre „Nüchternheit" (49) dem Papst gegenüber, ihr jeweiliges subjektives
„Erweckungserlebnis", ihre lockere Einstellung gegenüber der Sexualmoral der
Katholischen Kirche und andere „persönliche Sinnfragen" oder auch um kirchli-

che Jugendarbeit. Insgesamt versucht der Artikel, durch solche Portraits auszuloten, was sich im Verhältnis der heutigen Jugend zum Katholizismus im Vergleich zu den vorherigen Generationen gewandelt hat. Das Fazit lautet: „Vielleicht ist dies der tiefste Riss, der zwischen den jungen und nicht mehr ganz so jungen Katholiken in Deutschland verläuft – hier der Vorrang des Politischen, da der Vorrang des Spirituellen." (50) Einerseits besteht zwischen den Portraitierten also eine erhebliche Pluralität der jeweiligen Wertorientierung, andererseits treffen sie sich darin, dass sie eine gemeinsame ‚spirituelle Erfahrung' suchen – so zumindest die mediale Konstruktion des Artikels. Einmal mehr wird damit auch hier eine Individualisierung von Religion bei einem geteilten Interesse an Spiritualität deutlich.

Daneben haben Fragen der *Ökumene* in der Medienberichterstattung über den Weltjugendtag einen hohen Stellenwert. Verknappt formuliert geht es bei diesem Themenfeld um das Verhältnis der katholischen Glaubensgemeinschaft zu anderen Glaubensgemeinschaften. Dabei fokussieren Beiträge in dem Themenfeld der ‚Ökumene' insbesondere das Zusammentreffen des Papstes mit Vertretern anderer Glaubensgemeinschaften im Rahmen seines Besuchsprogramms in Köln. Im Mittelpunkt steht „ein wahrhaft historischer Besuch – ein deutscher Papst in einer deutschen Synagoge" (*ARD* 19.8.05: 21:40, bei 1:33) am 19.8.05. Dabei handelt es sich um ein in hohem Maße sakrales Geschehen, wenn auch eher in der ‚Inszenierungshoheit' der jüdischen Gemeinde in Köln als der Katholischen Kirche.

Diese Form einer ‚Ereignisberichterstattung' prägt bemerkenswerterweise auch die Printmedien. Die *Bild*-Zeitung berichtet über diese ökumenischen Treffen als den „wichtigsten Stationen des 2. Tages des Papst-Besuchs" (*Bild Köln* 20.8.05: 9) im Stil eines Ereignis-Telegramms mit Nennung der Uhrzeit und dem Geschehen. Auch bei anderen Printorganen findet man vergleichbare Tendenzen einer versucht ‚unvermittelten' Berichterstattung über das Geschehen, indem in hohem Maße mit direkten und indirekten Zitaten aus den verschiedenen Ansprachen gearbeitet wird. Damit lässt sich in der Berichterstattung über den Papst-Besuch in der Synagoge folgende Tendenz ausmachen: Es ist eine ‚ökumenische Begegnung', der in den Medien ein ‚sakrales Moment' und ‚hohe Symbolkraft' unterstellt werden. Gleichzeitig werden an den Worten, die der Papst äußert, aber auch Grenzen und Differenzen zwischen Christentum, Judentum und Islam deutlich. Ein solcher Fokus prägt auch die verschiedenen Kommentare zu dem Ereignis. Es geht um die Grenzziehung zwischen Katholizismus, Judentum bzw. anderen Religionsgemeinschaften.

Die Frage, die sich in Bezug auf die thematische Verdichtung des Katholizismus abschließend stellt, ist, wie die *Kirche als Organisation* in dem bisher umrissenen Gesamthorizont verhandelt wird. Bezogen auf die von uns ausgewerteten Medienorgane wird zunächst einmal deutlich, dass dieses Themenfeld nur einen verschwindend geringen Teil der Berichterstattung einnimmt, wenn, dann geht es zumeist um organisationsgeschichtliche Hintergrundinformationen zum Weltjugendtag wie bspw. die Geschichte des Ablasses in der Katholischen Kirche.

Dass das Themenfeld ‚Kirche als Organisation' trotz seines untergeordneten Status nicht irrelevant für die Einschätzung der deterritorialen Glaubensgemeinschaft des Katholizismus als Horizont des Weltjugendtags ist, wird an solchen Beiträgen deutlich, die die Katholische Kirche über den Weltjugendtag hinaus als Organisation thematisieren. Dabei kann man konstatieren, dass die Auseinandersetzung mit der Organisation der Kirche an sich deutlich kritischer erfolgt als im direkten Bezug auf das Großereignis Weltjugendtag. In solchen Beiträgen erscheint die Katholische Kirche meist als eine im hohen Maße konservative, reformunwillige Organisation. Dazu einige Beispiele: Am 14. April 2005 schreibt die *Zeit* unter der Überschrift „Ausgezehrt. Die jungen Katholiken schwärmen für den Papst, aber nicht unbedingt für ihre Kirche": „Wie ein Brennglas wird der 20. Weltjugendtag Mitte August in Köln die Probleme der katholischen Kirche in Deutschland bündeln" (*Zeit* 14.4.05: 4). In einem Artikel des *Spiegels* wird der Kölner Erzbischof Kardinal Meisner als „Gotteskrieger vom Rhein" (*Spiegel* 25.7.05: 52) bezeichnet und argumentiert, „Pluralismus in der Katholischen Kirche ist Meisner zuwider" (ebd.: 53), ebenso sei er „unwillens, irgendetwas in der Katholischen Kirche zu verändern" (ebd.: 54). Ähnlich scharfe Kritik an der Katholischen Kirche als Organisation findet sich in einem *taz*-Interview mit Eugen Drewermann (*taz* 13./14.8.05: tazmag I-III). Selbst im eher kirchenfreundlichen *Trierischen Volksfreund* (27.9.05) wird der Hoffnung auf ein „Glasnost im Vatikan" Ausdruck gegeben, worin sich trotz eines positiven Grundtons die Notwendigkeit zur Reform der Kirche als Organisation artikuliert. In der Medienberichterstattung erscheint also die deterritoriale Glaubensgemeinschaft des Katholizismus weit offener zu sein als die Organisation der Katholischen Kirche. Wiederum macht die Mediatisierung ‚innere Widersprüche' nach ‚außen' manifest.

In welchem Sinne lässt sich nun zusammenfassend in Bezug auf den Weltjugendtag von einer Mediatisierung des Katholizismus sprechen? Dazu ist festzuhalten, dass die Medien die Möglichkeit schaffen, durch den Weltjugendtag als Medienevent über die lokalen Ereignisse in Köln hinaus den Sinnhorizont einer deterritorialen Glaubensgemeinschaft zu konstruieren: ‚Erlebbar' ist Religion sicherlich zuerst einmal durch lokale Ereignisse. Eine umfassende Medienberichterstattung gestattet es darüber hinaus aber auch, eine plastische Vorstellung der Glaubensgemeinschaft insgesamt zu artikulieren. Konkret bedeutet das für die Mediatisierung des Katholizismus am Beispiel des Weltjugendtags zweierlei:

- Die Medien eröffnen über das lokale Ereignis hinaus die Möglichkeit der Artikulation des Katholizismus als *deterritorialer Glaubensgemeinschaft*. Sie gestatten eine weitergehende Kommunikation der ‚lokalen Geschehnisse' des Weltjugendtags. Dies betrifft einerseits eine medienvermittelte translokale Verfügbarkeit der ‚Informationen' und ‚Eindrücke' des Geschehens, andererseits die inhaltliche Darstellung der transkulturellen Momente des katholischen Glaubens in den Medien. Beispiele für diesen zweiten Punkt sind die Fahnen schwenkenden Jugendlichen oder der Einbezug verschiedener volksmusikalischer Traditionen bei den Fernsehgottesdiensten.
- Zweitens heißt Mediatisierung, dass zugleich die Vielfalt der *individualisierten Glaubenswerte* des Katholizismus nach außen hin deutlich wird. In Zeiten heutiger Mediengesellschaften und Medienkulturen erscheint die Konstruktion eines ‚homogenen Bilds' des Katholizismus mit einem ebenso ‚homogenen Wertehorizont' als ein unmögliches Unterfangen. Die Mediatisierung macht die Individualisierung des Katholizismus zu einem öffentlich verhandelten Tatbestand.

Auch in Bezug auf die deterritoriale Glaubensgemeinschaft des Katholizismus zeigen unsere Analysen also einmal mehr die Widersprüchlichkeit der Mediatisierung des Weltjugendtags.

3.8 Die Mediatisierung des Weltjugendtags oder: ‚Branding Religion'

Die Mediatisierung des Weltjugendtags bedeutet, dass dieser als Medienevent in extremem Maße auf eine Kernphase fokussiert ist, dass die Vor- und Nachberichterstattung vor allem in den katholischen Medien stattfindet und dass dort bestimmte Erwartungshaltungen und Interpretationen kommuniziert werden. Als Medienevent ist der Weltjugendtag in einer triadischen Struktur zwischen Sakralem, Populärem und der Figur des Papstes zu beschreiben, wobei Mediatisierung an allen drei ‚Eckpunkten' manifest wird: Eine Mediatisierung des Sakralen heißt, dass mit speziellen Medienformaten, wie bspw. dem Fernsehgottesdienst, sakrale Momente des Weltjugendtags in einer ‚medialen Logik' inszeniert werden. Mediatisierung im Bereich des Populären bedeutet, dass beim Weltjugendtag eine katholische Jugendkultur mediale Präsenz erlangt – die ebenfalls mit den bekannten Mustern und Formen populärkultureller Medienberichterstattung dargestellt wird. Entsprechend zeigt sich eine Mediatisierung in Bezug auf den

Papst darin, dass dieser bei einem Medienevent wie dem Weltjugendtag zu einer ‚Medien-Berühmtheit' wird, die dessen sakrale und populäre Momente ‚klammert' und eine Projektionsfläche darstellt. Den Sinnhorizont des religiösen Medienevents Weltjugendtag bildet der Katholizismus als Glaubensgemeinschaft. Mediatisierung bedeutet für diesen, dass die Vorstellung von dessen Deterritorialität kommunizierbar wird – wie auch seine fortschreitende Individualisierung in den Medien greifbar wird.

Worauf weisen nun insgesamt diese vielschichtigen Ergebnisse zur Mediatisierung des Weltjugendtags hin? Wie lassen sich diese in einen übergeordneten Zusammenhang einordnen? Unserer Meinung nach ist das beantwortbar, wenn man das Medienevent des Weltjugendtags im generellen Prozess eines ‚Branding' oder einer ‚Markenbildung' sieht, die mit einer fortschreitenden Mediatisierung von Religion einhergeht. Die verschiedenen Religionen bewegen sich, wenn sie sich in ‚weltlichen Medien' präsentieren, in einem Markt der unterschiedlichsten Sinnangebote – von denen die kirchlichen nur eines sind. Mediatisierung bedeutet entsprechend im Allgemeinen, dass sich die Religionen in Abgrenzung zu anderen Sinnangeboten (bspw. denen von Jugend- und Freizeitkulturen, verschiedensten anderen Bewegungen usw.) mittels der Medien und ihrer Kommunikationsformen in ihrer jeweiligen Spezifik darstellen müssen. Was aber macht das *katholische* Religionsangebot in Abgrenzung zu anderen Sinnangeboten aus? Auf diese Frage muss eine in den Medien kommunizierbare Antwort gefunden werden.

An diesem Punkt setzt beim Katholizismus ein ‚Branding' von Religion ein: Der Katholizismus hat diesbezüglich einen ‚strukturellen Vorteil' gegenüber anderen Religionen: Durch das Papstamt verfügt die Katholische Kirche über eine einfache Möglichkeit, ihr Glaubensangebot in einer personifizierten Weise zu kommunizieren: Sie hat eine Person, die *qua* Amt den katholischen Glauben symbolisiert. Die Katholische Kirche nutzt diese Möglichkeiten und lässt eine Inszenierung des Papstes als ‚Celebrity' nicht nur zu, sondern fördert diese auch durch das eigene Agieren.

Im Rahmen eines übergreifenden ‚Branding' wird der Papst als Figur selbst zum Markensymbol des Katholizismus: Wie am Beispiel des Medienevents Weltjugendtag deutlich wird, steht er sowohl für die Kirche als Organisation als auch für sakrale und populäre Momente des katholischen Glaubens. Dieses Markensymbol der Figur des Papstes macht es möglich, den Katholizismus vergleichsweise einfach und in einer den heutigen Mediengesellschaften und Medienkulturen angemessenen Weise zu kommunizieren. Entsprechend ändert das ‚Branding' von Religion in der Katholischen Kirche auch das jahrhundertealte Papstamt.

Gleichwohl ist mit einer solchen Entwicklung ein (von Benedikt XVI. vermutlich *kalkuliertes*) Risiko verbunden. Dies wird im September 2006 während des Papstbesuches in Deutschland – bzw., um konkreter zu sein, in Bayern – deutlich. Der Papst zitiert während dieses Besuchs in einer Ansprache an der Universität Regensburg die ablehnende Äußerung eines mittelalterlichen Kaisers zum Islam und versteht dies selbst als Teil einer akademischen Auseinandersetzung mit dem Dialog zwischen den Religionen (und Kulturen, wie der Papst neuerdings hinzufügt). Wenn solche Äußerungen aber von einer Person gemacht werden, die als Markensymbol des Katholizismus agiert, interessieren akademische Einordnungen eines Zitats wenig. Durch eine solche Äußerung wird mit dem Markensymbol des Katholizismus eine negative Haltung gegenüber dem Islam verbunden – der Katholizismus tritt auf dem Sinnmarkt auf in Abgrenzung und Ablehnung zum Islam. Der sich daran anschließende, selbst medienvermittelte Protest, insbesondere, aber nicht nur von Vertretern des Islam, macht deutlich, in welchem Maße sich das Papstamt mit fortschreitender Mediatisierung geändert hat. Teil des Papstamtes ist ein Agieren als Markensymbol des Katholizismus in den Medien und dem kann sich kein Amtsinhaber entziehen, selbst wenn er möglicherweise eine andere Ausgestaltung des Amtes vorziehen würde. Das ‚Branding von Religion' der Katholischen Kirche als ‚Antwort' auf eine fortschreitende Mediatisierung scheint wesentlich weiter zu reichen als das Medienevent Weltjugendtag.

4   Der Weltjugendtag als organisatorische Leistung

Geschafft – sehen sie aus, die Organisatoren des XX. Weltjugendtags 2005 in Köln. Sechs Tage Event in der rheinischen Metropole, fünf Tage der Begegnung, 40 Tage Kreuz-Fußwallfahrt quer durch Deutschland, über drei Jahre Vorbereitung eines Mammutprojekts liegen hinter ihnen, von denen sie „in situ", d.h. während dem Event vor Ort, immer nur Nano-Bruchteile wirklich miterleben konnten. Die meiste Zeit haben sie in Büros und Besprechungsräumen, in Sitzungssälen und Schaltzentralen, bei Meetings, auf Terminen, in Konferenzen, am Telefon, Handy oder Funkgerät zugebracht – im Versuch, ein Unterfangen zu steuern, das sich im Laufe der Zeit immer mehr zu einem Selbstläufer entwickelt hat, entwickeln musste, weil die allzu vielen und vielfältigen Aktivitäten für jeden Einzelnen längst nicht mehr überschaubar waren.

Das, was für die ca. 410.000 registrierten ‚Pilger' aus 188 Nationen, die nach einem knappen Dutzend Weltjugendtags-Tagen und schlussendlich langen Stunden des Wartens ihre Rückreise vom Marienfeld bei Köln in die Pfarreien und Gemeinden rund um den Globus angetreten haben, ein gigantisches Ereignis aus vielen Einzelerlebnissen ist, was für die Betrachter der Fernsehbilder und ihre Produzenten ein gewaltiges Medienereignis ist, stellt sich aus der Perspektive der Organisatoren als etwas dar, das nicht etwa aus dem Nichts entstanden, schon gar nicht beiläufig geschehen oder einfach so ‚passiert' ist, sondern mit einem kaum vorstellbar großen Aufwand an Zeit, Zuwendung und Energie hergestellt werden musste.

Das, was da hergestellt worden ist, war ein Event – darüber besteht unter den Organisatoren kein Zweifel. Aber nicht nur deshalb, weil ‚Eventisierung' in Kirchenkreisen keine eindeutig positiv besetzte Entwicklung ist, legen Hauptverantwortliche Wert darauf, zu betonen, dass es sich bei dieser Veranstaltung, die seit nunmehr zwanzig Jahren an verschiedenen Orten rund um den Globus ausgerichtet wird, um *„mehr als ein Event"* (Koch 2004) handelt.

Denn es sollte tatsächlich (mindestens) zweierlei sein: Es sollte ein Fest sein, und zwar ein „Fest des Glaubens" – in der ‚Gestalt', die Feste heute haben (müssen), wenn Menschen unter hoher Medienaufmerksamkeit massenhaft zusammenströmen, sich austoben und situativ Gemeinschaft erfahren können (sollen): in Gestalt eben eines Events. Und zugleich sollte es ein „geistliches Ereignis" sein, eine Wallfahrt bzw. ein Pilgerweg, mit einigen großen und vielen kleinen liturgischen Feiern und geistlichen Unterweisungen. Besonders deutlich zeigt sich diese Doppelgestalt des Weltjugendtags im Vergleich mit dem Besuch von Papst Benedikt XVI. in Bayern, der fast genau ein Jahr später, nämlich im September 2006, stattgefunden hat. Obwohl auch hier viele Gläubige, Papst-Begeisterte und Schaulustige zu den großen Gottesdiensten in München und Regensburg zusammengeströmt sind, obwohl auch hier eine ganze Reihe weiterer Veranstaltungen – Empfang auf dem Münchner Marienplatz, Segnung der Anbetungskapelle in Altötting, Vorlesung in der Regensburger Universität – in das Programm integriert worden war, obwohl auch hier der Papst mit dem Papamobil durch die Menge gefahren worden ist und die Hände tausender Wartender geschüttelt hat: dieser Anlass hatte – durchaus zum Leidwesen der Medienvertreter, die ihre Enttäuschung über den mangelnden Andrang und den (vergleichsweise) geringen Enthusiasmus nicht verhehlen konnten – keinen Doppelcharakter von geistlichem Ereignis *und* Event, er hatte gerade nicht die Züge dessen, was wir als Hybrid-Event zu bezeichnen vorschlagen.

4.1 Vor dem Event ist nach dem Event

Offiziell beginnt die Vorbereitung des Weltjugendtags am letzten Tag des vorhergehenden Weltjugendtags. Das zeremonielle Protokoll sieht vor, dass der amtierende Papst den Weltjugendtag mit der Benennung der (Welt-)Metropole beschließt, in der das nächste ‚große' Weltereignis ‚ausgetragen' wird, zu dem die Jugend der Welt – und das heißt explizit nicht nur die katholische Jugend (vgl. dazu aber Kapitel 4.4) – von der katholischen Kirche eingeladen wird.

Die Vorbereitungen jedes neuen Weltjugendtags beginnen de facto aber immer schon lange *vor* dem *davor* stattfindenden Weltjugendtag. Bereits im April 2001, d.h. weit über einem Jahr vor dem XIX. Weltjugendtag in Toronto im Juli 2002, stand laut Seibel und Werner (2005: 20) z.B. fest, dass der XX. Weltjugendtag in Köln stattfinden würde. Schon Monate vor dem aktuellen Weltjugendtag ist den künftigen hauptverantwortlichen Organisatoren also der nächste Austragungsort bekannt, was ihnen die Gelegenheit gibt, schon frühzeitig mit ihren aktuell tätigen ‚Vorgängern' Kontakt aufzunehmen, deren Arbeit zu beobachten, vor Ort zu hospitieren und sich einen Eindruck zu verschaffen, welche Anforderungen auf sie zukommen werden. Beim XX. Weltjugendtag 2005 waren mehrere Mitarbeiter des nachmaligen Weltjugendtagsbüros bereits 2002 in Toronto in die Organisation involviert, und ebenso konnte eine Organisatoren-Delegation aus Sydney den Endspurt im Kölner Weltjugendtagsbüro mitverfolgen: sozusagen ‚Learning by Viewing'.

Auch wenn der nächste Austragungsort offiziell vom Papst zum Ende des Abschlussgottesdienstes des laufenden Weltjugendtags verkündet wird, laufen die Vorbereitungen des nächsten Weltjugendtags längst, bevor der vorhergehende zur Durchführung gelangt ist. So lange Schatten der Weltjugendtag organisatorisch aber auch vorauswirft, so abrupt findet die Organisation danach für die allermeisten an ihr Beteiligten ein Ende: *„Am 22. August 2005 liege ich unter Palmen irgendwo in der Sonne"*, hatte uns der Geschäftsführer bei unserem ersten Besuch im Weltjugendtagsbüro versichert. Schon damals räumte er jedoch auch sogleich ein, dass *„danach"* wohl doch noch einige Aufräumarbeiten zu erledigen seien. Von vornherein waren die Büroräume bis Ende des Jahres 2005 angemietet worden – nicht alle, aber die Hauptetage im zweiten Stock des ‚Headquarters' in der Kölner Gereonstrasse. Monat für Monat wurden dann Teile der Belegschaft verabschiedet: erst die ca. 150 Jugendlichen aus aller Herren Länder, die im Weltjugendtagsbüro ein Freiwilliges Soziales Jahr absolviert hatten, dann die hauptamtlichen Mitarbeiter der dreizehn Arbeitsbereiche, schließlich die Leiter dieser Bereiche und als Letzte haben die Vertreter der Leitungsebene sozusagen das Licht im Büro ausgeschaltet (zur Personalstruktur des Weltjugendtagsbüros vgl. Kapitel 4.2).

Die Zahl der Mithelfer beim Kölner Weltjugendtag schrumpfte aber schon „am Tag danach", dem 22. August 2005, von geschätzten 23.500 auf die ca. 250 Büromitarbeiter, als die vielen freiwilligen Helfer – zumindest jene, die bis zum Ende durchgehalten hatten (vgl. Kapitel 4.6.5) – mit überschwänglichem Lob von Kardinal Meissner beim Gottesdienst am Kölner Tanzbrunnen verabschiedet worden waren: *„Ohne Euch wäre gar nichts gegangen"*, ließ er die begeisterten Volunteers wissen, *„Ihr seid die Elitetruppen Gottes"*. Nicht nur Anerkennung für die getane Arbeit, auch im Namen des Heiligen Vaters, der den jugendlichen Helfern seinen großen und persönlichen Dank für die geleisteten Dienste überbringen ließ, war die Botschaft, die bei den *„Mitarbeiterinnen und Mitarbeitern mit und ohne Mitra"*, so Kardinal Meissner, ankommen sollte: als qualifizierte Vermittler der Weltjugendtagerlebnisse ‚nach draußen' sollten sie sich begreifen, die ihre Diensterfahrungen an andere weitergeben möchten.

Ausschließlich auf diese erhoffte Multiplikatorenfunktion hat man sich allerdings nicht verlassen. Die hauptamtlichen Mitarbeiter des Kölner Weltjugendtagsbüros, deren Verträge auf den Herbst 2005 befristet waren, haben in den Wochen nach dem Event (uns leider nicht zugängliche) Abschlußberichte verfasst, die nicht nur der kircheninternen Dokumentation der von den haupt- und ehrenamtlichen Kräften geleisteten Arbeit dienten, sondern zugleich für die Vorbereitungen des nächsten Weltjugendtags im australischen Sydney zur Verfügung gestellt werden sollen. Es ist anzunehmen, dass sie dieser Dokumentationspflicht aufgrund eigener leidvoller Erfahrung mit einigem Engagement nachgekommen sind, da die Versorgung mit Informationen von vorhergegangenen Weltjugendtagen unisono als unzulänglich beschrieben worden war: Vermutlich musste man nicht alle Informationen aus Toronto, wie es einer unserer Gesprächspartner etwas drastisch formuliert hat, *„in die Mülltonne tun"* (I_13: Z_346), offenbar waren diese aber in der Tat etwas spärlich und überdies kaum auf die Situation in Köln übertragbar (siehe zu den Verweisen die Liste der Interviews unter http://www.vs-verlag.de/index.php;do=show/sid=423819222467 bc6bc21560847977314/site=w/book_id=11057 sowie unter http:\\wjt-forschung. de).

Eine der letzten Amtshandlungen des Geschäftsführers der Weltjugendtags gGmbH dürfte seine Verlautbarung bei einer Pressekonferenz im Frühjahr 2006 gewesen sein, den Weltjugendtag mit einer *„schwarzen Null"* zu einem (sicherlich nicht nur für ihn) befriedigenden Ende gebracht zu haben (vgl. Kapitel 4.7). Am Palmsonntag 2006 wurde die feierliche Übergabe des Weltjugendtagskreuzes durch deutsche Jugendliche an eine Delegation Jugendlicher aus Australien zelebriert. Und Mitte des Jahres 2006 schließlich belegte der Weltjugendtags-Sekretär der Deutschen Bischofskonferenz, der bis anhin die *„geistlichen Früchte des Weltjugendtags"* (Memorandum: 9) in den deutschen Diözesen ‚aufgelesen' hatte, in einem Bericht an die bischöfliche Jugendkommission die jugendpastorale ‚Nachhaltigkeit' dieses kirchlichen Großereignisses (vgl. Austen 2006).

4.2 Am Anfang steht eine Idee

Am 28. Juli 2002 im Rahmen des Abschlussgottesdienstes beim Weltjugendtag im kanadischen Toronto hatte Papst Johannes Paul II. dem Protokoll entsprechend *offiziell* verkündet, was zumindest für viele später hauptverantwortliche Organisatoren bereits ein offenes Geheimnis war: *„Cologne, Germany"* wird Austragungsort, das Erzbistum Köln wird veranstaltende Diözese des nächsten (‚großen') Weltjugendtags im August 2005 sein.

Der turnusmäßige Wechsel der Austragungsorte, der staffelförmig organisierte *„Pilgerweg"* des von den Jugendlichen inbrünstig verehrten Weltjugendtagskreuzes durch die Kontinente, die Feier der Großliturgien in Sportstadien, in denen die ringförmige Anordnung der Zuschauersitze die Gottesdienstbesucher zu La-Ola-Aktivitäten anstiftet, das farbenfrohe Meer der Fahnen über ihren Köpfen, die nicht nur bei den großen liturgischen Feiern, sondern bei jeder Gelegenheit, auf den Strassen, bei den Wallfahrten, bei Musikveranstaltungen, in den Katechesen herumgetragen und begeistert geschwenkt werden – die olympischen Anleihen sind unübersehbar.

Denn es geht ums Dabei-Sein ohne Ansehung von Rasse, Nation und Geschlecht. Das einzige explizite Selektionskriterium ist das Alter, dessen Obergrenze bei 30 Jahren liegt und dessen Untergrenze beim deutschen Weltjugendtag aus Gründen der Aufsichtspflicht von 14 auf 16 erhöht worden ist, wobei selbst dieses Kriterium nicht exkludierend gehandhabt wird, auch nicht gehandhabt werden soll, da dem Veranstalter explizit daran gelegen ist, wirklich *„junge"* Teilnehmer und nicht nur *„junge Erwachsene"* anzusprechen (Memorandum: 11). Viel Wert wird von Veranstalterseite überdies darauf gelegt, dass auch die finanziellen Ressourcen keinen Ausschluss bewirken. Wenngleich dem beim Kölner Weltjugendtag durch gestaffelte *„Pilgerpakete"* Rechnung getragen worden ist, war für viele Interessierte aus den ‚armen' Ländern aufgrund der Reisekosten die Teilnahme unerschwinglich.

Wie den olympischen Geist gilt es auch die Weltjugendtags-Idee von Treffen zu Treffen weiterzutragen. *"Ihr seid aufgefordert, den Geist des Weltjugendtages in Euren Vorbereitungen wachzuhalten"*, gibt der Papst den deutschsprachigen Gästen in Toronto mit auf den Heimweg. Der ‚Geist', der hier von *„JP II"* (wie dieser Papst von den Jugendlichen liebevoll genannt wurde) beschworen wird, korreliert vermutlich in hohem Maße mit seiner ‚Stiftungsidee' für dieses globale Jugendtreffen. Denn der Weltjugendtag ist bzw. genauer gesagt: *die Weltjugendtage* sind – wenn man den Anfangsmythen Glauben schenken darf – ein (nachgerade persönliches) Projekt *dieses* verstorbenen Papstes. Laut *„Memorandum"*, dem Grundkonzept aller Weltjugendtage, besteht der *„tiefste Sinn dieser Feier"* darin, allen Jugendlichen das Gefühl zu vermitteln, von der Kirche begleitet zu sein: Die Kirche – so Johannes Paul II. in einer Ansprache an die Kardinäle und Mitarbeiter der Römischen Kurie am 20. Dezember 1985 – *„muss ihr* [der Jugend; d.A.] *die Sicherheit mitteilen, die Christus ist, die Wahrheit, die Christus ist, die Liebe, die Christus ist."*

Vom Päpstlichen Rat für die Laien, der vom Papst für die Kontrolle der ordnungsgemäßen Umsetzung des Projekts ‚Weltjugendtage' betrauten Institution im Vatikan, wird die *„Erfahrung der katholischen, universalen Kirche als Geheimnis und Gemeinschaft"* als ein pastorales Hauptziel des Weltjugendtags (neben einigen anderen) expliziert. Von Kirchenfunktionären (insbesondere im Kontext der Deutschen Bischofskonferenz) schließlich wird – durchaus in Übereinstimmung mit den im Memorandum artikulierten Hauptzielen des Weltjugendtags schlechthin – die Bedeutung des Kölner Weltjugendtags für die Jugendpastoral in Deutschland betont. Ihnen zufolge liegt das Potential dieser Veranstaltung darin, dass junge Menschen a) *„Jesus Christus als froh machende Orientierung im Leben"* erkennen, dass sie b) *„Freude an ihrer persönlichen Berufung"* erfahren, dass sie c) *„die Kirche als weltumspannende Gemeinschaft"* entdecken und der Weltjugendtag d) *„Zeugnis geben [will] in der Welt"* (Austen 2004: 38ff). Eine positive Wirkung versprechen sich die kirchlichen Verantwortungsträger für die Jugendpastoral in Deutschland *erstens* von der Veranstaltung selber, die den Jugendlichen den Eindruck vermitteln soll, in anderen Jugendlichen Gleichgesinnte, d.h. ‚Verbündete im Glauben', zu haben bzw. zu finden. *Zum Zweiten* erhoffen sie sich insbesondere aus der Fortführung von Initiativen (Gebetskreisen, Chören etc.), die im Zuge der Vorbereitungen für die ‚Tage der Begegnung' in den Gemeinden, auf Dekanats- oder Bistumsebene gestartet wurden, eine nachhaltige Wirkung des Weltjugendtags im ganzen Land. Und *zum Dritten* sollte durch ein gemeinsames jugendpastorales Projekt eine (Quer-)Vernetzung der bislang in drei ‚Säulen' separierten Jugendarbeit – erstens der Amtskirche mit den katholischen Jugendämtern, zweitens der kirchlichen Jugendverbände und drittens der religiösen Orden und Gemeinschaften – erzielt werden, die auch *nach* dem Weltjugendtag Bestand hat.

4.3 Die organisatorische Struktur zur Umsetzung der Idee

Für die Umsetzung des Projekts ‚Weltjugendtage' 2005 in Köln hat die Deutsche Bischofskonferenz zusammen mit dem Erzbistum Köln am 25.07.2002, also drei Tage vor der offiziellen Verkündung des Austragungsortes beim Weltjugendtag in Toronto, eine gemeinnützige Gesellschaft mit beschränkter Haftung gegründet. Nach der Gründung dieser Weltjugendtags gGmbH hat der Geschäftsführer gemeinsam mit Vertretern der beiden Gesellschafter – der Deutschen Bischofskonferenz (DBK) hie und des Erzbistums Köln (EBK) da – die formale Struktur des sogenannten *„Weltjugendtagsbüros"* geschaffen, in dem im September 2002 im kleinsten Kreis die Arbeit aufgenommen wurde.

4.3.1 Der Aufbau einer Organisationsstruktur

Die beiden Gesellschafter stellten jeweils einen Geistlichen als Sekretär für den Weltjugendtag ab, die gemeinsam mit dem Geschäftsführer der gGmbH das sogenannte *„Leitungsteam"* des Weltjugendtagsbüros bildeten. Zur Bearbeitung der konsensuell für die Organisation des Weltjugendtags 2005 in Köln als notwendig erachteten Aufgabenfelder – *Pastorale Vor- und Nachbereitung, Begegnung, Jugendfestival, Liturgie, Verkündigung und Katechese, Freiwillige, Pilgerwesen, Kommunikation und Öffentlichkeit, Veranstaltungslogistik, Operations/Risk Management, Personenschutz/Ehrengäste, Finanzen, Personal/Interne Administration* – wurde jeweils ein *„Bereich"* mit einem *„Bereichsleiter"* an der Spitze installiert. Die Bereiche Pastorale Vor- und Nachbereitung, Begegnung und Jugendfestival wurden dem WJT-Sekretär der Deutschen Bischofskonferenz, die Bereiche Liturgie, Verkündigung und Katechese wurden dem WJT-Sekretär des Erzbistums

Köln unterstellt. Alle anderen – weniger inhaltlich, denn logistisch ausgerichteten – Bereiche waren direkt dem Geschäftsführer zugeordnet.

Der explizierte Zweck dieser temporär angelegten, d.h. a priori mit einer zeitlichen Befristung auf knapp drei Jahre gegründeten Organisation ‚Weltjugendtagsbüro' war die zentralisierte Koordination der mannigfaltigen, zur Herstellung des Kirchen-Events ‚Weltjugendtag' notwendigen bzw. als notwendig erscheinenden Aktivitäten. Dieses Büro war durch verschiedene Gremien in die Organisation der Katholischen Kirche – in Rom einerseits und in Deutschland andererseits – eingebunden, und es war dieser gegenüber sowohl in theologisch-inhaltlicher als auch in finanzieller Hinsicht rechenschaftspflichtig:

Hinsichtlich finanzieller Belange war der Geschäftsführer der gGmbH dem „Aufsichtsrat" rechenschaftspflichtig, dem Vertreter des Erzbistums Köln, der Deutschen Bischofskonferenz sowie ein Vertreter des Verbands der Diözesen Deutschlands (VDD) angehörten. Inhaltlich-theologische Detailfragen stimmte das Leitungsteam des Weltjugendtagsbüros mit dem Generalsekretär des Weltjugendtags ab, der zugleich den Vorsitz im (ebenfalls mit Vertretern des Erzbistums Köln, der Deutschen Bischofskonferenz, mit den Mitgliedern des Leitungsteams und mit Verantwortlichen für die Jugendpastoral in Deutschland besetzten) „Lokalen Organisationskomitee" inne hatte. Der Generalsekretär des Weltjugendtags war dem „Bischöflichen Leitungsgremium" unterstellt, dem der Vorsitzende der Deutschen Bischofskonferenz, der deutsche Jugendbischof und der Kölner Erzbischof angehörten, und das seinerseits dem Päpstlichen Rat für die Laien unterstellt war.

Von allen genannten Gremien und Einrichtungen beruht lediglich das ‚Lokale Organisationskomitee' auf einer römischen Vorgabe. Im „LOK", dem laut Memorandum (9) „Vertreter der Gastgeberdiözese und der Deutschen Bischofskonferenz" angehören sollen, ist das geistliche Grundkonzept des Weltjugendtags 2005 in Köln erarbeitet und verabschiedet worden. In der Hochphase der Weltjugendtagsorganisation, in den Monaten also, in denen wir die Vorbereitungen des Ereignisses mitverfolgt haben, ist es nicht mehr wesentlich in Erscheinung getreten. Für die relativ komplexe Struktur konnte ansonsten – auch aufgrund der spezifischen Struktur der Katholischen Kirche in Deutschland – nicht auf ein Modell zurückgegriffen werden. Offenbar ist bei der Strukturbildung nicht zum wenigsten darauf geachtet worden, möglichst viele ‚Parteien', die bei einem kirchlichen Anlass solchen Ausmaßes Mitspracherechte einfordern könnten oder wollten und die sich auch in Kirchenkreisen nicht immer ‚grün' sind, von Vornherein einzubinden, um das Konfliktpotential möglichst gering zu halten.

4.3.2 Die Personalstruktur des „Weltjugendtagsbüros"

Die organisatorische Zentrale bildeten zweifellos die Räume der Weltjugendtags gGmbH. Dieses „Weltjugendtagsbüro" wurde de jure von einer dreiköpfigen Spitze geleitet, da dem weltlichen Geschäftsführer, einem in der Unternehmensleitung erfahrenen Manager, die beiden „Sekretäre", zwei Geistliche, an die Seite gestellt worden waren. De facto wurde diese Führungsspitze durch die dem Büro übergeordnete Funktion des Generalsekretärs erweitert, der regelmäßig an den wöchentlichen Sitzungen des Leitungsteams teilnahm und durch seinen intensiven, in der Hochphase der Vorbereitungen täglichen Austausch mit dem Geschäftsführer in alle wesentlichen Entscheidungen der Büroleitung involviert war. Auf der Basis des vorliegenden Datenmaterials kann nicht entschieden werden, ob damit nicht unter der Hand die Steuerung durch eine Doppelspitze mit einer geistlichen und einer weltlichen Führungskraft, die viele unserer Gesprächspartner theoretisch als ideal angesehen hätten, ohnehin bereits praktiziert worden ist. Es spricht allerdings einiges dafür, da die beiden Sekretäre durch ihre Rückbindung an die Gesellschafter eine spezielle Funktion zugewiesen bekommen hatten. So hat sich der Weltjugendtagssekretär der Deutschen Bischofskonferenz im Gespräch uns gegenüber einmal als *„Außenminister"* des Weltjugendtagsbüros bezeichnet. Und seine Hauptbetätigung bestand tatsächlich im Unterhalt diplomatischer Beziehungen zu den von den Bischöfen berufenen Diözesandelegierten, die mittels Delegiertenversammlungen, Infobriefen und Intranet über die bistumsbezogenen Planungen zu informieren waren, und um deren Zustimmung bzw. ‚good will' geworben werden musste. Am stärksten eine ‚geistliche' Mission im engeren Sinne hatte der Weltjugendtagssekretär des Erzbistums Köln zu erfüllen, dem als Leiter der Jugendbildungsstätte Altenberg unter anderem die pastorale Begleitung der ca. 150 jugendlichen *„FSJler"* im Weltjugendtagsbüro übertragen worden war.

Ebenso wie die obere war auch die mittlere Leitungsebene des Weltjugendtagsbüros ‚gemischt' besetzt: Die Leitung der für die *inhaltlichen* Aspekte des Weltjugendtags zuständigen Arbeitsbereiche war fast ausschließlich ‚Kirchenmännern' und Laientheologen übertragen worden: die Gesamtgestaltung der sogenannten *„Großliturgien"* (das heißt der drei parallel an verschiedenen Orten gefeierten Eröffnungsgottesdienste, der Willkommensfeier mit dem Papst, des dezentral organisierten Kreuzwegs, der Vigil und des Abschlussgottesdienstes mit dem Papst) oblag einem in Kunst- und Religionspädagogik ausgebildeten Ordensmann; die Katechesen (d.h. das geistliche Vormittagsprogramm des Weltjugendtags) wurden von einem im Umgang mit Jugendlichen erfahrenen Pfarrer vorbereitet; mit der Koordination der pastoralen Vor- und Nachbereitung des Events war ein Pastoraltheologe beauftragt; und die Gesamtleitung der Medien-

und Öffentlichkeitsarbeit hatte ein Kirchenhistoriker, der bis anhin für die Medienbetreuung bei der Deutschen Bischofskonferenz zuständig gewesen war.

Bei der Rekrutierung des Leitungspersonals für die mit *logistischen* Aufgaben betrauten Arbeitsbereiche wurde demgegenüber vor allem auf spezifische Berufserfahrungen geachtet: der personalintensive Bereich ,Pilgerwesen' wurde von einem in der Personalberatung erfahrenen Betriebsleiter geführt; das Bauprojekt am Freiluftgelände für die Abschlussveranstaltungen mit dem Papst wurde von einem mit der Koordination von Großbaustellen vertrauten Bauingenieur geleitet; die Sicherheitsbelange oblagen einem früheren Kölner Polizeichef, der Erfahrungen mit Großveranstaltungen generell, insbesondere aber auch bereits mit Papstbesuchen in Deutschland vorweisen konnte und naheliegenderweise über beste Kontakte zu den Einsatzkräften vor Ort verfügte; für Fragen des Protokolls bei Staatsbesuchen wurden dem Sicherheitschef zwei Bundeswehroffiziere a.D. zur Seite gestellt.

Eine Stellenbesetzung scheint dem Bild – kirchennahe Kräfte für Inhalte, weltliche Kräfte für Logistik – zu widersprechen: Die Leitung des Jugendkulturfestivals wurde einer ausgebildeten Kulturmanagerin übertragen. Allerdings hatte diese nicht nur Erfahrungen in regionalen Kulturprojekten gesammelt, sondern konnte überdies eine langjährige Berufserfahrung als Diözesanreferentin nachweisen. Trotzdem fehlte ihr nach eigenem Bekunden das *„Hintergrundwissen"* zur qualitativen Bewertung von spirituellen und selbst politisch-inhaltlichen Veranstaltungen. Deshalb wurde die Organisation dieser im engeren Sinne nichtkulturellen Teile des Kulturfestivals im Laufe der Vorbereitungen in die Zuständigkeit anderer Bereiche gestellt, was nicht unbedingt als Stellenfehlbesetzung interpretiert werden muss aus Sicht der Kulturfestivalleiterin im Hinblick auf eine spätere Anstellung außerhalb der Kirche aber auch als mikropolitischer Schachzug gewertet werden kann (vgl. dazu Pfadenhauer 2006).

In der Kombination von weltlichen und kirchlichen Kräften weist die Logik der Stellenbesetzung eine Parallele zu der für die Organisation von Marketing-Events üblichen Praxis auf: Typischerweise wird hier die Umsetzung operativer, auf kurzfristige Effekte (wie z.B. die Teilnehmerwerbung oder der Direktkontakt zwischen Teilnehmern und Veranstaltern) bedachter Ziele ,nach außen' (bei Marketing-Events allerdings häufig ,kompakt' an eine professionelle Eventagentur) vergeben, während mit der Realisierung strategischer Ziele (z.B. die mittel- bis langfristige positive Beeinflussung der Markenbekanntheit oder die Verfestigung emotionaler Markenbilder) hausinternes Personal (in privatwirtschaftlichen Unternehmen in der Regel Mitarbeiter der unternehmenseigenen Marketing-Abteilung) betraut wird (vgl. Lucas/Wilts 2004: 23).

Die ,Herstellung' des Weltjugendtags wurde nicht ,kompakt' an eine Event-Agentur vergeben, vielmehr wurde eine solche ,handverlesen' mit unternehmenseigenem und externem Personal aufgebaut. Dabei fällt auf, dass bei der Besetzung der Leitungsstellen dieser Weltjugendtags gGmbH auf den Ausweis von – dem jeweiligen Aufgabenbereich entsprechend spezifischer – Fachkompetenz geachtet wurde, dass mit bereits deutlich nachgeordneter Priorität genuine Organisationskompetenz als relevant erachtet wurde, dass aber durchaus auch auf von Gernot Böhme (1995: 63) so bezeichnete „Erlebnis- und Inszenierungsarbeiter" gesetzt wurde (vgl. Kapitel 4.5).

4.4 Der jugendliche Adressatenkreis

4.4.1 Die anvisierte Zielgruppe

Laut offizieller Verlautbarung richtet die Katholische Kirche ihr Angebot ,Weltjugendtag' an *alle* Jugendlichen im Alter von 16 bis 30 Jahre. Adressiert sind mit diesem Programm dezidiert nicht nur religiöse, christlich sozialisierte oder gar kirchlich organisierte junge Menschen; im Gegenteil ist der Kirche explizit daran gelegen, auch kirchenferne junge Menschen zu erreichen. Mit Anzeigen in kirchlichen Medien, mit Ankündigungen in Pfarrbriefen und mit im Rahmen von Gottesdiensten verlesenen ,Hirtenbriefen' u.ä., hat man allerdings eine Werbestrategie gewählt, die nicht unbedingt als zur Ansprache eines breiten Publikums geeignet erscheint.

Am Beispiel eines sogenannten „Promo-Trailers", einem siebenminütigen Werbefilm, der „in die ganze Welt verschickt wurde, damit die Jugendlichen sich in aller Welt auf den Weltjugendtag einstimmen können" (DF_1: Z_38ff), lässt sich zeigen, dass die Werbung auch vom Duktus und Inhalt her auf eine spezifische Zielgruppe zugeschnitten war:

> Sprecherin: „…junge Christen von allen Kontinenten zum Weltjugendtag ein. Erstmals nach Deutschland.

> Mehrere Jugendliche im Sprechchor: „Herzlich Willkommen zum XX. Weltjugendtag in Köln."

> Papst Johannes Paul II: „…the next youthday 2005 in Cologne, Germany."

> Sprecherin: "Diese Einladung des Papstes beim Weltjugendtag in Toronto zeigt den Jugendlichen der Welt den Weg nach Köln. Auf dieser Reise sind sie auch eingeladen, Deutschland kennenzulernen."

> Eine Jugendliche: „Und wir freuen uns sehr darauf, euch unser Land zu zeigen."

Sprecherin: „Ein Land voller Gegensätze und Reize; geprägt durch die Alpen im Süden, flache Küsten im Norden, romantische Schlösser, Burgen und malerische Seen von Westen bis zum Osten. Aber auch durch Industrie und natürlich durch Metropolen mit unterschiedlichen Gesichtern. Nach Berlin, der pulsierenden Hauptstadt, öffnet Hamburg seinen Hafen der Welt. In München reizt bayrisches Flair, gepaart mit deutscher Kultur und Frankfurt zeigt stolz die mächtige Skyline einer Bankenstadt. Die Rheinmetropole Köln begrüßt ihre BesucherInnen mit dem Dom, dem Wahrzeichen von Köln und des Weltjugendtags 2005."

Kardinal Meisner (Bischof der gastgebenden Erzdiözese Köln): „Aus dem Herzen unserer Stadt, aus dem Dom, heiße ich die Jugendlichen der Welt in Köln herzlich willkommen. Die Heiligen Drei Könige sind die ältesten Kölner Mitbürger. Von ihnen heißt es, ,sie sind gekommen um ihn anzubeten'."

Sprecherin: „Das ist das Motto des Weltjugendtag 2005 aus dem Matthäus-Evangelium. ,Wir sind gekommen, um ihn anzubeten'.

Ein Jugendlicher: „Kommt, seid unsere Gäste, wir laden euch ein."

Sprecherin: „Gäste sind ein Segen. Die Tage der Begegnung in allen deutschen Diözesen leiten den Weltjugendtag ein. Einige Zeit sind die ausländischen Besucher zu Gast in Familien. Der Weltjugendtag ist ein Fest der Begegnung, mit der Kirche, mit dem Land und der Kultur. Im Alltag aber auch (…) schon heute bereiten sich die Jugendgruppen in den Diözesen auf den Weltjugendtag vor und planen gemeinsame Feiern und Veranstaltungen, die sie mit ihren Gästen erleben wollen."

Bereits eine oberflächliche Betrachtung macht deutlich, dass hier dezidiert kirchlich eingebundene Jugendliche angesprochen werden: Gleich im ersten (im Mitschnitt der Aufführung verstümmelten) Satz werden „junge Christen" zur Veranstaltung eingeladen. Als „Christen" fühlen sich nur sehr religiöse Menschen, und zwar Mitglieder beider großen Konfessionen, angesprochen. Diese konfessionsoffene Ansprache wird allerdings mit dem raschen Schwenk auf den Papst gleichsam konterkariert: Das Oberhaupt der katholischen Kirche ist für überzeugte Protestanten generell eine problematische Figur, seine strenge Haltung etwa zum gemeinsamen Abendmahl, die von vielen Christen beider Konfessionen in Deutschland als ökumenefeindlich eingeschätzt wird, ist vom Kirchentag in Berlin noch gut (bzw. ungut) in Erinnerung. Gezeigt wird der Papst im, insbesondere für Teilnehmer früherer Weltjugendtage bewegenden, Moment der offiziellen Verkündung des Austragungsorts des nächsten Weltjugendtags.

Nach einer touristischen Einstimmung auf Deutschland wird die Aufmerksamkeit auf Köln als Austragungsort gelenkt: hier wird den jugendlichen Adressaten allerdings nicht das Spaß-Sinnbild ,Karneval', sondern der Dom als Wahrzeichen der Stadt Köln in Erinnerung gerufen. Im Weiteren wird dann allerdings *kein* weltlich-touristischer Akzent – etwa im Hinweis auf das Bauwerk und Weltkulturerbe 'Kölner Dom' – mehr gesetzt, sondern mit dem Verweis auf die Heiligen Drei Könige wird die Bedeutung des Doms als *Katholische* Kirche betont. Die zweifache Nennung des Weltjugendtagsmottos, das die für nicht religiöse Zeitgenossen befremdliche Ausdrucksform des *Anbetens* beinhaltet, die Erwähnung des *Matthäus-Evangeliums*, der Hinweis auf die deutschen *Diözesen* – all das sind deutliche Hinweise darauf, dass hier ein Publikum angesprochen wird, für das Kirche, Katholizismus, ja sogar der Weltjugendtag selber eine bekannte (und positiv besetzte) Thematik sind.

Für Jugendliche, die nicht religiös sind oder der Kirche fern stehen, dürfte sich diese Art der Anrede nicht nur als *nicht* ansprechend erweisen. Der Kirchenjargon, der hier – sozusagen im Gegensatz zur in der Werbung häufig gebrauchten und von den Jugendlichen als Anbiederung empfundenen 'Youth Speak' – gewählt wurde, dürfte für kirchenferne Jugendliche nachgerade unverständlich sein und bei diesen deshalb im besten Fall Desinteresse, möglicherweise aber auch Ablehnung evozieren. Wenn man davon ausgeht, dass den Organisatoren aus eigener Anschauung, vom Hörensagen und aus einer repräsentativen Umfrage zum Weltjugendtag 2002 in Toronto her bekannt war, dass die Weltjugendtage fast ausschließlich solche Jugendliche mobilisieren, die in kirchliche Strukturen eingebunden sind, dann kann angesichts solcher Werbemaßnahmen nicht davon ausgegangen werden, dass die offiziell verlautbarte Zielsetzung, *auch* kirchenferne junge Menschen als Teilnehmer ansprechen zu wollen, tatsächlich realisiert werden sollte.

Überdies ist das Anmeldeverfahren dezidiert auf eine Einbindung in kirchliche Strukturen abgestellt. Auch wenn die meisten Veranstaltungen des Weltjugendtags ohne Teilnehmerausweis besucht werden konnten und dies zumindest der Kölner Bevölkerung auch so kommuniziert worden ist – allerdings nicht ohne eine an die interessierten *„Erwachsenen"* gerichtete Ermahnung, den Jugendlichen bei großem Andrang doch *„bitte den Vortritt [zu] lassen"* (DF_05: Z_502) –, war das Gesamtdesign der Veranstaltung nicht auf eine offene Beteiligung angelegt: So wurde das Veranstaltungsprogramm, das in einer der erwarteten Registrierungsanzahl entsprechenden Auflage gedruckt wurde, nicht an öffentlichen Stellen ausgelegt, sondern den registrierten Teilnehmern in ihre *„Pilgerrucksäcke"* gepackt. Vor allem aber sah das Verfahren eine Anmeldung nicht von Einzelpersonen, sondern von Gruppen vor, die sich fast ausschließlich vor dem Hintergrund einer Kirchengemeinde bildeten, wenn sie nicht ohnehin aus hier bereits bestehenden Gruppenstrukturen hervorgingen. Deshalb verwundert es nicht, dass nur sehr wenige Jugendliche ohne einen wie auch immer gearteten kirchlichen Hintergrund als registrierte 'Pilger' beim Weltjugendtag präsent waren. Im Anschluss an Michael Ebertz (1998: 269) lässt sich folglich von einer, möglicherweise nicht vom Veranstalter intendierten, aber von den Organisatoren veranlassten, „Milieuverengung" des Adressatenkreises sprechen.

Einer ganzen Reihe von Äußerungen der Organisatoren und auch den Angaben zu den Teilnehmern auf der Homepage des Weltjugendtags lässt sich entnehmen, dass statt Milieu-Offenheit vielmehr die Internationalität der Teilnehmer an die oberste Stelle der Prioritätenliste gesetzt worden war: So wurden große Anstrengungen unternommen, Jugendlichen gerade auch aus Ländern mit hohen Visa-Anforderungen die Einreise zu ermöglichen, obwohl nicht auszuschließen war, dass diese beabsichtigten könnten, die Rückreise in ihre Heimat *nicht* mehr anzutreten. Da dann letztendlich Jugendliche aus 188 Nationen beim Weltjugendtag vertreten waren, kann diese Strategie als erfolgreich angesehen werden.

4.4.2   Die Funktion der Jugendlichen

Unisono weisen Organisatoren des Weltjugendtags darauf hin, wie wichtig es sei, *„dass das ein Weltjugendtag bleibt und nicht eine Papstreise oder so was ähnliches wird"* (I_17: Z_829f). Die herausragende Bedeutung dieses Aspekts wird mit dem Hinweis darauf verstärkt, dass der „Heilige Vater" im persönlichen Gespräch mit dem Generalsekretär des Weltjugendtags ausdrücklich den Wunsch geäußert hat, mit den Jugendlichen in direkten Kontakt zu kommen *(„denk dran, wenn ich mit Jugendlichen zusammentreffe, das soll jetzt nicht so ne Shake-Hand-Geschichte werden, ich will mit den Jugendlichen reden"* (DF_05: Z_ 211f).

Wenn der Papst dieses Anliegen tatsächlich (sicherlich nicht dem kolportierten Wortlaut, aber dem Inhalt nach) geäußert hat, dann hat er damit eine Zielsetzung formuliert, die in der Literatur zum Eventmarketing als „Kontaktziel" bezeichnet wird: „d.h. man will mit dem Marketing-Event den direkten Kontakt zwischen Anbietern (Unternehmen) und Konsumenten (Zielgruppe) herstellen" (Nickel 1998: 8). Schon beim Weltjugendtag in Köln, aber auch bei seinem ein Jahr später absolvierten Heimatbesuch in Bayern, hat sich gezeigt, dass sich der amtierende Papst Benedikt XVI. tatsächlich viel Zeit für die Begegnung mit den Veranstaltungsbesuchern nimmt und dass er dabei über das obligatorische Händeschütteln und Winken hinaus immer wieder ein paar Worte mit einzelnen Wartenden wechselt. Und vermutlich teilt er dieses Anliegen auch tatsächlich mit seinem Amtsvorgänger, der mit der dezidierten Pflege von ‚Körperkontakt' mit dem Kirchenvolk in den Straßen eine neue Ära der Volksnähe in der Katholischen Kirche eingeleitet hatte. Obwohl Gläubige – im Unterschied zu den Kontaktmöglichkeiten von Produktliebhabern zu ihrem Hersteller – ausgesprochen häufig die Gelegenheit zum Kontakt mit Vertretern der Kirche als Verwalter eines Glaubensangebots haben, verspricht der direkte Kontakt mit deren Oberhaupt – schon allein deshalb, weil er im Unterschied zu den meisten Firmenchefs einen Prominentenstatus hat, vor allem aber aufgrund seiner Bedeutung als Stellvertreter Christi auf Erden – eine um ein Vielfaches erhöhte ‚Kundenbindung':

> „Wir müssen jetzt versuchen, dass der Weltjugendtag ein Ereignis der Jugend bleibt, und Benedikt XVI. für sich sagt genau das, was Johannes Paul II. sagte: Nicht ich stehe im Mittelpunkt, sondern die Jugend der Welt. Natürlich konzentriert sich plötzlich alles halt auch sehr stark auf den Papst, aber die Kunst ist nachher in der Inszenierung darauf zu schauen, dass das 'n Jugendevent bleibt, wo auch der Papst eine entsprechende Rolle spielt" (DF_5: Z_181ff).

Die Wiederholung des päpstlichen Anliegens von verschiedenen Organisatoren beinahe im gleichen Wortlaut deutet auf mehrerlei hin: zum einen darauf, dass es sich dabei um einen ‚Dauerbrenner' handelt, d.h. um eine Geschichte, die (nicht zuletzt deshalb, weil sie Nähe zu einer prominenten Person anzeigt) gern und oft erzählt wird, und zwar von Personen, die häufig, und mitunter vermutlich auch gemeinsam, in der Öffentlichkeit stehen und dort über den Weltjugendtag Auskunft geben müssen. Die Wiederholung deutet aber auch darauf hin, dass es sich um einen Aspekt handelt, der als wichtig erachtet wird – was bedeuten kann, dass er dem jeweiligen Sprecher selber wichtig ist, was aber auch ‚nur' bedeuten kann, dass der Aspekt für jemanden wichtig ist, dessen Wunsch wichtig ist.

Der Zweifel daran, dass die Organisatoren den päpstlichen Wunsch wirklich als wichtig erachtet haben, gründet darin, dass sie diesen Wunsch weniger als ‚Kontaktziel' interpretiert haben, denn als Ausdruck von Bescheidenheit, die Aufmerksamkeit nicht auf seine (Amts-)Person, sondern auf die Jugendlichen zu lenken, um die bzw. um deren Event es eigentlich ginge. Ihre Umsetzung dieses Anliegens bestand jedenfalls vor allem darin, dafür zu sorgen, dass der Papst – quantitativ – möglichst viele Programmpunkte mit Jugendlichen absolviert:

> „also beispielsweise werden wir den Heiligen Vater kaum irgendwie allein auf die-, der wird im Boot mit Jugendlichen sein, der wird zum Dom hoch mit Jugendlichen gehen, der geht äh der Mann der macht unheimlich viel Punkte mit Jugendlichen" (I_17: Z_826ff).

Ihr Augenmerk lag dabei wesentlich darauf, „hier was zu inszenieren, dass Papst und Jugendliche nachher das Bild sind, das um die Welt gehen soll" (DF_5: Z_204f). Besonders klischeehaft wurde dies bei der Schiffsanreise des Papstes auf dem Rhein inszeniert: der Papst thronte auf seinem Papststuhl am Bug des

Schiffes, inmitten besonders junger, fast kindlich anmutender Jugendlicher, die, in den Trachten ihrer Heimat ihm zu Füßen, nach einer einstudierten Choreographie paarweise vortreten und vor ihm niederknien durften, damit er ihnen die Hand segnend aufs Haupt legen und tatsächlich auch ein paar Worte mit ihnen wechseln konnte. Die überwältigende Kulisse hierfür lieferten die ‚Heerscharen' von Jugendlichen, die sich an beiden Seiten des Flusses aufgestellt hatten, um sich – das Schiff in Sichtweite – begeistert bis zum Bauch in die Fluten zu stürzen. Eskortiert wurde das Papstschiff von einem zweiten, mit Vertretern der (Bild-)Medien besetzten Schiff, denen von dort aus ein möglichst guter Blick auf die folkloristische Inszenierung geboten werden sollte, was eine logistische Panne allerdings verhinderte.

Dieser Inszenierungsidee leistet die nicht variable Gesamtanlage des Weltjugendtags als zweigeteiltes Event Vorschub: Die Jugendlichen, die vorab zu den sogenannten „Tagen der Begegnung" dezentral in den Diözesen des Gastgeberlandes empfangen worden sind, treffen – deutsche und internationale Gäste gemeinsam – am zentralen Ort des Geschehens ein und stehen in der ersten Hälfte der Veranstaltung im Mittelpunkt der Aufmerksamkeit von Organisatoren, Geistlichen und Medienvertretern. Erst nach vier Tagen reist der Papst an und wird mit großem Aufwand und mit von den geistlichen und weltlichen Kommunikatoren sukzessive gesteigerter Vorfreude willkommen geheißen. Der ‚aufmerksamkeitsökonomische' Vorteil dieses festgeschriebenen Programmablaufs besteht darin, dass sich die Bilder (von den pompös gestalteten Messen in den überfüllten Sportstadien, von den hunderttausenden feiernden Jugendlichen in den Straßen und auf den Plätzen), die sich im Laufe der Woche wiederholen und den Zuschauer ermüden würden, durch die Ankunft des Papstes neu rahmen lassen. Ab diesem Moment wird das ‚Meer' an begeistert Fahnen schwenkenden Jugendlichen, in denen der Papst nun ‚badet', wo immer er auftritt, zur farbenfrohen Kulisse für das Oberhaupt der Katholischen Kirche.

4.4.3   Die Einbindung der Jugendlichen

Mit der Feststellung *„die Hauptakteure des Weltjugendtags sind die Jugendlichen"* (I_17: Z_800f) betont der Generalsekretär des Weltjugendtags denn auch vor allem die Einsicht, dass sie als Organisatoren lediglich die Voraussetzungen für ein gelingendes Event bereitstellen können, während das Besondere des Ereignisses ‚in situ' von den Teilnehmern konstruiert werden müsse, denn *„wie das wird, welche Stimmung die reinbringen, welche Fragen die reinbringen, das, äh, das entscheiden die Jugendlichen"* (I_17: Z_803f). Die Jugendlichen fungieren gleichsam als Stimmungsmacher – beim Weltjugendtag selber, aber auch schon bei den Vorbereitungen im Büro: *„und dann freu ich mich immer, wenn ich die jungen Menschen sehe, mit welcher Inbrunst, mit welchem Engagement die auf der einen Seite ihre Arbeitskraft bei uns* [im Weltjugendtagsbüro; d. A..] *einbringen, und auf der anderen Seite aber auch ihren Glauben leben"* (DF_1: Z_28f).

Nicht nur die schlichte Präsenz der Jugendlichen aus aller Welt im Büro, sondern auch ihre hohe Arbeitsmotivation, in der sie von ihren hauptamtlichen Kollegen und Vorgesetzten offenbar mitunter gebremst werden mussten, um sie daran zu hindern, ihre Kräfte bis an die bzw. gar über die Leistungsgrenze hinaus zu verausgaben, wird von vielen Bereichsleitern explizit hervorgehoben. Bedeutsam waren diese jugendlichen Freiwilligen aber nicht nur als Arbeitskräfte, sondern auch als ‚Messinstrumente', um die Konzepte, z.B. von Veranstaltungen im kulturellen Rahmenprogramm, auf ihre Zielgruppenadäquanz hin zu testen: *„oder, äh, die [Jugendlichen] gefragt, was haltet ihr davon, haltet ihr das für, für sinnvoll, könnt ihr euch das im Kontext Weltjugendtag vorstellen, hättet ihr selber Spaß da hin zu gehen, oder würdet ihr sagen, ja ist interessant, aber für mich nicht"* (I_03: Z: 729).

Viele Bereichsleiter legen ohnehin Wert darauf zu betonen, wie wichtig ihnen die Mitwirkung von Jugendlichen an den Vorbereitungen war: *„aber uns war's wichtig, dass wir so viel wie möglich auch mit Jugendlichen machen und nicht nur jetzt Profis, die sagen, wie's geht"* (I_08: Z_117). Eine beliebte Beteiligungsform war die Bildung von mit Jugendlichen besetzten ‚Jurys' – etwa zur Auswahl von Künstlergruppen für das Kulturfestival oder von Fotos für den Kreuzweg. Ähnlich wie in der Schülermitverwaltung lag die endgültige Entscheidung aber nicht bei den jugendlichen Jurymitgliedern, hergestellt wurden hier vielmehr von allen Beteiligten getragene Konsensfiktionen.

Ebenso begrenzt wie die Beteiligungschancen bei den Vorbereitungen außerhalb des Dienstes als Langzeitfreiwillige im Büro, dem ein langwieriger Bewerbungsprozess in den Herkunftsdiözesen der Jugendlichen vorausgegangen war, waren auch die Einsatzmöglichkeiten beim Weltjugendtag selber. Die Mitwirkung in einem von zwei Weltjugendtagschören, für die sich Jugendliche im Rahmen einer Ausschreibung bewerben konnten, war hierfür eine der wenigen Möglichkeiten außerhalb des Engagements als sogenannte „Kurzzeitfreiwillige", das unter anderem dadurch gekennzeichnet war, dass den näherungsweise 25.000 Volunteers die Art der Aufgabe bis kurz vor Beginn ihres Einsatzes unbekannt war (vgl. Pfadenhauer 2007).

Mit der Einbindung der Jugendlichen ist folglich zwar der aus Kreisen der Jugendpastoral seit längerem geäußerten Forderung entsprochen worden, Strukturen kirchlicher Jugendarbeit zu schaffen, die „Partizipation ermöglichen" und „die Teilnehmenden nicht zu bloßen Konsumenten degradieren" (Hobelsberger

2002: 107). Am ‚Rahmen-Bau' ‚ihres' Events sind die Jugendlichen aber nicht beteiligt gewesen: Selbst die gern als *„Mitarbeiter wie alle anderen"* (I_19: Z_432) titulierten Langzeitfreiwilligen im Kölner Weltjugendtagsbüro waren *„keine Entscheidungsleute"* (I_17: Z_812). Denn *„es muss Rahmenbedingungen geben, äh, für die also schlicht und ergreifend ein Jugendlicher, der in einem Jahr hier arbeitet und aus Kasachstan kommt, hier keine Verantwortung tragen kann, das ist klar, äh, aber wir müssen sie mit einbeziehen"* (I_17: Z_822ff). Dieser paternalistischen Auffassung nach, kann Jugendlichen keine, jedenfalls keine Letzt-Verantwortung übertragen werden. Partizipation bedeutet bei diesem Ereignis, das sich bei genauerem Hinsehen nicht als ein Event *der* Jugend, sondern eben als ein Event *für* die Jugend entpuppt, dass Angehörige der Zielgruppe bei geeigneten Gelegenheiten auf klar definierte Weise und im festgelegten Umfang in Entscheidungsprozesse eingebunden werden, ohne dass diese Entscheidungen tatsächlich vom Votum der Jugendlichen abhängig sind.

4.5 Die inhaltliche Umsetzung der Idee

Wie jedes Event war auch der Weltjugendtag ein (mit hohem Aufwand) *inszeniertes* Ereignis. Insbesondere in zwei Arbeitsbereichen des Weltjugendtagsbüros, im Bereich ‚Kommunikation & Öffentlichkeit' zum einen, im Bereich ‚Liturgie' zum anderen, wurde denn auch ein deutlicher – und deutlich *unterschiedlicher* – Akzent auf die Inszenierung des Ereignisses ‚Weltjugendtag' gesetzt.

4.5.1 Eine Imagekampagne für die Katholische Kirche

Im Bereich ‚Kommunikation & Öffentlichkeit' wurden von Beginn an alle Vorbereitungsaktivitäten daraufhin gesichtet, welche Maßnahmen – z.B. Übernahme des Weltjugendtagskreuzes von jugendlichen Vertretern der veranstaltenden Nation des letzten Weltjugendtags durch die aktuellen Veranstalter – wie vollzogen werden können, damit sie einen attraktiven ‚Content' für die Medien bilden. Hierfür waren einerseits die Mitarbeiter dieses Bereichs permanent in allen anderen Arbeitsbereichen unterwegs, um Themen aufzuspüren, die sich medienwirksam aufbereiten lassen: *„und deshalb war es gut, eben einen Stab zu haben mit [Eigenname] und [Eigenname], die selbst so viel Kontakt und Blick in die einzelnen Bereiche hatten, um sich die notwendigen Informationen zu holen"* (I_26: Z_319). Andererseits wurde den Kollegen im Weltjugendtagsbüro – durchaus auch gegen Widerstreben – selber eine Einsicht in Medienbelange abverlangt: *„ich hab sehr dafür geworben, und musste das bei fast allen Bereichsleitern,* *dass die verstehen (...), dass man begreift (...), auch selbst eine Denke an den Tag zu legen, was ist medienrelevant"* (I_26: Z_327ff).

Dieser Grundhaltung entsprechend wurde beispielsweise der Baubeginn am Marienfeld als ein öffentlichkeitswirksames Ereignis inszeniert: Zu diesem Anlass wurde mit dem Geschäftsführer, den beiden Sekretären und dem Generalsekretär die gesamte Führungsriege des Weltjugendtags auf dem Feld versammelt. Eskortiert wurden sie von einer erkennbar internationalen Auswahl von Jugendlichen aus dem Weltjugendtagsbüro. Den symbolisch ‚ersten' Spatenstich hat Kardinal Meissner, der Vorsteher der den Weltjugendtag veranstaltenden Erzdiözese Köln, ausgeführt, der als Vertreter der lokalen Prominenz und als hoher kirchlicher Würdenträger einen Anreiz für die kirchlichen *und* für die säkularen, für die regionalen *und* für die überregionalen Medien zugleich darzustellen versprach. Hier wurde gleich eine ganze Reihe von Mediengrundsätzen beherzigt: Aus den laufenden Vorbereitungen zum Weltjugendtag im weiteren und den Baumaßnahmen am Marienfeld im engeren Sinn wurde ein Ereignis konstruiert, das (so) nie stattgefunden hätte, das aber einen Anlass (mit konkretem Ort und konkreter Zeit) bot, über den in den Medien berichtet werden konnte. Zu diesem Anlass wurden aufgrund ihrer Funktion und/oder ihres Prominentenstatus bedeutsame Personen versammelt, die sich mit O-Tönen und Bildern medial präsentieren ließen – auch hier vor jugendlicher Kulisse, um den möglicherweise etwas (anzugs-)grauen Anblick der Männerriege kameratauglich aufzulockern.

Die Logik dieser Inszenierung unterscheidet sich strukturell in keiner Weise von der für vergleichbare weltliche Anlässe typischen Art der Ereignisgestaltung. Gerade zu Beginn der Öffentlichkeitsarbeit wurde dabei weniger von den Inhalten her gedacht, die der Veranstalter und die Organisatoren des Weltjugendtags vermitteln wollten (vgl. Kapitel 4.2). Ausgangspunkt der Öffentlichkeitsarbeit war vielmehr, welche Art von Content-Angebot (Nachrichtenwert, Prominenz, Bilder) Medien nachfragen, und wie diese Nachfrage im Austausch gegen das begehrte Gut ‚Aufmerksamkeit' bedient werden kann – die Grundeinsicht beherzigend, dass Medienkooperation grundsätzlich auf einer Koinzidenz von Interessen basiert: Die einen brauchen Inhalte und können im Gegenzug Aufmerksamkeit verschaffen. Die anderen bieten Inhalte und erhoffen sich im Gegenzug dafür Aufmerksamkeit (vgl. grundsätzlich dazu Kapitel 3).

Generell war den Mitarbeitern im Bereich ‚Kommunikation & Öffentlichkeit' allerdings *nicht*, jedenfalls nicht an erster Stelle, an der Vermittlung spezieller Inhalte des Weltjugendtags gelegen – durchaus auch zum Leidwesen von für spezifische Inhalte zuständigen Kollegen im Weltjugendtagsbüro. Wert wurde vor allem auf die Umsetzung von Zielen gelegt, die mit dem Weltjugendtag erreicht werden sollten. Denn auch wenn sich der Leiter des Bereichs ‚Kommunikation und Öffentlichkeit' selber gern als Pressesprecher des Weltjugendtags tituliert hat, hat er die Aufgabe seines Bereichs nicht als die einer konventionellen Pressestelle verstanden, die Neuigkeiten mehr oder weniger mediengerecht aufbereitet an die ‚Presse' gibt und Anfragen von der ‚Presse' an entsprechende Stellen im Betrieb weiterleitet. Er hat die Aufgabe seines Bereichs vielmehr als die einer Art Kommunikationsagentur definiert, weshalb er eine diesbezügliche professionelle Unterstützung – die ja durchaus auch als Entlastung hätte angesehen werden können – vehement zurückgewiesen hat: *„das war übrigens etwas, das ich übrigens von Anfang an abgelehnt habe, ich habe gesagt, ich <u>will</u> keine Kommunikationsagentur als Partner (.) ich will ne <u>Werb</u>eagentur, die <u>zahl</u> ich auch, aber ich will nich so ne Kommunikationsagentur, die mir <u>nur</u> grosse <u>Charts</u> an die Wand wirft"* (I_26: Z_1544ff).

Als *„Grundlage für die Ziele des WJT"* hat der Bereichsleiter im Rahmen eines *Kommunikationskonzepts"* von ihm sogenannte *„Kommunikationsbotschaften"* formuliert, für die er sich bereits zu einem frühen Zeitpunkt die Zustimmung der Weltjugendtagsverantwortlichen im Büro und im übergeordneten Lokalen Organisationskomitee gesichert hatte. Das Datenmaterial weist an keiner Stelle einen Hinweis dahingehend auf, dass diese Ziele bzw. Kommunikationsbotschaften von anderer Stelle, z.B. von der Pressestelle des Heiligen Stuhls oder dem Päpstlichen Laienrat, erarbeitet und zur Weiterarbeit bzw. Aneignung bereitgestellt worden wären. Deshalb beansprucht der Hauptverantwortliche für die Öffentlichkeitsarbeit hierfür offenbar zu recht alleinige Urheberschaft. Für die Konstruktion des Kommunikationskonzepts bringt er folgende Logik in Anschlag:

Ausgangspunkt sei das von Papst Johannes Paul II. vorgegebene Motto des Weltjugendtags. Diesem Motto käme *„eine besondere Bedeutung für die Ausrichtung der Kommunikationsbotschaften als Grundlage für die Ziele des WJT"* (Kommunikationskonzept: 1) zu. Und *„die in Kapitel 1 vorgestellten und bewusst knapp gehaltenen Kommunikationsbotschaften sind die Grundlage für die Zielformulierungen des WJT"* (Kommunikationskonzept: 4.2). Wenn hierin ein Ziel (unter vielen anderen) lautet, dass der Weltjugendtag helfen solle, *„Verantwortung für Kirche, Gesellschaft und Politik zu erkennen"*, und als Kommunikationsbotschaft formuliert wird, dass *„die Jugendlichen aktiv Gegenwart und Zukunft der Gesellschaft gestalten und Antworten auf ihre Fragen erhalten [wollen]"*, dann ist hier ein inhaltlicher Bezug unmittelbar erkennbar. Demgegenüber fällt es – jedenfalls ohne theologische Argumentationshilfe – schwer, diese Inhalte aus dem Motto des Weltjugendtags: „Wir sind gekommen, um ihn anzubeten" (Mt 2,2) abzuleiten. Möglicherweise ist die im Kommunikationskonzept explizierte Fundierung der Ziele im religiösen Leitthema des Weltjugendtags aber auch vor allem als Beruhigungsstrategie für marketingkritische Kollegen zu interpretieren.

„Der XX. Weltjugendtag ist das junge Gesicht einer lebendigen Kirche", lautet die erste der insgesamt sechs *„Botschaften"* im Kommunikationskonzept. Nicht nur im Sprachduktus, sondern auch aus dem Inhalt ist hier eine Marketing-Botschaft erkennbar: symptomatisch dafür ist, dass diese Mitteilung, wie alle weiteren, nicht als Absichtserklärung („soll sein"), sondern als Feststellung („ist") formuliert, und nicht auf die Veranstaltung generell, sondern auf den XX. Weltjugendtag bezogen ist. Vor allem aber lässt sich die Redewendung „[x] ist das Gesicht von [y = eine Organisation]" als eine aus der Werbesprache entlehnte Formulierung entschlüsseln (z.B. „die Schauspielerin Keira Knightly ist das neue Gesicht von Chanel").

Allerdings fallen diesbezüglich zwei Abweichungen auf: Während das ‚x' in der Kommunikationsbotschaft einer Kosmetikfirma oder eines Modedesigners tatsächlich eine Person bezeichnet, deren Gesicht in der Werbung dann auch mit den Produkten abgebildet wird, wird im vorliegenden Fall ein Ereignis, das Event ‚Weltjugendtag', eingesetzt. Dies ist deshalb bedeutsam, weil ja auch von den Teilnehmern des Weltjugendtags hätte gesprochen werden können (z.B. „die jugendlichen Pilger sind das Gesicht einer lebendigen Kirche"). Die Aussage hätte dann aber einen Exklusionseffekt, weil mit ihr all diejenigen (Jugendlichen), die nicht am Weltjugendtag teilnehmen, ausgeschlossen worden wären. Es geht aber ohnehin um das Ereignis selber, das als Werbeträger funigeren soll – allerdings als ein Werbeträger unter anderen, was durch den Zusatz ‚jung' betont wird: Wenn der Weltjugendtag (und zwar konkret derjenige, der in Köln ausgerichtet wird) der Kirche ein *„junges"* Gesicht verleiht bzw. eine jugendliche Ausdrucksform ist, dann impliziert dies, dass es weitere Ausdrucksformen geben kann (z.B. „die österliche Feier ist das frohe Gesicht einer hoffnungsvollen Kirche"; „der Papst-Besuch in Auschwitz ist das ernste Gesicht einer geschichtsbewussten oder einer sich ihrer Vergangenheit bewussten Kirche").

Als Absender der Werbebotschaft wird – dies markiert den zweiten Unterschied – nicht eine konkrete Organisation (z.B. Chanel), sondern *„eine lebendige Kirche"* benannt. Diese Formulierung verwirrt auf den ersten Blick, da sie das Attribut ‚Lebendigkeit' nicht für die veranstaltende Katholische Kirche, sondern für Kirche generell, d.h. Kirche als Institution, zu reklamieren scheint. Gemeint ist damit aber, dass der Weltjugendtag Ausdruck einer solchen Kirche ist, die lebendig ist, d.h.: der Umstand, *dass* die Katholische Kirche dieses Event veranstaltet, ist Ausweis ihrer Vitalität. Die Kommunikationsbotschaft *„Der XX. Weltjugendtag ist das junge Gesicht einer lebendigen Kirche"* impliziert somit nicht, dass mit dem Weltjugendtag das Image einer als veraltet und verkrustet anzusehenden Institution verbessert werden soll, sondern dass der Weltjugendtag für die Katholische Kirche eine Chance darstellt, als das zu erscheinen, was sie ist: als eine lebendige Kirche. Mit der Imagekampagne ‚Weltjugendtag' wird einer noch oder derzeit konturenlosen Kirche ein Gesicht – und zwar ein bestimmtes, nämlich ein junges und damit attraktives Gesicht – verliehen.

Zum Gelingen dieser Kampagne, die nicht mit den Weltjugendtagen generell, sondern mit dem XX. Weltjugendtag 2005 in Köln angestrengt wird, soll nicht nur die Formulierung *„klarer, knapper und konkurrenzloser"* Kommunikationsbotschaften wie dieser, sondern beispielsweise auch die Durchsetzung eines verbindlichen *„Corporate Design"* (I_26: Z_383) beitragen, das – vom Logo über die Briefkopfgestaltung bis hinein in die normierte Schriftgröße des Emailverkehrs – ein *einheitliches* Bild vom Weltjugendtag vermitteln soll. Damit wird jener in der Literatur zum Event-Marketing häufig geäußerten Empfehlung entsprochen, mittels Logo, Motti, bestimmten, die Szenerie bestimmenden Farben nicht nur bei den Eventinhalten (z.B. durch einen stringenten Programmablauf), sondern eben auch im äußeren Erscheinungsbild einen ‚roten Faden' durch das Event zu legen (vgl. Bischof 2004: 24).

4.5.2   Eine Atmosphäre des Geheimnisvollen

Nicht die Vermittlung eines einheitlichen, sondern die eines *unverwechselbaren* Bildes ist das Anliegen, das im Bereich ‚Liturgie' mit der Inszenierung des Weltjugendtags verfolgt wird. Unverwechselbarkeit heißt hier zunächst, deutlich zu machen, dass es sich beim Weltjugendtag *nicht* um ein Event wie alle anderen handelt, was bedeutet, alles daran zu setzen, in den Medien auch *nicht* wie alle anderen Events ‚behandelt' zu werden:

> „dass wir hier im Bereich unser Möglichstes tun, dass in der Kommunikation nach außen, also beispielsweise in den Printmedien oder im Radio oder Fernsehsendung, äh, nicht berichtet wird über die Liturgie wie ich über das Oktoberfest in München berichte, also ich sage jetzt mal, ich kann doch jetzt sagen, äh, wenn ich über Liturgie rede, da werden so und so viel hundert Liter Wein benötigt und so und so viel Millionen Hostien, dann ist es so wie wenn ich übers Oktoberfest berichte, wo's dann heißt, so viel Liter Bier sind diesmal geflossen und so viel Kilo Weißwürste wurden gegessen, ja? Das versuchen wir zu vermeiden, aber nicht immer mit großem Erfolg, das muss ich also sagen, ja?, weil zu viele Leute meinen, sie könnten über Liturgie reden" (I_08: Z_192).

Die resignative Kritik, die hier am Ende geäußert wird, richtet sich nicht, wie man vermuten könnte, an die Adresse der Medienberichterstatter. Vielmehr wird hier die Willfährigkeit kritisiert, mit der die Medien, der Logik üblicher Eventberichterstattung entsprechend, aus dem ‚eigenen Hause' bedient werden: *„ich sag mal, die, die Sache ist, wie wer nach außen redet, aber die andere Sache ist, wozu man nach außen redet, ne? Und es liegt* nicht *an den Medien, dass solche Meldungen dann immer kommen, wenn über Liturgie geredet wird, sondern es liegt einfach an den Informationen, die nach draußen, ne?"* _08: Z_204ff).

Wenn den Medien auf der offiziellen Homepage des Weltjugendtags jedoch Informationen über die Anzahl der Beichtväter (500), den Bedarf an Brötchen (900.000 pro Tag), die Kubikmeter für die Erdaufschüttung des Altarhügels (80.000) und vieles andere mehr bereitgestellt werden, dann unterscheidet sich das – ebenso wie die Inszenierung des ersten Spatenstichs – nicht von der Kommunikationspolitik der Veranstalter von ‚weltlichen' Events, wenn diese beispielsweise über die Kilometer verlegter Kabel für die Beschallung einer Mehrzweckhalle informieren.

In der hiermit geäußerten Kritik kommt nicht etwa eine prinzipiell medienkritische oder gar -ablehnende Haltung zum Ausdruck – vielmehr wird die *Darstellung* durchaus als genuiner Teil der Aufgabe betrachtet: *„wir sorgen natürlich dafür, dass das Bild rüberkommt, nicht nur live, sondern auch im Fernsehen, das ist* auch *Teil unserer Arbeit"* (I_08: Z_140). Dieses letzte *„auch"* hat keinen einschränkenden Charakter, vielmehr wird hier die Bedeutung betont, die der Aufgabe beigemessen wird, jene Inhalte visuell umzusetzen, die zum (großen) Teil durch das Weltjugendtagsmotto von ‚Rom' bereits vorgegeben waren, die zum (kleineren) Teil aber auch gemeinsam mit aus verschiedenen Bistümern und Verbänden rekrutierten *„Fachleuten für Liturgie"* (I_08: Z_157), mit Jugendlichen und bereits in die Vorbereitung der Großliturgien eingebundenen Fernsehredakteuren erarbeitet und zu Drehbüchern verarbeitet wurden.

Nicht nur wird in diesem Bereich eine (z.T. von ‚außen' ergänzte) spezifische Kompetenz für liturgische Angelegenheiten und ihre Darstellung in Anspruch genommen, sondern es wird auch eine bestimmte ‚Logik' der Darstellung in Anschlag gebracht: Es geht um Visualisierung, um die Darstellung von komplizierten theologischen Sachverhalten bzw. religiösen Botschaften in einem Gesamtbild: *„also wenn ich von Bildern rede geht's nicht nur um architektonische Gestaltung oder, äh, die auch die Dekoration, sondern es geht auch um, äh, Gestaltung von Altar, um Stil, (.) das muss zusammenpassen"* (I_08: Z_56ff). Als Beispiel beschreibt der Leiter des Bereichs ‚Liturgie' die Altargestaltung: *„Sie wissen ja, wir haben uns für den Hügel entschieden (...) und für die Wolke. Der Hügel als Ort der Gottesbegegnung, die Wolke als ein Zeichen, äh, für die Gegenwart Gottes"* (I_08: Z_59ff). Der Berg zur Symbolisierung der Gottesbegegnung dürfte zumindest den Bibelkundigen als Ort bekannt sein, an dem verschiedenen biblischen Protagonisten eine Kontaktaufnahme mit ihrem Gott gelungen ist. Und dessen Gegenwart manifestiert sich mitunter darin, dass er sie aus einer Wolke anzusprechen pflegt.

Als ein weiteres Beispiel präsentiert der Bereichsleiter für die Großliturgien die Zugangsgestaltung zum Altarhügel: *„man könnte 'n viel kürzeren Weg legen äh, aber wir haben bewusst einen serpentinenartigen Weg zu Bühne hoch, äh, da, wir sagen der Weg zu Gott, das ist keine Schnellbahnstraße, sondern das ist eher 'ne suchende, vorsichtig sich annähernde Bewegung, in der auch Zweifel steckt, ja?"* (I_08: Z_74ff). Unschwer erkennbar wird hier keine anspruchsvolle, sondern eine einfache, zum Teil aus Kirchengemälden vertraute, naive Symbolsprache gewählt.

Zugleich wird aber auch der Anspruch formuliert, die jeweils beabsichtigte Aussage zwar in einfache, aber nicht in bequeme, d.h. plakative, *„schreiende"* Bilder zu übersetzen. Vielmehr soll dem Betrachter durchaus auch eine Interpretationslast aufgebürdet werden, um dergestalt das Geheimnisvolle, das letztlich unergründliche ‚Geheimnis des Glaubens' zum Ausdruck zu bringen: *„ich <u>möchte</u> einfach nicht, dass die Leute den Eindruck haben, jetzt haben wir alles verstanden. Also das ist ein <u>Geheimnis</u>"* (I_08: Z_302f). Zu diesem Zweck wird eine Atmosphäre erzeugt, die das Geheimnisvolle, das letztlich Unergründliche und Nichterklärbare wahrnehmbar, in Schauern der Ergriffenheit sogar leiblich erfahrbar machen möchte.

Unverwechselbarkeit meint hier also nicht (nur) Unvergleichlichkeit bzw. Unvergleichbarkeit dieses ‚geistlichen' mit säkularen Events. Das, was den Unterschied machen soll, ist die besondere Atmosphäre, die mit ästhetischen und synästhetischen Mitteln erzeugt werden soll: Ähnlich wie ein Landschaftsgärtner eine „Szene" herstellt, soll auf dem Freigelände Marienfeld, also aus der unbebauten Natur, mit der Aufschüttung eines Hügels, mit der Bühnenkonstruktion aus Altar und Wolke, mit eigens angefertigtem Mobiliar, mit kirchlich-meditativer Musik und mit einer speziellen Beleuchtung eine besondere, eine „sakrale" Atmosphäre ‚gemacht' werden: *„wir wollen <u>nicht</u> jetzt dieses technisch künstliche Licht, beispielsweise nicht Laserlicht, sondern wir wollen, dass der sakrale Charakter betont wird, und das ergibt sich ja eben durch Kerzenlicht"* (I_08: Z_48). Und ganz wesentlich geprägt wurde die stimmungsvolle Atmosphäre bei der abendlichen Vigil, der Lichterfeier, durch die Taizé-Gesänge, einem A-cappella-Gesang, dessen schlichte und deshalb eingängige Melodien in Moll-Tönen eine melancholisch-meditative Grundhaltung erzeugen.

Die Aufschüttung eines Hügels und damit die hochgelegte Altaranlage, die eine deutlich sichtbare Distanz zwischen Klerus und Kirchenvolk schafft, kann – vergleichbar mit der Architektur von Schlössern und Burgen, bei der es „nicht nur um die Zweckmäßigkeit von Verteidigung, sondern um die Erzeugung einer Atmosphäre von Hoheit und Überlegenheit" (Böhme 1995: 43) geht – auch als

Ästhetisierung von Herrschaft interpretiert werden. „Die Kumulation und öffentliche Darstellung von episkopalem Amtscharisma ist ein altes Muster der Inszenierung der römisch-katholischen Kirche in asymmetrisch polarisierten Veranstaltungen einer repräsentativen Öffentlichkeit, ein öffentliches Eindrucksmanagement", dessen dramaturgische Idee Michael Ebertz (2000: 354) zufolge darin besteht, die Aufmerksamkeit auf die „Eminenz des päpstlichen Vikariats zu lenken und die hierarchische Differenz augenfällig zu machen."

Auch dem an der Universität Dortmund lehrenden, katholischen Theologieprofessor Thomas Ruster zufolge dienen die Weltjugendtage der Realisierung einer ‚weltlichen', einer – im Duktus von Georg Franck (1998) formuliert – sozusagen ‚aufmerksamkeitsökonomischen' Idee, nämlich der (eindrucksvollen) Visualisierung der katholischen (Amts-)Kirche als einer societas perfecta und societas inaequalis, d.h. als einer im rechtlichen Sinne vom Staat unabhängigen und hierarchisch geordneten Organisation.

Eine weniger herrschaftskritische Deutung für ein derartiges Eindrucksmanagement liefert Peter L. Berger (1998): Ihm zufolge ist die Präsentation der Institution Kirche – der „Glanz Roms", der beim den Weltjugendtag beschließenden Gottesdienst mit dem Papst auf dem Marienfeld bei Köln, aber auch bei anderen Veranstaltungen mit dem Papst (z.B. der Gottesdienst anlässlich des Bayern-Besuchs von Papst Benedikt XVI. auf dem Gelände der neuen Messe in München-Riem) gleichsam an andere Orte transferiert wird – eine Möglichkeit (unter anderen), Gläubigen unter Bedingungen fortschreitender Pluralisierung *Gewissheit* anzubieten: Und „die erhabenste Version dieses Gewissheitsangebots ist, schon seit langer Zeit, das der römisch-katholischen Kirche" (Berger 1998: 32).

4.5.3   Die konkurrenzlose Präsentation des Glaubensangebots

Mit Blick auf die Kirchentage erkennt Hans-Georg Soeffner einen innerkirchlichen Strukturwandel: in der Liturgie gehe es um die Darstellung Gottes, heute hingegen stelle sich die Menge selbst dar. Soeffner zufolge weist der Evangelische Kirchentag trotz des im Programm explizit ausgewiesenen „Marktes der Möglichkeiten" nicht die Strukturmerkmale eines (Jahr-)Markts, sondern die einer Fach- bzw. Publikums-Messe auf: Kunden flanieren zwischen den Messeständen und wählen zwischen Sinn-Angeboten aus, um diese zu einem Selbstentwurf weiterzuverarbeiten: „Beeindruckend ist dabei, dass auch für die Kirchentage das Gesetz aller großen Messen gilt: Die Anzahl der Besucher, der zwischen den Ständen flanierenden, möglichen Kunden, ist um ein Vielfaches größer als die zwar vielfältigen, aber in sich – als einzelne gesehen – ziemlich kleinen, oft winzigen Gruppen der Anbieter. Firmenzugehörigkeit und mögliche Kundschaft sind nicht nur zahlenmäßig, sondern auch ‚emblematisch' unterschieden: Der Kunde als Käufer kann zwar zum Liebhaber einer bestimmten Ware, muss aber nicht unbedingt zum Anhänger der Firma werden, und man kann bzw. sollte ihn erst recht nicht zur Firmenmitgliedschaft pressen" (Soeffner 1993: 200). Mit der Gestaltung der Kirchentage wird die Kirche demnach zu einem von vielen Großveranstaltern auf den Märkten der Unterhaltungsindustrie.

Obwohl die zentralen Veranstaltungen und Großliturgien des Weltjugendtags ebenfalls in Stadien und Messehallen abgehalten wurden, sind gravierende Unterschiede zu den Kirchentagen zu verzeichnen: Zum einen zieht ‚die Kirche' hier nicht aus *ihren* Gebäuden, den Kirchen, aus, sondern nutzt diese ganz offensiv (alle Kirchen im Erzbistum Köln mit einem Fassungsvermögen von über 500 Menschen dienten als Katechese- und Veranstaltungsorte). Und der für den Weltjugendtag genutzte *öffentliche* Raum wird nicht nur aufwändig, sondern kirchenarchitektonisch umgestaltet: Auf dem ca. 15 Kilometer südlich von Köln gelegenen Marienfeld, einer stillgelegten Brache, deren Flächen inzwischen in Privatbesitz sind und landwirtschaftlich genutzt werden, war in monatelangen, aufgrund der landwirtschaftlichen Nutzung ausgesprochen ‚sensibel' zu handhabenden Bauarbeiten eine Art ‚Freiluft-Kathedrale' erbaut worden. Die Kathedralenform zeigt sich nicht nur in der erhöht angebrachten und damit weithin einsehbaren Altaranlage; der Kathedralenform entspricht vor allem, dass die Sitzgelegenheiten der Gottesdienstbesucher halbkreisförmig *auf* den Altar ausgerichtet und *nicht* rund um den Altar angerichtet sind, wie dies in Arenen und Stadien der Fall ist, was dort zu Verhaltensweisen (wie La-Ola-Aktivitäten) anstiftet, die zwar für Sport-, nicht aber für Kirchenveranstaltungen typisch sind. Im Unterschied dazu werde beim Evangelischen Kirchentag, so Soeffner, eine räumliche ‚Gestalt' genutzt, die nicht die der Kirche sei, sondern die ihre eigenen Gesetze habe, welche jedem Nutzer diktiert würden.

Zum anderen aber wird – und dies markiert einen sehr wesentlichen Unterschied zu den Kirchentagen beider Konfessionen – in der Konzeption und Umsetzung des Weltjugendtags jedes Ansinnen zurückgewiesen, einen „Markt der Möglichkeiten" zu eröffnen. Hauptprogrammpunkte sind die Großliturgien, die in ihrer kanonischen Gesamtanlage keine Zweifel am Glaubensangebot aufkommen lassen sollen – nicht zum wenigsten durch die auch für Theologen auffällig dogmatischen Predigten des Papstes. Verstärkt wird der Ausschließlichkeitscharakter des Angebots durch den Programmpunkt ‚Katechesen', die entlang eines vorgegebenen *„Leitfadens"* nur und ausschließlich von katholischen Bischöfen durchgeführt werden. Und das nachmittägliche Kulturfestival ist dezidiert als Rahmenprogramm angelegt, das noch am ehesten eine Vielfalt auch an spirituellen Angeboten enthält, sich aber um die Programmstruktur *„herumranken"*

(I_03: Z_100f) muss, und von den Teilnehmern nur sehr punktuell und sporadisch wahrgenommen wird (vgl. grundsätzlich dazu Kapitel 2).

Dezidiert kritisiert der Papst in seiner Predigt im Abschlussgottesdienst des
Kölner Weltjugendtags die Bastel- und Selbstbedienungsmentalität heutiger
‚Gläubiger':

> „…Und so gibt es zugleich mit der Gottvergessenheit auch so etwas wie einen
> Boom des Religiösen. Ich will nicht alles schlechtmachen, was da vorkommt. Es
> kann auch ehrliche Freude des Gefundenhabens dabei sein. Aber weithin wird doch
> Religion geradezu zum Marktprodukt. Man sucht sich heraus, was einem gefällt
> [Applaus], und manche wissen, Gewinn daraus zu ziehen. Aber die selbst gesuchte
> [und gemachte] Religion hilft uns im Letzten nicht weiter. Sie ist bequem, aber in
> der Stunde der Krise lässt sie uns allein."

Parallel zu einer Gottvergessenheit konstatiert der Papst aktuell eine hohe Attraktivität (*„Boom"*) des Religiösen: nicht einer bestimmten Religion, sondern
des Religiösen generell, also unterschiedlichster Sinn- und Glaubensangebote,
die – wie ein modischer Trend, der, weil er diese Saison ‚angesagt' ist, stark
nachgefragt wird – reißenden Absatz finden. (Ähnlich äußerte sich bereits Papst
Johannes II. in seiner *„Botschaft an die Jugendlichen aus aller Welt anlässlich
des XX. Weltjugendtags 2005"*. Darin beklagt er jene *„Zeitgenossen"*, *„die ihr
Herz mit unbedeutenden Ersatzmitteln zu füllen suchen"* und fordert die Jugendlichen dazu auf, *„kurzlebigen Moden"* nicht nachzugeben und *„die Versuchun-
gen des Geldes, des Konsumverhaltens"* zurückzuweisen.)

Religion werde, so die Diagnose von Papst Benedigt XVI., *„geradezu zum
Marktprodukt"*: Der Begriff ‚Marktprodukt' ist im Deutschen nicht geläufig, was
zunächst vermuten lässt, dass er einer etwas unbeholfenen Übersetzung der Predigt aus dem Italienischen geschuldet ist. Dies ist allerdings aus zwei Gründen
unwahrscheinlich: denn zum einen ist davon auszugehen, dass der – sicherlich
lange vorbereitete und z.B. auch dem Fernsehkommentator der Live-Übertra-
gung vorliegende – Predigttext eine professionelle Übersetzung erfahren hat.
Zum anderen ist Deutsch die Muttersprache des Papstes: der Begriff dürfte also
mit Bedacht gewählt worden sein, um den Hinweis auf den Produktcharakter von
(‚falscher') Religion nochmals zu verstärken. (‚Falsche') Religion entwickelt
sich (*„geradezu"*) zu so etwas wie einer Ware, die am Markt feilgeboten wird.

Die Transformation von Religion in eine Ware vollzieht sich dadurch, dass
„man" (jeder von uns) sich verhält wie ein Konsument, der ‚das Religiöse' –
Bestandteile einer Religion oder verschiedener Religionen – wie ein Angebot
betrachtet und, den eigenen Präferenzen entsprechend zusammengestellt, eine
Auswahl trifft. Sie entsteht aber auch dadurch, dass *„manche wissen, Gewinn
daraus zu ziehen"*. Diese letzte Sequenz ist zweideutig, weil sie zum einen be-

deuten kann, dass unter denen, die sich heraussuchen, was ihnen gefällt, manche in der Lage sind, aus diesem Vorgang einen (materiellen oder immateriellen) Nutzen für sich zu ziehen. Es kann aber auch bedeuten, dass mit *„manche"* diejenigen gemeint sind, die das Konsumverhalten bzw. die Konsumorientierung gewinnbringend zu bedienen wissen.

Es wird aber nicht die Ökonomisierung des Religiösen für sich genommen problematisiert. *„Ich will nicht alles schlechtmachen, was da vorkommt"*. Das *„ich"* weist darauf hin, dass hier jemand spricht, der weiß, dass es auf das, was er sagt und meint, ankommt. Es ist nicht die Absicht des Oberhaupts der katholischen Kirche, etwas *„schlechtzumachen"*: mit dem Begriff ‚schlechtmachen' wird (etwa im Unterschied zu ‚verurteilen') eine sehr zurückhaltende, umgangssprachliche (als jugendgemäß erachtete?) Formulierung gewählt – möglicherweise eingedenk der Rolle, in der hier gesprochen wird. Etwas ‚schlechtmachen' bedeutet, an etwas herummäkeln, etwas ‚runter-' oder ‚madig-' machen, was nicht per se schlecht ist. Das Gemeinte wird sehr vage bezeichnet, nämlich nicht *„alles"* von dem, was *„da"* (in dem im vorherigen Satz konstatierten *„Boom"* des Religiösen) *„vorkommt"*, denn es kann unter all dem auch etwas ‚Ehrliches', ein aufrichtiges Gefühl (*„ehrliche Freude"*) sein, welches das Finden bei demjenigen auslöst, der etwas richtig und ernsthaft gesucht hat. Hier erst bezeichnet der Papst deutlich, was er mit dem *„Religiösen"*, das da ‚boomt', meint: nicht Glaubensinhalte (Religion), sondern Ausdrucksformen des Glaubens (d.h. Religiosität).

Problematisiert wird letztlich aber nicht die Umwandlung von Religion in eine Ware, vielmehr sollen sich die Zuhörer eines existentiellen Problems bewusst werden: dass nämlich eine *„selbst gesuchte Religion"*, d.h. eine Religion, die man sich im Do-it-yourself-Verfahren ‚gestrickt' hat, zwar *„bequem"* ist, d.h. nicht anstrengt und nicht herausfordert, weil man die unliebsamen Aspekte eben nicht gewählt oder aussortiert hat, sie aber *„im Letzten"*, also in Krisenzeiten (wie Krankheit und Tod), nicht weiterhilft, d.h. keine Hilfe oder Unterstützung bei der Bewältigung der Krise bietet, sondern uns *„allein"* lässt, wie jemand, der einen ‚im Stich' lässt, wenn es ‚drauf ankommt'. Die einzige tragfähige Alternative liefert demnach der *„Glaube der Kirche"*, denn *„es ist der Heilige Geist, der die Kirche in ihrem wachsenden Glauben immer weiter in die Tiefe der Wahrheit eingeführt hat und einführt"* (vgl. Joh 16,13). Die Kirche ist demnach der Raum, in dem Menschen Gott begegnen können; der ekklesiologischen Ansicht des Theologen Joseph Ratzinger zufolge erkennt man Gott nur mit den Augen des *kirchlichen* Glaubens wirklich.

4.6 Die logistische Durchführung der Idee

In die Organisation des Weltjugendtags waren von Beginn der Planungsarbeit an einige, in der Hochphase der Vorbereitungen zahlreiche und während dem Ereignis fast unüberschaubar viele in diversen institutionellen Kontexten und auf unterschiedlichen Entscheidungsebenen ,angesiedelte' Akteure und Akteursgruppen eingebunden: sozusagen durch die gesamte katholische Kirchenhierarchie hindurch bis ,hinunter' zu den freiwilligen Helfern ,vor Ort', aber natürlich auch in einer langen Reihe privatwirtschaftlicher Unternehmen und in vielzähligen kommunalen, regionalen und nationalen Dienststellen und Verwaltungen.

4.6.1 Die Abgabe organisatorischer Aufgaben an externe Dienstleister

Die gesamte Essensversorgung der Kölner Weltjugendtagsteilnehmer wurde an eine international tätige Cateringfirma übergeben. Für das Outsourcing dürfte ein ganzes Bündel der typischerweise genannten Gründe dafür, organisatorische Aufgaben an externe Dienstleister abzugeben, ausschlaggebend gewesen sein. Neben der Notwendigkeit, in Ermangelung internen Know-hows die fehlenden internen Ressourcen zu ergänzen, und der Erfordernis, vom Prozess-Know-how des Dienstleisters zu profitieren, um Service-Qualität und damit ,Kundenzufriedenheit' zumindest annähernd zu gewährleisten, lässt sich das Bemühen, die Verpflegungskosten möglichst gering zu halten, als ein nicht unwichtiger Beweggrund für die Auslagerung dieses Aufgabenbereichs erkennen.

Obwohl diese Cateringfirma bereits beim Weltjugendtag 1997 in Paris den Zuschlag für die Pilgerverpflegung erhalten hatte, wurde der Firma der Auftrag für den Weltjugendtag 2005 erst nach einem Ausschreibungsverfahren erteilt, in dem sie sich gegen Mitbewerber mit einem Versorgungskonzept durchsetzen musste, dessen Konkurrenzvorteil nach Ansicht der Unternehmensleitung – nicht zuletzt aufgrund negativer Erfahrungen beim Weltjugendtag 2002 in Toronto – in der, in enger Abstimmung mit Verantwortlichen des Kölner Weltjugendtagsbüros entwickelten, *dezentralen* Lösung bestand: Anstelle von ein paar wenigen zentral angesiedelten Versorgungsstellen sah das Modell die Essensausgabe an den ca. 300 sogenannten „Katecheseorten" im Großraum Köln-Düsseldorf-Bonn vor.

Die Planung des logistisch hochsensiblen Bereichs der Essensverpflegung orientierte sich allem Anschein nach nicht am erwartbaren Verhalten der Jugendlichen, die es typischerweise massenhaft dorthin drängt, ,wo was los ist', sondern an der Intention der Veranstalter, den Jugendlichen mit dieser Maßnahme die Teilnahme an den Katechesen ,nahezulegen'. Die Versorgungsengpässe waren augenscheinlich also weder durch eine Fehlplanung noch – wie medial kolportiert – durch die Unberechenbarkeit der Pilger, sondern durch die Steuerungsabsicht der Veranstalter verursacht, die hier möglicherweise dadurch besonders effektiv verfolgt werden konnte, weil eine Möglichkeit der direkten Einflussnahme seitens des Weltjugendtagsbüros gegeben war.

Denn für die Planung und Durchführung dieses, für den Caterer lukrativen und nach Auskunft ihres Geschäftsführers auch im Nachhinein finanziell erfolgreichen, Projekts wurde eine Weltjugendtags Catering GmbH gegründet, in deren Aufsichtsrat der für die Verpflegung der Weltjugendtagsteilnehmer zuständige Leiter des Bereichs ‚Pilgerwesen' des Weltjugendtagsbüros und in deren Geschäftsführung der Leiter der (Unter-)Abteilung ‚Catering' dieses Bereichs vertreten war, wodurch aus Sicht des Weltjugendtagsbüros die Wahrnehmung von Steuerungs-, Kontroll- und Aufsichtsrechten durch das Kölner Weltjugendtagsbüro gesichert war. Durch diese Maßnahme gestaltete sich das Arbeitsverhältnis aus dieser Perspektive derart, dass das Weltjugendtagsbüro dem Caterer „Vorgaben" machen konnte, die dieser „umzusetzen" habe.

In Reaktion auf die öffentliche Kritik in Anbetracht der Versorgungsengpässe bei der Realisierung des dem Event-Veranstalter, der Katholischen Kirche, ebenso wie den Medien von beiden ‚Parteien' – den Verantwortlichen im Weltjugendtagsbüro und des Caterers – im Vorfeld als Optimallösung angepriesenen Verpflegungsmodells, wurde die Zusammenarbeit vom Caterer als partnerschaftliche Kooperation mit beidseitiger Verantwortung, von den Verantwortlichen des Weltjugendtagsbüros – schlussendlich unter Androhung juristischer Konsequenzen – als klares Auftragsverhältnis mit Verantwortung des externen Dienstleisters dargestellt und kommuniziert.

Auch die gesamten Baumaßnahmen für die Vigil und die Abschlussmesse mit dem Papst am Marienfeld wurden an einen internationalen Baukonzern, dem hierfür die Position des Generalübernehmers übertragen wurde, abgegeben. Das Weltjugendtagsbüro in Köln übernahm, wesentlich in Gestalt des Leiters des Bereichs ‚Operations/Risk Management (Marienfeld)', die Funktion der Schnittstellenkoordination – nicht nur bei den Verhandlungen mit den zuständigen Stellen der ‚betroffenen' Städte und Kommunen, sondern auch bei der Beratung und Begutachtung durch landwirtschaftliche und geologische Gutachter und bei der Einbindung ‚geeigneter' Sponsoren wie z.B. einem rheinischen Energiekonzern, in dessen Tochterunternehmen Kies vertrieben wird, mit dem der ‚Altarhügel' am Marienfeld aufgeschüttet werden konnte.

Für die Zusammenarbeit mit dem kanadischen Softwareentwickler Exposoft wurde in dem Sinne eine Insourcing-Variante gewählt, als ein Mitarbeiter dieser Firma permanent ‚vor Ort' im Weltjugendtagsbüro tätig war, dem, in enger Kooperation mit den Mitarbeitern des Bereichs ‚EDV/Personal', die Anpassung der

Pilgersoftware PISO auf die jeweils anstehenden Anforderungen – die Registrierung und Verteilung der Pilger auf die Unterkünfte, die Akkreditierung der Freiwilligen und deren ‚Matching' auf die mannigfaltigen Arbeitseinsätze, die Eingabe der ‚akkreditierten' Künstlergruppen und deren Verteilung auf die Veranstaltungsorte usw. – oblag. Demgegenüber war die Zusammenarbeit mit den privaten Sicherheitsdiensten, die mit der Gewährleistung der Ordnung am Marienfeld beauftragt worden waren, entschieden asymmetrisch konzipiert.

4.6.2   Die Kooperation mit Verwaltung, Polizei, Bahn und öffentlichem Nahverkehr

Bei der Planung, Vorbereitung und Durchführung der vieldimensionalen Veranstaltung ‚Weltjugendtag' musste mit einer ganzen Reihe bürokratischer Instanzen auf städtischer, kommunaler, Landes- und Bundesebene kooperiert werden: So mussten aus der dem Bereich ‚Pilgerwesen' eingegliederten Abteilung ‚Registrierung' heraus Fragen der Visa-Pflicht mit dem Auswärtigen Amt besprochen und Sonderregelungen für Länder mit besonderen Visa-Auflagen erwirkt werden. Bereits bei der Erstellung der elektronischen Anmeldungsformulare durch den Bereich ‚Personal/EDV' in Zusammenarbeit mit dem Bereich ‚Personalwesen' war darauf zu achten, dass Teilnehmer aus visapflichtigen Ländern namentlich zu erfassen sind. Diese Namen mussten dem Auswärtigen Amt gemeldet werden.

Als aufwändig erwies sich auch die Zusammenarbeit mit der Bezirksregierung: Diese hatte verfügt, dass für jede Schule, die als Unterbringungsort für Pilger genutzt werden sollte, ein Bauantrag (mit aktuellen Bauplänen etc.) gestellt werden müsse, was bei insgesamt 1.800 Schulen einen enormen Arbeitsaufwand bedeutete. Von der Bezirksregierung konnte schließlich eine Sondergenehmigung – ein Sondererlass – erwirkt werden, demzufolge der Unterrichtsbeginn für die Schüler aller belegten Schulen im Schuljahr 2005/06 um einen Tag verschoben wurde, weil der Weltjugendtag an einem Sonntag endete und die Unterbringungsorte erst gereinigt und wieder für den Schulunterricht eingerichtet werden mussten.

Während die Zusammenarbeit mit den Gesundheits- und Ordnungsämtern – analog zu der mit der Bezirksregierung – nicht wirklich als Kooperation, sondern eher in Form eines Weisungsverhältnisses geschildert wurde, wonach auf der einen Seite (der Bürokratie) Auflagen (z.B. zur Einhaltung von Hygienevorkehrungen) geltend gemacht werden konnten und wurden, die auf der anderen Seite (dem Weltjugendtagsbüro) mitunter zähneknirschend, weil zeit-, kosten und personalintensiv befolgt werden mussten, wurden die vielfältigen Abstimmungs-

prozesse bezüglich der – ökologisch sensiblen – Baumaßnahmen auf dem Marienfeld, etwa mit den für Baugenehmigungen zuständigen Stellen der anrainen-
den Kleinstädte, als an unbürokratischer Einigung interessierte Aushandlungen
dargestellt.

Für eine, zumindest den Verlautbarungen uns gegenüber zufolge, weitgehend reibungslose Zusammenarbeit mit der Polizei waren die Personalentschei-
dungen des Geschäftsführers der Weltjugendtags gGmbH richtungsweisend, die
Leitung des Bereichs ‚Sicherheit/Protokoll' mit einem ehemals führenden und
mit der Durchführung von Großveranstaltungen (unter anderem bereits zwei
frühere Papstbesuche) erfahrenen Polizeifunktionär zu besetzen, dem wiederum
Bundeswehrreservisten für Protokollfragen an die Seite gestellt worden waren.

Für die Aufrechterhaltung der Mobilität – zum Ersten der Weltjugendtagsteilnehmer selber, zum Zweiten der Kölner Stadtbewohner und Pendler, zum
Dritten der Tages- bzw. Wochenendausflügler zur Abschlussveranstaltung am
Marienfeld und schließlich des (Transit-)Verkehrs durch Nordrhein-Westfalen,
für den der Großraum Köln sich generell als Engstelle erweist, potenziert durch
den Urlaubs-Rückreiseverkehr (das Abschlusswochenende des Weltjugendtags
‚kollidierte' terminlich mit dem Ferienende in Nordrhein-Westfalen) – wurde die
Zusammenarbeit mit dem ADAC, mit europäischen Verkehrsverbünden, mit
einer Arbeitsgruppe im nordrheinwestfälischen Verkehrsministerium und mit
dem Kölner Verkehrsverbund gesucht. Bei der Erarbeitung eines stimmigen
Mobilitätskonzepts ließ man sich überdies von einer Ingenieursvereinigung für
Verkehrsplanung und Koordination beraten – nicht ohne von Vornherein zu
gewärtigen, dass sich die Verkehrslage bereits zu Stoßzeiten während dem Weltjugendtag, insbesondere aber nach der sonntäglichen Abschlussveranstaltung mit
einem ‚Abfluss' von über einer Million Personen aus dem verkehrstechnisch
wenig erschlossenen Kölner Süden um das Marienfeld ‚chaotisch' gestalten
würde.

4.6.3   Die Einbindung der katholischen Diözesen

Während der gesamten Vorbereitungszeit fand über diverse Wege ein reger Austausch mit den internationalen und deutschen Diözesen statt. Von der Idee her
sollten alle Fragen rund um den Weltjugendtag, die in den Pfarrgemeinden außerhalb Deutschlands vor allem die ‚Entsendung' von Pilgern, in den deutschen
Pfarrgemeinden vor allem den Empfang von Pilgern aus aller Welt betrafen, auf
diözesaner Ebene gebündelt und nur dann an das zentrale Weltjugendtagsbüro in
Köln gerichtet werden, wenn sie auf der Diözesanebene nicht beantwortet werden konnten. Zu diesem Zweck wurden in vielen deutschen Bistümern eigene

Weltjugendtagsbüros als Anlaufstellen etabliert, deren Mitarbeiter überdies die Bistumsveranstaltungen für die ‚Tage der Begegnung' vorzubereiten bzw. deren Vorbereitungen anzuleiten hatten.

Tatsächlich aber suchten viele haupt- und ehrenamtliche Kräfte in den Diözesen den direkten Kontakt zu den Mitarbeitern im Weltjugendtagsbüro, wenn sie deren Telefonnummern und/oder Emailadressen in Erfahrung bringen konnten. Dadurch hat sich die Anruf- und Maildichte aus den Diözesen in manchen Bereichen (allen voran dem für die Koordination der ‚Tage der Begegnung' zuständigen Bereich ‚Begegnung') derart erhöht, dass die Telefone in hektischen Phasen der Vorbereitung an die – auch im Weltjugendtagsbüro gleichsam als ‚Firewall' fungierende – Telefonzentrale umgestellt wurden, damit als ‚wesentlicher' (als die des Auskunftgebens) angesehene Arbeiten erledigt werden konnten. Der direkte Kontakt wurde nicht selten auch über die Jugendlichen gesucht, die aus den Diözesen als Langzeitfreiwillige ins Weltjugendtagsbüro ‚entsendet' worden waren – eine Praxis, die im Büro ungern gesehen wurde und an der mitzuwirken den Langzeitfreiwilligen alsbald untersagt wurde.

Eine regelmäßige Plattform für den Informationsaustausch mit den Diözesen bildeten die insgesamt neunmal durchgeführten „Diözesandelegiertenkonferenzen", zu denen die von den Bischöfen ernannten bzw. ‚berufenen' Hauptverantwortlichen für den Weltjugendtag in den 27 deutschen Diözesen eingeladen wurden. In diesem Rahmen wurden die Delegierten anfänglich in die geistliche Idee des Weltjugendtags eingestimmt sowie mit der Organisationsstruktur des Weltjugendtags, der konzeptionellen Anlage der Gesamtveranstaltung und den darin implizierten Anforderungen an die Gemeinden und Diözesen – als Gastgeber für die Pilger während den ‚Tagen der Begegnung' – vertraut gemacht. Die Konferenzen dienten aber vor allen Dingen dem Zweck, diese Akteure in ihrer Funktion als Multiplikatoren in die Bistümer hinein über den Stand der Vorbereitungen, über Veränderungen (z.B. neue Kalkulationen über erwartete Pilgerzahlen, insbesondere für die ‚Tage der Begegnung'), über Termine (z.B. Anmeldungsfristen, Vorbereitungstreffen) usw. in Kenntnis zu setzen und um deren ‚good will' zu werben. Andererseits boten diese Runden den Delegierten die Möglichkeit, Erfahrungen, Bedenken, Sorgen, Stimmungen sozusagen ‚von der Basis' zu überbringen. Deshalb waren die Delegiertenkonferenzen als ‚Stimmungs-Barometer' für die Mitarbeiter des strukturell nicht in die bestehenden kirchlichen Strukturen integrierten, sondern darauf ‚aufgesetzten' (und von den Hauptamtlichen der katholischen Jugendpastoral so auch wahrgenommenen) Weltjugendtagsbüros durchaus bedeutsam.

In der Zeit zwischen den Diözesandelegiertenkonferenzen wurden die *„Verantwortlichen der (Erz-)Diözesen für die Vorbereitung des XX. Weltjugendtags"* per *„Infobriefen"* mit unterschiedlichsten Informationen zum Weltjugend-

tag – z.B. zum jeweiligen Stand der Anmeldungen, zur Anzahl der bis dato ak-
quirierten Betten in Köln, zu Bestellmöglichkeiten von Merchandising-Artikeln
wie den *„offiziellen Weltjugendtagskerzen"* oder Promo-T-Shirts – ‚versorgt'.
Die in diesen Schreiben enthaltenen Mitteilungen hatten durchaus auch Auffor-
derungscharakter (z.B. die *„Bitte"*, die Anstrengungen zu intensivieren, mit der
Lotterie die Einnahmen für den Weltjugendtag zu steigern, oder die *„Bitte"*, die
Werbung für die ‚Tage der Begegnung' zu intensivieren).

Für den *„Austausch und die bessere Kommunikation unter den Verantwortlichen für den Weltjugendtag in den deutschen Diözesen"* wurde ein Intranet,
d.h. eine elektronische Plattform, eingerichtet, über die Dokumente aus dem
Weltjugendtagsbüro (Protokolle der Diözesandelegiertenkonferenzen, Infobriefe,
Programmentwürfe, Antworten auf ‚häufige Fragen', Statements der Büroleitung
auf Pressekonferenzen usw.) abgerufen werden konnten. Der Zugang zu dieser
Plattform wurde zunächst ausgesprochen restriktiv gehandhabt und war mehr
oder weniger ausschließlich den Diözesandelegierten vorbehalten. Erst nach
heftigem Insistieren aus den Diözesen wurde der Kreis der Zugangsberechtigten
auf *„die Verantwortlichen der einzelnen Projekte in den Diözesen, die der Vorbereitung der Tage der Begegnung in den deutschen Diözesen und dem XX.
Weltjugendtag dienen"* erweitert – nicht ohne dass im diesbezüglichen Schreiben
an die diözesanen Projektleitungen darauf hingewiesen wurde, dass die ad perso-
nam vergebene Kennung nicht an andere weitergeben werden dürfe.

All diese Maßnahmen sind ganz offensichtlich von dem Bemühen getragen,
den Informationsfluss in für das bzw. vom Weltjugendtagsbüro ‚geordnete Bahnen' zu lenken und die Kommunikation mit den haupt- und ehrenamtlichen Kräften in den Diözesen über bestimmte ‚Knotenpunkte' zu kanalisieren.

4.6.4   Die Indienstnahme der Pfarrgemeinden des Kölner Erzbistums

Während in vielen, strukturell vergleichbaren Fällen der Event-Organisation
(insbesondere der von Marketing-Events, eingeschränkt aber auch der von jugendkulturellen Events) eine klare Trennlinie zwischen Organisatoren und Organisierten verläuft, erscheinen die Inklusionsintensitäten und -qualitäten beim
Weltjugendtag gegenüber einer relativ klaren Formalhierarchie als auffällig diffus. Exemplarisch verdeutlichen lässt sich dies an den in das Organisationsge-
schehen involvierten Mitgliedern der Pfarrgemeinden des Erzbistums Köln:

In allen Kirchen des Bistums mit einem Fassungsvermögen von mehr als
500 Besuchern wurden während dem Weltjugendtag an den Vormittagen Katechesen in den fünf Weltjugendtagssprachen (deutsch, englisch, französisch, ita-
lienisch und spanisch) abgehalten, die je nach den Vorlieben des ‚zelebrieren-

den' Bischofs eher monologisch als geistliche Ansprachen, dialogisch als Bibel-
gespräche oder liturgisch als Gottesdienste gestaltet waren. Gemeinderäume und
-säle im Erzbistum Köln dienten entweder als Unterkünfte oder als Veranstaltungsorte für das an den Nachmittagen geplante Programm des Jugendkulturfestivals. Dezentral waren am Freitagnachmittag des Weltjugendtags Kreuzwege
vorgesehen, deren Stationen in den Gemeinden zum Teil sehr aufwändig vorbereitet und gestaltet wurden. Die Betreuung der Katechesen, der Kirchen und
sonstigen Veranstaltungsorte, die morgendliche Essensausgabe an den Unterkünften und vieles andere mehr oblag federführend den Mitgliedern sogenannter
„Kernteams" (die während dem Weltjugendtag personell aus dem allgemeinen
Pool der Kurzzeitfreiwilligen verstärkt wurden): Jugendliche im Alter von 16 bis
30 Jahren aus dem Einzugsgebiet des Erzbistums Köln wurden – pfarreiintern zu
„Kernteams" zusammengefasst – bereits seit Sommer 2003, d.h. mit einer zweijährigen Vorlaufzeit, spirituell auf die Idee des Weltjugendtags eingestimmt und
auf mannigfaltige organisatorische Aufgaben vorbereitet, um im August 2005 in
und mit ‚ihren' Gemeinden als Gastgeber für die Teilnehmer des Weltjugendtags
fungieren zu können.

Die Idee der Etablierung, Schulung, Motivation und Betreuung dieser
„Kernteamer" war von hauptamtlichen Vertretern der Jugendpastoral des Erzbistums Kölns als eine Art regionale Nachwuchsförderung für die katholischen
Gemeinden in der Diözese Köln entwickelt worden. Mit großen Vorbehalten,
damit um die Früchte dieser Mobilisierung im Hinblick auf eine regional-
kirchliche Event-Nachhaltigkeit gebracht zu werden, hat dieses hauptamtliche
Personal darauf reagiert, dass ‚ihre' Kernteams wenige Monate vor dem Event
relativ rigoros in das vom Weltjugendtagsbüro rekrutierte Freiwilligen-Heer
eingegliedert wurden. Allem Anschein nach hat diese Maßnahme aber dazu
beigetragen, dass die ‚Kernteamer' ein klares Selbstverständnis als (Mit-)*Organisatoren* des Weltjugendtags ausgebildet haben. Zahlreichen Erlebnisberichten
aus den Kölner Pfarrgemeinden lässt sich demgegenüber entnehmen, dass der
überwiegende Teil der Mitglieder dieser Gemeinden sich viel eher als *Organisierte* erfahren hat.

4.6.5   Die Arbeitsdelegation an Freiwillige

Für mannigfaltige Betreuungs-, Hilfs- und Zuarbeiten während dem Weltjugendtag waren ca. 23.000 freiwillige Helfer als sogenannte „Kurzzeitfreiwillige" im
Einsatz, die überwiegend aus dem katholischen Milieu rekrutiert wurden. Einige
hundert Kurzzeitfreiwillige wurden in den letzten vier Wochen vor dem Weltjugendtag *im Büro*, vor allem im dem Bereich ‚Pilgerwesen' zugeordneten Call

Center zur Beantwortung der zum Schluss hin sprunghaft angestiegenen Pilgeranfragen, aber auch in Lagerhallen zum Befüllen der 500.000 Pilgerrucksäcke eingesetzt. Das ‚Heer' der Kurzzeitfreiwilligen aber war neun Tage lang, d.h. zwei Tage vor und während dem Weltjugendtag ‚vor Ort' im Einsatz.

Die militärische Metapher des ‚Heeres' drängt sich zum einen wegen der hierarchischen Struktur der Weltjugendtagsorganisation (vom Büro über die diversen Gremien bis nach Rom) insgesamt auf, zum anderen und ganz besonders, weil die für Anwerbung, Schulung, Einsatz und Betreuung der Freiwilligen zuständigen Mitarbeiter des (Arbeits-)Bereichs ‚Freiwillige' im Weltjugendtagsbüro zur Bewältigung dieser Aufgabe ein streng hierarchisches Modell von Zuständigkeiten und Kommunikationsflüssen erarbeitet hatten: Ca. 20 Kurzzeitfreiwillige bildeten ein Team, das während dem Weltjugendtag mit einer Aufgabe (z.B. Unterstützung eines Programmleiters bei der Betreuung von Veranstaltungen im Rahmen des Kulturfestivals) betraut war. Jedes Team wurde einem Teamleiter unterstellt. Die Teamleiter von mit einer Aufgabe des gleichen Typs (also z.B. Unterstützung der Veranstaltungsbetreuung) betrauten Teams wurden einem Gruppenleiter zugeordnet. Bei solchen Aufgaben, für die besonders viel freiwilliges Hilfspersonal als erforderlich erachtet wurde (z.B. für die Unterstützung des Catering-Personals an den ca. 300 dezentralen Essenausgabestellen), für deren Erledigung also sehr viele Teams gebildet wurden, wurden *mehrere* Gruppen konstituiert (eine Gruppe sollte der Planung nach ca. 60 Teamleiter umfassen).

Das vom Bereich ‚Freiwillige' im Weltjugendtagsbüro erarbeitete Konzept zur Kanalisierung der Kommunikation sah vor, dass tatsächlich nur diese Gruppenleiter, die sich während dem Weltjugendtag vor allem in einer der drei „regionalen Veranstaltungsleitungen" (RVL) (Köln, Bonn, Düsseldorf) aufhalten sollten (vgl. Kapitel 4.6.6), entweder direkt mit den dort eingesetzten Vertretern des Weltjugendtagsbüros oder telefonisch mit den für die auftretenden Probleme jeweils zuständigen Büromitarbeitern in Kontakt treten konnten.

Der militärischen Praxis vergleichbar, waren die ‚Diensthöheren' nicht nur für die Betreuung und Anleitung während dem Einsatz, sondern auch für die Einweisung der ihnen jeweils nachgeordneten ‚Einheiten' zuständig: D.h. die ca. 30 Gruppenleiter waren in den Tagen unmittelbar vor dem Weltjugendtag mit der Schulung ‚ihrer' Teamleiter, die Teamleiter wiederum mit der Schulung ‚ihrer' Teammitglieder betraut. Der Funktion eines Street Workers entsprechend, waren während dem Weltjugendtag sogenannte „*Volunteer Support Manager*" bzw. „*Schlichter*" – Freiwillige mit einer pädagogischen, sozialpädagogischen oder psychologischen Ausbildung – als Ansprechpartner für Freiwillige mit psychischen Problemen im Einsatz. (Unseren Informationen zufolge ‚reisten' diese Betreuungskräfte von Team zu Team und übernahmen derart vor allem die

Funktion einer ‚Klagemauer', soweit sie nicht Abhilfe für Probleme schaffen konnten.)

Dafür, dass es sich bei den freiwilligen Helfern des Weltjugendtags grosso modo um eine hochmotivierte Personengruppe gehandelt hat, spricht bereits die starke Resonanz auf die im Spätherbst 2004 über diverse Medien gestartete Werbekampagne: Weitaus mehr Bewerbungen als erwartet trafen daraufhin im Büro der Weltjugendtag gGmbH in Köln ein und wurden hier in den Folgemonaten gesichtet, sortiert, selektiert und zu 5 bis 20-köpfigen Teams gruppiert, denen dann wiederum spezifische Aufgaben zugeordnet wurden. Im Gegensatz zu den Langzeitfreiwilligen war für diese Kurzzeitfreiwilligen die Mitgliedschaft in der Katholischen Kirche oder gar Engagement in kirchlichen Kontexten *kein* Selektionskriterium. Es scheint vielmehr so gewesen zu sein, dass sich eben überwiegend relativ ‚kirchennahe' Leute zur Mithilfe beim Weltjugendtag angesprochen oder aufgefordert gefühlt haben, obwohl nicht nur in kirchlichen Medien (insbesondere in Pfarr- und Hirtenbriefen), sondern auch im Rundfunk (WDR2, Eins Live, Domradio) und im Fernsehen (RTL) zu diesem freiwilligen Engagement aufgerufen worden war und erst die Werbemaßnahmen in diesen weltlichen Medien die Bewerberzahlen in die Höhe schnellen ließen.

Im Verlauf des knapp einwöchigen Weltjugendtags wurde diese vorgängige Motiviertheit der Volunteers dann nicht selten auf eine harte Probe gestellt – was nicht zum wenigsten zum nicht unerheblichen ‚Schwund' an Freiwilligen während dem Weltjugendtag geführt haben dürfte: Von den über 31.000 Jugendlichen, die sich für das freiwillige Engagement in Köln beworben hatten, erhielten ca. 27.000 Personen eine Zusage. Davon haben sich dann ca. 23.000 Jugendliche in Köln als ‚Freiwillige' registrieren lassen (und haben damit eine Schlafstätte, Essensmarken und einen Pilgerrucksack zugeteilt bekommen). Davon wiederum haben dann ca. 21.000 Jugendliche tatsächlichen ihren Dienst angetreten. Im Unterschied zu früheren Weltjugendtagen, bei denen die Ausfallquote bei 30-40 Prozent lag, hat der Kölner Weltjugendtag mit ca. 20 Prozent Ausfallquote *vorab* relativ gut abgeschnitten. Dazu, wie viele Jugendliche sich dann während der Tage ‚abgesetzt' haben, liegen keine exakten Zahlen vor: Nach Schätzungen aus dem Weltjugendtagsbüro waren von den ca. 2.500 Jugendlichen, die der Cateringfirma zur Verpackung und Ausgabe der Verpflegung zugeteilt worden waren, nur ca. 1.400 Personen im Einsatz, was zumindest in diesem Arbeitsbereich einer Ausfallquote von 40 Prozent – und damit den Zahlen der vorherigen Weltjugendtagen – entsprechen würde.

Die (vielen) Freiwilligen, die sich *nicht* sukzessive vom Dienst verabschiedet hatten, haben in Gesprächen uns gegenüber ihren Unmut und/oder ihre enttäuschten Erwartungen sehr deutlich zum Ausdruck gebracht: allerdings nicht (so sehr) – wie von uns vorab vermutet – über die Anspruchslosigkeit oder Eintönigkeit der Einsatzbereiche und die Arten der Tätigkeiten (wie z.B. die Verpackung der Pilgerverpflegung, Reinigungsdienste in den Massenquartieren oder Ordnerdienste auf Parkplätzen bzw. an Veranstaltungsorten). Ihr Helferfrust resultierte weit weniger aus derlei ihnen zugewiesenen, ‚nachgeordneten' Aufgaben (in der Regel wurden an prekären Stellen bzw. für anspruchsvollere Aufgaben professionelle Kräfte eingesetzt), sondern weit mehr aus dem, was sie uns gegenüber als chronische Desinformiertheit beklagt haben:

Einerseits sahen sie sich durch die hierarchisch übergeordneten Stellen und Personen schon im Vorfeld und mehr noch während der Veranstaltung (z.B. über Arbeitsinhalte, -zeiten, -orte, über situative Einsatzmöglichkeiten, über Übernachtungsmöglichkeiten usw.) allzu spät, ausgesprochen spärlich, nicht selten vage und insgesamt wenig verlässlich informiert. Andererseits war ihnen organisatorisch-technisch die Möglichkeit der direkten Kontaktaufnahme fast vollständig verwehrt. Denn vorgesehen war die folgende, eben nachgerade an eine militärische Befehlskette erinnernde Vorgehensweise: Der Freiwillige kontaktiert ‚seinen' Teamleiter, und dieser wendet sich an ‚seinen' Gruppenleiter, der in der regionalen Veranstaltungsleitung (RVL) angesiedelt ist, welche (auch) mit Vertretern des Weltjugendtagsbüros besetzt ist, die sich ihrerseits wiederum gelegentlich selber erst sachkundig machen mussten. Eine solche Informationskette reißt naheliegenderweise sowohl bei Abwesenheit bzw. Nicht-Erreichbarkeit als auch bei (zufälliger) Nichtinformiertheit als auch bei anderweitigen Indisponiertheiten *jeder* der an ihr beteiligten Personen sofort ab, was nicht nur immer wieder situative Desorientierungen, sondern – daraus folgend – auch erhebliche Frustrationen bei den sozusagen an der *Dienstleistungsfront* stehenden Freiwilligen ausgelöst hat.

Den Frustrationen etwa jener ‚Pilger', die an Verpflegungsstellen nach langen Wartezeiten hungrig weggeschickt (statt rechtzeitig auf alternative Verpflegungsstellen verwiesen) wurden, konnten die Freiwilligen argumentativ und aktiv wenig entgegensetzen. Diese Frustrationen stießen bei ihnen vielmehr auf Resonanz, ohne dass sie diese ‚in ihnen' gleichsam verstärkten Frustrationen in Richtung Organisation ‚ableiten' oder gar Abhilfe hätten schaffen können, weil ihre Weiterleitung, jedenfalls ihrer Wahrnehmung nach, in der Informationskette gleichsam ‚versandete'. Die Freiwilligen fungierten de facto sozusagen als eine ‚Membrane' zwischen Event-Teilnehmern zum einen und Event-Organisatoren zum anderen, die zumindest von Pilgerseite her ständig in Schwingungen versetzt, aber weder selber aktionsfähig noch informatorisch durchlässig war.

Durch die (im räumlichen und im übertragenen Sinne zu verstehende) Positionierung an den Begrenzungen, an den Übergängen und Ausgabestellen waren die Freiwilligen weder als Teil der Teilnehmer konzipiert, noch haben sie sich selber als eine Art von Teilnehmern verstanden. Insbesondere durch die Desinformationspolitik der gegenüber dem situativen Geschehen beim Weltjugendtag zum Teil wohlabgeschotteten Veranstaltungsorganisatoren war ihnen aber auch die Möglichkeit genommen, sich selber als Teil der Organisation begreifen und inszenieren zu können.

Erfahrungen wie diese erzeugten bei den Freiwilligen mindestens Ärger darüber, gezwungen zu sein, eigene Mittel verausgaben zu müssen, und Unverständnis darüber, nicht hinreichend mit Informationen ausgestattet zu sein oder nicht die erforderlichen Zugänge zu Informationen zu bekommen. Mehr noch entstand bei ihnen das Gefühl, abgeschnitten zu sein bzw. nicht dazuzugehören, drängte sich der Eindruck auf, in ihrer Leistungsfähigkeit unterschätzt zu werden und für ihre Leistungsbereitschaft keine Wertschätzung zu erfahren, was nicht bei wenigen Zweifel darüber hervorrief, ihre (Frei-)Zeit (in welchem Sinne auch immer) nutzbringend investiert zu haben.

4.6.6   Die Integrationsfunktion der Veranstaltungsleitung

Für die Integration der heterogenen und zahlenmäßig kaum noch überschaubaren externen Dienstleister während der Veranstaltung wurde wenige Wochen vor dem Weltjugendtag eine „Einsatzstruktur" erarbeitet, in der drei Entscheidungsebenen unterschieden wurden:

Auf der Ebene der *„örtlichen Veranstaltungsleitung"* (ÖVL) waren die in den Pfarreien und an sonstigen Unterkunftsorten sowie an den Katecheseorten eingesetzten Freiwilligenteams mit ihren Teamleitern angesiedelt, denen zur Erledigung von Aufsichts- und Hausmeistertätigkeiten sogenannte *„Objektbetreuer"* und zur psycho-sozialen Unterstützung die ‚mobilen' Volunteer Support Manager zur Seite gestellt waren.

Alle Probleme, die diese ‚vor Ort' eingesetzten Kräfte nicht lösen konnten, wollten oder aufgrund ihrer dezidiert – ihrem eigenen Empfinden nach allerdings ‚unscharf' – begrenzten (und deshalb dem eigenen Bekunden nach auch weit ausgelegten) Kompetenzen nicht bearbeiten ‚durften', fielen je nach Standort in die Zuständigkeit einer der drei (in Köln, Bonn und Düsseldorf) eingerichteten *„regionalen Veranstaltungsleitungen"* (RVL). Dort waren neben den Gruppenleitern, die als direkte Ansprechpersonen für die Teamleiter ihrer jeweiligen Gruppe fungierten, regionale Objektbetreuer und regionale Programmleiter vertreten.

Die Position des *„Programmleiters"* wurde erst relativ spät vom Weltjugendtagsbüro eingerichtet, um bei jeder Veranstaltung einen für den ordnungsgemäßen Ablauf des Programms Verantwortlichen ‚vor Ort' ansprechen zu können. Während für kleinere Veranstaltungen Freiwillige ausgewählt wurden, die

den Büro-Mitarbeitern persönlich bekannt waren und bei denen man davon aus-
ging, dass sie diesen Job ausfüllen konnten, wurden für große Veranstaltungen
(beispielsweise in den Arenen) „Profis" über die katholischen Kirchentage angefragt und rekrutiert. Diese insgesamt ca. 120 Programmleiter – denen an großen
Veranstaltungsorten zusätzlich „technische Leiter" zur Seite gestellt wurden –
waren direkt den „regionalen Programmleitern" unterstellt, die in den drei regionalen Einsatzzentralen angetroffen bzw. telefonisch erreicht werden konnten,
und folglich nicht in die „Disziplinarschiene" (Wild, 20.2.06, Telefonat) der
Freiwilligen eingebunden.

Das organisatorische Headquarter während der Veranstaltungstage bildete
die in einer Halle der Messe Deutz eingerichtete „Zentrale Veranstaltungsleitung" (ZVL), in der der Geschäftsführer der Weltjugendtags gGmbH unter der
Beratung von Mitarbeitern des Stabes und von Bereichsleitern des Weltjugendtagsbüros – in Absprache mit Verantwortungsträgern der Feuerwehr, der Polizei,
des Technischen Hilfswerks und des Öffentlichen Personennahverkehrs – ‚letzte'
Entscheidungen zu treffen hatte (wie solche, den Kölner Hauptbahnhof am
Abend des dritten Veranstaltungstages für eine kurze Zeit zu sperren, da nach-
schiebende Pilgermassen die auf Züge und S-Bahnen Wartenden auf die Gleise
zu drängen drohten).

4.7 Die Finanzierung der Idee

Der von vornherein als ein 100-Millionen-Projekt veranschlagten Großveranstaltung lag ein Mischkonzept zur Finanzierung zugrunde, das, mit einigen Abstri-
chen, wie geplant realisiert werden konnte: Etwa 35 Prozent der Gesamtkosten,
die sich laut Auskunft des Geschäftsführers der Weltjugendtags gGmbH schlussendlich auf 122 Millionen Euro belaufen haben, sind ihm zufolge durch das
Pilgeraufkommen entstanden (Verpflegung, Entsorgung, Versicherung, Trans-
port). Mit rund 20 Prozent der Kosten war die Herrichtung des Marienfelds zu
veranschlagen, 15 Prozent hat die technische Infrastruktur (unter anderem für
Sicherheitsvorkehrungen) verursacht und zehn Prozent sind für Fremdpersonal
und Mieten verausgabt worden. Die Kosten für die WJT-Lotterie zum einen sowie für interne Personalkosten für Lang- und Kurzzeitfreiwillige zum anderen
beliefen sich diesen Angaben zufolge auf jeweils zehn Prozent vom Gesamtetat.

Die Event-Teilnehmer als größter Kostenfaktor haben derselben Quelle zufolge durch ihre Beiträge auch 40 Prozent der Deckung erbracht. Rund ein Viertel der Kosten sind durch kirchliche Mittel gedeckt worden. Der Bund, das Land
Nordrhein-Westfalen und die Stadt Köln haben rund zwölf Prozent der Mittel
beigetragen. Weitere Einnahmen sind aus der Lotterie (zehn Prozent), durch

Firmenspenden und Sponsoring (sechs Prozent), Privatspenden (vier Prozent), Warenverkäufe (ein Prozent) und Sonstiges (zwei Prozent) erzielt worden.

Ursprünglich geplant war, dass 15 Prozent der Gesamtkosten über Sponsoring gedeckt werden. Einerseits aber haben nicht wenige Unternehmen, bei denen angefragt worden war, aufgrund der religiösen Ausrichtung der Veranstaltung abgewinkt, um bei einer Beteiligung nicht auch von anderen Religionsgruppen und Konfessionen in die Pflicht genommen zu werden. Andererseits haben sich viele prinzipiell Sponsoring-willige Firmen eine wesentlich deutlichere Präsenz erwünscht, als ihnen von den Weltjugendtagsorganisatoren zugestanden werden konnte bzw. wollte. Alternativ zur finanziellen Beteiligung hat sich die Möglichkeit eines ‚Sach-Sponsoring' (z.B. die Wasserversorgung der Teilnehmer durch einen regionalen Energieversorger; die Finanzierung der Hostienschalen und Kelche durch einen Industriekonzern) und sogar einer Art ‚Personen-Sponsoring' (Bereitstellung von Technikern) geboten; zudem wurden Spenden-Projekte (z.B. für den Papststuhl) eingerichtet, die auch von Privatpersonen unterstützt werden konnten.

Auch wenn dem Weltjugendtag ein Konzept zur Mischfinanzierung zugrunde gelegen hat, waren die Einnahmen aus solchen Quellen, deren Nutzung eine Präsentation von ‚Fremdfirmen' beim Event erforderlich machen, sehr gering. Sehr unauffällig beispielsweise geriet das Logo der Stadt Köln auf den aus städtischen Mitteln finanzierten Pilgerrucksäcken. Diese Zurückhaltung entspricht der ‚Logik' von Marketing-Events, bei denen (im Vergleich etwa zu Public Events oder jugendkulturellen Events) die Refinanzierungsmöglichkeiten relativ gering sind, weil sie hier die Aufmerksamkeit von dem im Zentrum der Marketing-Bemühungen stehenden Produkt oder Unternehmen abziehen könnten. Im Unterschied zur Finanzierung von Marketing-Events wurde beim Weltjugendtag jedoch fast die Hälfte der Kosten durch die Teilnahmegebühren gedeckt.

Mit Ausnahme eines ‚ausgesuchten' Sponsoring und umfangreicher Medienkooperationen haben sich beim Weltjugendtag die meisten, bei anderen Eventformen typischen Kostenkompensationsmaßnahmen (vgl. Bischof 2004: 119) aber auch aus einem anderen Grund ‚verboten': Wenngleich man sich die Einwerbung von Sponsoren einfacher vorgestellt hatte und Mehreinnahmen über Sponsoring durchaus begrüßt hätte, haben schon die begrenzten kommerziellen Zugeständnisse (z.B. die Kommunionverteilung beim Abschlussgottesdienst mit dem Papst unter den weithin sichtbaren Schirmen eines Limonadenherstellers) heftige Irritationen unter gläubigen Katholiken ausgelöst. Dies haben jedenfalls die Weltjugendtagsdelegierten aus den deutschen Diözesen rückgemeldet. Hier war auch der Protest gegen die Einführung einer Lotterie, einem Novum in der Weltjugendtagsgeschichte, besonders deutlich – nicht zuletzt deshalb, weil die

Delegierten damit schlicht betraut und weil in allen Pfarrgemeinden Hauptamtliche zur Durchführung zwangsverpflichtet worden waren.

4.8 Mehr als ein Event?

Wie eingangs bemerkt und im Weiteren dargelegt, waren die Organisatoren sehr darum bemüht, mit ‚ihrem' Weltjugendtag 2005 in Köln ein eindrucksvolles Event ‚auf die Beine' zu stellen. Dafür haben sie eine in die Verfasstheit der Katholischen Kirche und Jugendpastoral in Deutschland ‚eingepasste' Struktur geschaffen, fach- und organisationskompetentes hauptamtliches Personal rekrutiert und ehrenamtliche Kräfte für spezifische (Hilfs-)Arbeiten geschult, bestimme Aufgaben ausgelagert oder delegiert, geeignete Kooperationen gesucht sowie ein Finanzierungskonzept erarbeitet und erfolgreich umgesetzt.

Zugleich war ihnen sehr daran gelegen, die Veranstaltung in der Umsetzung und Außendarstellung als „mehr als ein Event" zu konzipieren und zu vermitteln: *„Der Weltjugendtag ist ein geistliches Ereignis und gleichzeitig ein Event, das die Mischung von Freude und Leichtigkeit, Ausgelassenheit und Tiefgründigkeit vermittelt"* (Kommunikationskonzept: 4.2). In dieser Umschreibung wird das „Mehr" angedeutet, das den Unterschied machen soll. Der Weltjugendtag wäre ‚nur' ein Event, wenn er nicht zugleich als ein *„geistliches Ereignis"* angesehen und verstanden werden würde. Aber er wäre auch ‚nur' noch eine kirchliche Veranstaltung mehr, wenn sein Event-Charakter nicht so omnipräsent erlebbar wäre.

Gleichwohl gründen die Vorbehalte einer „Eventisierung" von Kirche und kirchlicher Jugendarbeit gegenüber naheliegenderweise vor allem in der Befürchtung, damit einem „Erlebnis-Autismus" Vorschub zu leisten (vgl. Hobelsberger 2002). Auch Eventforschern zufolge erweisen sich Events *ohne* eine darüber hinausweisende Rahmung – aufgrund der Selbstbezogenheit der Teilnehmer und der Selbstbezüglichkeit des Ereignisses – als „autistische Ereignisse". Als Gegenmodell zu solcherlei Selbstzweck-Veranstaltungen wird hier der explizit katholische Gottesdienst bemüht: „Die Pracht der katholischen Messe, der Weihrauchduft und die Glocken- und Orgelklänge sprachen die Erlebnisbereitschaft der Gottesdienstbesucher an, trotzdem war die Messe mehr als ein Event, weil die Erlebnisbereitschaft in einen religiösen Rahmen eingebunden war" (Schulze 1999: 89f).

Deutlich bringt diese Befürchtung auch der Generalsekretär des Weltjugendtags in einem Vortrag zum Priestertag anlässlich der Heilig-Rock-Tage 2004 zum Ausdruck: Der Weltjugendtag müsse mehr sein als einfach nur eine *„Großveranstaltung"*, mehr als ein *„schnell vergessenes Ereignis"*, mehr als eine *„rasch vorübergehende Show mit Effekthascherei, an die sich bald niemand mehr erinnert."* Und erreicht sei dieses Ziel, wenn den Jugendlichen die Erfahrung einer *„profilierten Kirche"*, einer *„einladenden und begleitenden Kirche"* und einer *„gemeinschaftsbildenden Kirche"* ermöglicht werde.

Der situativen Vergemeinschaftung der Weltjugendtagsteilnehmer wurde mit unterschiedlichen Maßnahmen Vorschub geleistet: Mittels Anmeldeverfahren, Unterbringung, Essensversorgung und Programmangebot wurden sie in Gruppen eingebunden und dergestalt bereits durch die „Tage der Begegnung" und dann auch durch den zentralen Weltjugendtag in Köln hindurchgeleitet. Mit der Bereitstellung von Zugehörigkeits-Emblematiken (z.B. den Pilger-Rucksäcken mit Weltjugendtags-Tüchern), die durch den Zukauf von Merchandising-Produkten (Armbändern, Kopftüchern) ergänzt werden konnten, wurde den Teilnehmern die Bekundung situativer Zugehörigkeit erleichtert. Und verstärkt werden sollte das Gemeinschaftsgefühl durch das häufige Anspielen der Weltjugendtagshymne, die vielen Jugendlichen über die offizielle Weltjugendtags-CD, vor allem aber aus den Einstimmungsveranstaltungen in den Gemeinden und Diözesen schon lange im Vorfeld des Events vertraut (gemacht worden) war. Nicht nur der von Papst Benedikt XVI. rückblickend auf den Weltjugendtag in einem am 13.08.2006 im deutschen Fernsehen ausgestrahlten Interview geäußerten Hoffnung nach, sollen sich dergestalt die Chancen erhöhen, dass sich über das Event hinaus Gemeinschaft – eine *„Gemeinschaft im Glauben"* – stabilisiert.

Ob mit dem Weltjugendtag nun aber Prozesse einer längerfristigen Vergemeinschaftung in Gang gesetzt wurden und folglich von Event-Nachhaltigkeit im Hinblick auf Vergemeinschaftung ausgegangen werden kann, bleibt abzuwarten. In einem bestimmten Verstande aber kann man dem Weltjugendtag schon jetzt zumindest eine „nachhaltige" Eventkultur attestieren: Marketingfachleuten zufolge zielt eine herkömmliche Eventkultur ‚nur' auf das Erzeugen eines langfristigen Gemeinschaftsgefühls ab, indem die Wünsche und Erwartungen der Teilnehmer antizipiert und möglichst weitgehend auch bedient werden. Daraus erhofft man sich, Nähe zum veranstaltenden Unternehmen zu erzeugen und eine affektive Bindung an den Veranstalter zu erzielen. Bei einer „nachhaltigen" Eventkultur gehe es demgegenüber darum, bei der Berücksichtigung der Teilnehmerinteressen nicht zu vergessen, die Unternehmenspositionierung und das eigene Identitätsprofil in die Veranstaltung zu integrieren (vgl. Buß 2004: 40ff).

In der in kirchlichen Kreisen eindeutig positiv konnotierten ‚Aufladung' des Weltjugendtags mit einem (wie auch immer gearteten) Mehr-Wert wird folglich – bislang weitgehend unreflektiert – einer für Marketing-Events typischen Logik entsprochen (vgl. Pfadenhauer 2006a): das Event wird – im besten Wortsinne – instrumentalisiert für einen Zweck, der *nicht* das Event selber ist.

5 Die Erfindung des Weltjugendtags als Hybridevent – oder: Wie viel institutionelle Klugheit eignet der Katholischen Kirche?

Was also war der XX. Weltjugendtag der Katholischen Kirche in Köln 2005 nun eigentlich? Einfach *noch* ein Event und damit entweder ein Marketing-Gag oder ein charakteristisches Element gegenwärtiger hedonistischer, vielleicht sogar trivialhedonistischer Spaßkultur? Oder, ganz im Gegenteil, der ‚authentische' Ausdruck gelebter jugendlicher Religiosität? Liberale und konservative Kultur- und Religionskritiker waren sich (allzu) schnell einig in ihrem Urteil über den Weltjugendtag: Das sei eben nur ein Spaßevent gewesen, in dem erlebnisbereite Jugendliche von einem machtgierigen konservativen Klerus in dessen Sinne bzw. zu dessen Nutzen und Frommen manipuliert worden seien. Eugen Drewermann warnte in der *Tageszeitung* (taz) davor, dass durch solche Veranstaltungen ein „faules Christentum" produziert werde. Der Brandenburger Systemtheoretiker Peter Fuchs, der sich als praktizierender Katholik outete, warf in der *Frankfurter Allgemeine Zeitung* seiner Kirche vor, auf den Zug des Zeitgeistes aufzuspringen und dabei ihre geistigen bzw. geistlichen Grundlagen zu verraten. Und ebenfalls in der *FAZ* wurden die jugendlichen Besucher des Weltjugendtags zum wiederholten Male als ‚identitätslose Bastelexistenzen' beschrieben, die begierig jedem Erlebnisangebot hinterherliefen und in Gemeinschaftsseligkeiten schwelgten – ohne Gefühl für die spirituelle Tiefe der katholischen Liturgie und mithin ohne Sinn und Verstand.

Beide Lager, das ‚linke' wie das ‚rechte', kamen im wesentlichen zu demselben Ergebnis: Der Weltjugendtag war jedenfalls ein Event – und nicht umsonst wurden in der Presse regelmäßig Parallelen gezogen zur Loveparade, zum Christopher Street Day und zum Karneval. Einig war man sich allerdings auch darüber, dass bei dieser katholischen Jung-„Pilgerreise" im Vergleich zu den anderen genannten (und vergleichbaren) Veranstaltungen alles sehr harmlos, sehr nett und ohne irgendwelche Exzesse – insbesondere aber weitestgehend alkoholabstinent und selbstverständlich auch frei von illegalen Drogen – ablief. Alle seien, so der gemeinsame Tenor, so friedlich, freundlich und lieb gewesen. Die Verantwortlichen des Weltjugendtages wurden allerdings auch nicht müde, in Presse, Radio und Fernsehen fortlaufend zu wiederholen, dass der Weltjugendtag eben (wesentlich) *mehr* sei als ein Event. Im gewollten ebenso wie im realisierten Zentrum der Veranstaltung stünden vielmehr die Religion, die Lehre der

Katholischen Kirche, die katholische Frömmigkeit und ihre rituell-liturgischen Ausdrucksformen. D.h. (auch) den anwesenden Jugendlichen gehe es im Kern um die Suche nach Spiritualität und nach einer geistlichen Vaterfigur, die sie führe – so der verantwortliche Prälat des Weltjugendtags, Koch, in zahlreichen Interviews. Alles andere sei bloßes Beiwerk, und gegebenenfalls verbitte man sich folglich Vergleiche mit der Loveparade und Ähnlichem.

Die jugendlichen Besucher des Weltjugendtages selber hatten mit einer solchen Frage – anders als die erwachsenen Kritiker und Veranstalter – augenscheinlich *keine* Probleme. Für sie war der Weltjugendtag ohne jedes Wenn und Aber ein Event, und zwar *ihr* Event. Immer wieder sprachen sie begeistert davon, was für „*ein tolles*" und was für ein „*geiles Event*" der Weltjugendtag doch gewesen sei. Sie ließen aber auch keinerlei Zweifel daran aufkommen, dass es ein besonderes Event war, weil es „*das religiöse Ding*" mit beinhaltete. Anders als die Verantwortlichen des Weltjugendtages verbaten sie sich Vergleiche mit der Loveparade und ähnlichem durchaus *nicht*, im Gegenteil: In aller Regel begriffen sie den Vergleich als legitim, bemühten sich aber zugleich darum, die Unterschiede zwischen Loveparade und Weltjugendtag deutlich zu markieren – auch mit der Intention, sich selbst als mehr- und höherwertig und den Weltjugendtag als etwas ganz Besonderes darzustellen: eben als *ihr eigenes* und auch als das bessere Event, das gleichzeitig Differenzen aufzeigte und Einheit stiftete.

Diese Unterschiede in der Beurteilung des Weltjugendtags zwischen ‚den Erwachsenen' und ‚den Jugendlichen' lassen sich relativ einfach erklären – wobei sich diese Unterschiede nicht auf differente Alters- bzw. Lebensphasen reduzieren lassen, sondern auf diametral entgegengesetzte Geisteshaltungen verweisen (vgl. dazu Hitzler 2006): Während vor allem bildungsbürgerlich affizierte Erwachsene, wie sie gerade in kirchlichen Kontexten nach wie vor ‚normal' sind, zwischen einer Welt des ‚Ernsthaften' und ‚Seriösen' und einer Welt des ‚Unterhaltsamen' und des ‚rauschhaften Erlebnisses' explizit trennen und keine Verbindungen zwischen diesen beiden Welten zulassen wollen (bzw. können), haben Jugendliche typischerweise kaum Probleme damit, an beiden Welten *gleichzeitig* zu partizipieren: Die Spaßkultur, die sich im Event verdichtet, ist für sie eben nicht das dem Spirituellen und Religiösen Entgegengesetzte. Sie verbindet und integriert für sie vielmehr das aus Erwachsenensicht kaum Vereinbare. Kurz: Zumindest *die* Jugendlichen, um die es uns hier geht, haben nicht nur keine Probleme damit, einen Gottesdienst zu besuchen und anschließend so richtig „*abzufeiern*" oder vom stillen und andächtigen Gebet unmittelbar zur „*geilen Party*" zu wechseln. Ihrem Lebensgefühl entspricht es vielmehr, dieses ‚Sowohl-als-auch' tatsächlich zu amalgamieren: Sie wollen den Gottesdienst *als* „Party" erleben, und *in* der „Party" wollen sie ihren Glauben ausleben. Für sie ist „Party" durchaus mehr als ein ‚billiges Vergnügen'. „Party" ist für sie nicht – wie für die meisten Erwachsenen – eine Bezeichnung für ein (mehr oder weniger) ‚sinnfreies' geselliges Ereignis, sondern eher die Bezeichnung für ein Miteinander-Sein, das sie in all ihren Bedürfnissen ‚ganzheitlich' und ‚authentisch' anspricht. Ein Gottesdienst als „Party" in diesem Sinne ist dann ein Gottesdienst, der ihnen „Freude" bereitet; ein Gottesdienst, in dem sie sich ernst genommen fühlen, weil ihre eigenen, für sie lebensrelevanten Probleme thematisiert werden; ein Gottesdienst, an dem sie eigenständig mitwirken dürfen, statt nur zuhören zu müssen; ein Gottesdienst, der es ihnen ermöglicht, die Erfahrung dessen, was *für sie* ‚das Göttliche' ist, mit allen Sinnen ‚genießen' zu können; ein Gottesdienst also, der nicht nur ihren Geist, sondern auch ihren Körper anspricht, indem er durch ‚adäquate' ästhetische, vor allem musikalische und choreographische Gestaltung das ‚Ganze des Seins' und die eigene, individuelle Verortung in diesem erfahrbar macht. Im Urteil der jugendlichen Teilnehmer hat der Weltjugendtag nun genau diese, „Party" genannte, Synthese von „*Feiern und Beten*" geboten – wodurch er in ihren Augen eben zu einem außergewöhnlichen, ja einem außeralltäglichen Erlebnis, zu einer ‚Megaparty' geworden ist. Auch deshalb haben die jugendlichen ‚Pilger' ihn vorbehaltlos und ganz selbstverständlich als *ihr* Event bezeichnet, weil der Begriff des Events für sie nichts anderes ist, als ein Etikett für eine dem ‚Zeitgeist' entsprechende Veranstaltungsform, die ihren – auch religiösen – Bedürfnissen entgegenkommt.

5.1 Event oder Hybridevent?

Was also war jetzt der Weltjugendtag? Entfernt man sich von den je perspektivischen Meinungen der irgendwie Betroffenen und versucht, den Weltjugendtag an den ‚objektivierten' Kriterien der sozial- und betriebswirtschaftlichen Eventtheorie (vgl. die Beiträge in Gebhardt/Hitzler/Pfadenhauer 2000) zu messen, ergibt sich ein relativ klares Bild: Als Event wird dort die ‚spätmoderne' Variante eines Festes bezeichnet, die sich vor allem dadurch auszeichnet, dass sie von einer professionellen Organisationselite als monothematisch zentriertes, ‚einzigartiges Ereignis' zur Verwirklichung eines vordefinierten Zweckes geplant, vorbereitet und durchgeführt und von einer ebenfalls professionellen Reflektionselite mit Sinn und Bedeutung versehen wird. Die ästhetische Gestaltung eines Events folgt den Prinzipien eines akzelerierenden kulturellen Synkretismus und soll den Teilnehmern durch die gemeinsam vollzogene Teilhabe an einem ‚totalen Erlebnis' ein exklusives Gemeinschafts- und Zusammengehörigkeitsgefühl vermitteln. Legt man diese Kriterien an das Ereignis Weltjugendtag an, dann ist das Ergebnis eindeutig: Alle Kriterien treffen im Kern auf den Weltjugendtag zu:

- Wie das Event schlechthin, und anders als traditionelle Feste und Feiern (die auf ‚natürlichen' oder historischen Ereignisse gründen), wurde auch der Weltjugendtag artifiziell gesetzt, und zwar mit dem offiziell vorgegebenen Ziel, einen ganz besonderen Zweck zu erfüllen: die (katholische) Reevangelisierung der Jugend. Der Weltjugendtag ist eben nicht im traditionellen katholischen Festkalender enthalten und verortetet, er ist traditionslos und deshalb ‚künstlich', und das unterscheidet ihn auch von den klassischen Pilger- und Wallfahrten. Wenn überhaupt, dann lässt sich – angesichts der Tatsache, dass er mit der Veranstaltung in Köln nun schon zum zwanzigsten Mal stattfand – von einer „invention of tradition" sprechen.
- Wie das Event schlechthin war auch der Weltjugendtag auf situative Einzigartigkeit angelegt. Zwar enthielt er auch Veranstaltungselemente, wie beispielsweise die Open-Air-Messe mit dem Papst, die schon in den Vorgängerveranstaltungen eingesetzt worden waren. Das Gesamtprogramm aber sollte sich – auch in den Augen der Veranstalter – von allen früheren Weltjugendtagen unterscheiden und *mehr* bieten, sei es nun die Ankunft des Papstes ‚auf dem Wasser' oder die spektakuläre Lichtinszenierung auf dem Marienfeld. Wie jedes Event so folgt auch der Weltjugendtag dem Gesetz des ‚Immer-Mehr und Immer-Größer'.
- Wie das Event schlechthin wurde auch der Weltjugendtag von einer (hier extra dafür eingesetzten, wenn auch im größeren Rahmen der Katholischen Kirche institutionell verankerten) Organisationselite geplant, vorbereitet und durchgeführt und von einer spezifischen Reflektionselite mit Sinn versehen. Das auf Zeit eingerichtete Weltjugendtagsbüro war nicht nur für die praktische Organisation und Durchführung der Veranstaltung verantwortlich, sondern hatte auch Sorge dafür zu tragen, dass die vorgegebene Botschaft bei den Adressaten ‚richtig' ankam.
- Wie das Event schlechthin wurde auch der Weltjugendtag von Beginn an auf öffentliche Wirksamkeit hin geplant. Er sollte, der Intention der Veranstalter zufolge, über den engeren Kreis der Teilnehmer hinaus Aufmerksamkeit für den katholischen Glauben erzeugen und die Katholische Kirche als relevanten ‚global player' im Bewusstsein weltweiter Öffentlichkeiten verankern. Der Weltjugendtag war damit auch als Medienevent mit zumindest *potenzieller* globaler Resonanz geplant. Viele der einzelnen Veranstaltungselemente, insbesondere jene mit Massencharakter, waren deshalb so organisiert und inszeniert, dass sie (im Zweifelsfalle) weniger den Bedürfnissen der Teilnehmer, als vielmehr denen der den Weltjugendtag live übertragenden visuellen Medien entsprachen oder zumindest mit diesen kompatibel waren.

- Wie das Event schlechthin hatte auch der Weltjugendtag einen eindeutig erkennbaren thematischen Fokus – der sich selbstverständlich von denen anderer Events in charakteristischer Weise unterschied: Im Mittelpunkt des Weltjugendtags stand eindeutig der katholische Glaube und sein institutioneller Rahmen. Aber auch dieser thematische Fokus sollte eben in spektakulär inszenierten, außeralltäglichen Formen ‚verdichtet' dargeboten werden, um die Konzentration auf das ‚Wesentliche' zu gewährleisten. Dementsprechend wurde der Weltjugendtag auch von vielen seiner jugendlichen Teilnehmer als – durchaus positiv konnotierter – religiöser ‚Overkill' erlebt.
- Wie das Event schlechthin bediente sich auch der Weltjugendtag, insbesondere bei der Inszenierung der großen Massenveranstaltungen, explizit der Gestaltungsmittel eines ästhetischen und kulturellen ‚Synkretismus', also der Indienstnahme vielfältiger nationaler, aber auch hoch- und populärkultureller Traditionen und ihrer symbolischen Ausdrucksmittel. Dies zeigte sich zum Beispiel am Miteinander von Sakro-Pop und konzeptioneller E-Musik wie der Missa Mundi während des Abschlussgottesdienstes auf dem Marienfeld. Es zeigte sich aber auch im Gegeneinander von traditioneller katholischer Ästhetik und popkultureller Symbolik während den Katechesen, ‚kleineren' Gottesdiensten und in der Medienberichterstattung.
- Wie das Event schlechthin zielte auch der Weltjugendtag auf ‚Totalität', auf die Ermöglichung eines ‚totalen Erlebnisses', das nicht nur alle Sinne ansprechen, sondern auch das individuelle Leben im Vollzug des Weltjugendtags verdichten und dadurch mit Sinn ausstatten sollte; einen Sinn zudem, der – jedenfalls vom Anspruch der Veranstalter her – in den Alltag hineinwirkt und diesen dauerhaft stabilisiert. Um dieses zu erreichen, wurde über sechs Tage ein Rundum-Programm organisiert, das durch ständige Wiederholung der Botschaft kaum etwas anderes als die Konzentration auf den vorgegebenen thematischen Fokus zuließ: Nichts – nicht einmal die Essenssuche – sollte vom ‚Wesentlichen' ablenken.
- Wie das Event schlechthin war auch der Weltjugendtag auf die Erzeugung eines umfassenden Gemeinschaftsgefühls ausgerichtet, das es den jugendlichen Teilnehmern nahelegen sollte, sich als große ‚katholische Familie' zu erleben, und das ihnen den Eindruck vermitteln sollte, als Katholiken entweder in einer Diaspora-Situation nicht alleine zu stehen oder auch in einem weitgehend säkularisierten Umfeld keine marginalisierte Stellung einzunehmen, sondern überall auf der Welt gleichgesinnte *„Freunde im Glauben"* zu besitzen.

Der Weltjugendtag wies also tatsächlich alle wesentlichen Kennzeichen eines Events auf: Er wurde nach allen Regeln eines modernen Event-Marketing unzweifelhaft auch als ein solches organisiert. Er wurde – sowohl von den Organisatoren als auch von den beteiligten Fernsehanstalten – mit den modernsten technischen Mitteln als Mega-Event medial inszeniert. Und er wurde von den jugendlichen Teilnehmern als ihr eigenes Event erlebt. Und doch sticht er als etwas Besonderes unter den Events hervor.

Ein erster Unterschied des Weltjugendtags gegenüber anderen Events liegt – wie oben schon bemerkt – darin, dass sein ‚thematischer Fokus' kein kommerzieller, kein sportlicher und auch kein pop- oder (säkular-)hochkultureller war, sondern eindeutig ein ‚religiöser'. Doch ist dies – unter formalen Gesichtspunkten betrachtet – kein entscheidender Unterschied. Entscheidend ist, dass er a) von einer etablierten und traditionsgesättigten Großinstitution wie der Katholischen Kirche veranstaltet wurde, dass er b) die traditionellen Fest- und Feierformen dieser Großinstitution wie die Liturgie, die Andacht oder die Katechese in das Zentrum des Geschehens und vor allem in das Zentrum der Aufmerksamkeit stellte, und dass er c) stets auf eine nur institutionell – genauer wiederum: durch die Katholische Kirche – verwaltbare und dem einzelnen Menschen aufschließbare ‚transzendente Wirklichkeit' verwies. Vor allem diese Besonderheiten sind es, die es nicht nur erlauben, sondern nahelegen, den Weltjugendtag in Köln, wie auch die Weltjugendtage zuvor, als eine *spezifische* Form des Events zu bezeichnen: als Hybridevent.

‚Hybrid' meint, seiner Wortbedeutung nach, zunächst einmal nur „von zweierlei Herkunft". Und genau dies umschreibt das eigentliche Charakteristikum des Weltjugendtags, der sich als geplante Kombination und – mehr noch – als durch die jugendlichen Teilnehmer vollzogene Synthese von traditionellen Elementen kirchlicher Liturgie, Glaubenslehre und Seelsorgepraxis einerseits und mehr oder weniger eklektischen Anleihen aus den Symbol- und Sinnwelten populärer Jugendszenen, der Unterhaltungsindustrie und sonstigen erlebniszentrierten Bestandteilen zeitgenössischer Eventkultur andererseits präsentierte. Aus dieser spezifischen Verbindung geht nun nicht nur eine – mehr oder weniger zufällig entstandene – ‚Mischform' hervor, sondern eben jene neuartige, eigenständige Form des festlichen Erlebens: das in der Spätmoderne erscheinende *postmodernistische religiöse Hybridevent*. Als *Hybridevent* erscheint somit die veranstaltungsförmige Entsprechung einer erlebnisorientierten Moralgemeinschaft beziehungsweise einer moralgeladenen Erlebnisgemeinschaft. Als *religiöses* Hybridevent erscheint die veranstaltungsförmige Entsprechung einer erlebnisorientierten Religionsgemeinschaft beziehungsweise einer religionsaffinen Erlebnisgemeinschaft. Und als *postmodernistisches* religiöses Hybridevent erscheint die veranstaltungsförmige Entsprechung einer auf einem (Jahr-)Markt von Sinnstiftungen feilgebotenen Religionsgemeinschaft mit unübersehbar anachronistischen Zügen. Dass diese Sichtweise durchaus der Wahrnehmung der teilnehmenden katholischen Jugendlichen entspricht, zeigt sich unter anderem daran, dass diese zu Recht von *ihrem* eigenen, *für sie* ganz besonderen Event sprachen, bei dem „*das religiöse Ding*" nicht nur eine wichtige Rolle gespielt, sondern eben tatsächlich im ‚essentiellen' Zentrum gestanden hat.

5.2 Die Verszenung der Kirche und die Eventisierung der Religion

Der XX. Weltjugendtag in Köln 2005 war als religiöses Hybridevent ein Erfolg – ein Erfolg im Bewusstsein der ‚Macher' und im Großen und Ganzen auch der Medienschaffenden; ein Erfolg aber eben auch im Bewusstsein der jugendlichen Teilnehmer. Wie lässt sich dieser ‚Erfolg' erklären? Eine Antwort auf diese Frage auch nur im Ansatz zu geben, setzt voraus, einen vorurteilsfreien Blick auf die Eigenarten religiöser Gegenwartskultur, also auf die Spezifika religiöser Sinnbedürfnisse und Sinndeutungen unter spätmodernen gesellschaftlichen Bedingungen zu werfen.

Spätmoderne Gesellschaften werden heute – weitgehend unbestritten – als hochindividualisierte und pluralistische Sozialgebilde charakterisiert. Die in ihnen lebenden Individuen sieht man – spätestens seit den Gegenwartsdiagnosen etwa von Ulrich Beck, Anthony Giddens, Peter Gross und Gerhard Schulze – angetrieben und gleichzeitig gezeichnet durch eine akzelerierende ‚Multioptionslust' und ‚Erlebnisorientierung', die beide als Wegweiser den Übergang zu einer anderen Moderne markieren. ‚Multioptionslust' meint die Freude daran, dass angesichts eines Überangebots nicht nur an Waren, sondern ebenso an Welt- und Sinndeutungen, alles – wenigstens prinzipiell – verfügbar ist. Und ‚Multioptionslust' heißt zudem, dass nicht nur alles geht, sondern auch, dass es außer fehlenden finanziellen Ressourcen nichts gibt, was uns hindern könnte, bei all dem, was geht, auch selber mitzugehen. ‚Erlebnisorientierung' hingegen meint die Neigung, das zu tun, was einem persönlich ‚Spaß' macht, also, weil es unter den Bedingungen einer durchgesetzten Pluralisierung keine verbindlichen kulturellen Werte mehr gibt, nur noch das zu tun, was das Leben (er)lebenswert macht, beziehungsweise das, was man (noch) zu tun hat, wenigstens so erlebenswert wie möglich zu gestalten (vgl. Hitzler 2005).

‚Multioptionslust' und ‚Erlebnisorientierung' als charakteristische Kennzeichen spätmoderner Lebensführung haben nun wiederum fundamentale Auswirkungen auf die sozialen Ordnungssysteme. Sie führen ebenso zu einem prinzipiellen Bedeutungsverlust tradierter, ehedem selbstverständlich geltender Weltansichten wie zur Schwächung der diese inkorporierenden Institutionen, deren geistiges und soziales Ordnungspotential man zwar durchaus noch als *Option* anzuerkennen weiß, dessen *Verbindlichkeit* aber – weil es eben nur noch als in eigener Verantwortung auszuwählende Option gedacht werden kann – zunehmend relativiert wird.

Solche, für spätmoderne Gesellschaften typischen fundamentalen Wandlungsprozesse bleiben natürlich nicht ohne Auswirkungen auf Kirche und Religion im Allgemeinen und auf die Katholische Kirche und die katholische Religion im Besonderen. Auch Religion und Kirche sind in jüngerer Zeit zu etwas geworden, das man sich aussuchen kann, bzw. genauer: das man sich unter den Bedingungen radikalisierter Pluralität aussuchen *muss*. Die für die Gegenwart charakteristischen Individualisierungsprozesse und die damit verbundenen Freisetzungen aus traditionalen und assoziationalen Bindungen führen auch zu einer zunehmenden religiösen Autonomisierung, zu einer akzelerierenden „Selbstermächtigung des religiösen Subjekts" (Gebhardt 2003b: 7). Die durchgesetzte Pluralisierung der gesamtgesellschaftlichen Lebensverhältnisse findet sich spiegelbildlich auch in der religiösen Sphäre wieder: als Vielfalt und Konkurrenz von unterschiedlichen sakralen Formen, Weltanschauungen und Glaubenssystemen. Der „entbetteten Welt", wie Anthony Giddens (1995: 33) die Spätmoderne charakterisiert, korrespondiert eine ‚entbettete Religiosität'. Die Konsequenzen sind offenkundig: Sinnfindung und Sinnbegründung sind unter spätmodernen Bedingungen verstärkt an eigene, persönliche Entscheidungen, zugespitzt: an Idiosynkrasien, geknüpft.

Die sich allseits ausbreitende Multioptionslust und die damit einhergehende zunehmende Erlebnisorientierung markieren somit den Ankerpunkt, vor dessen Hintergrund die Glaubensbindung und religiöse Praxis auch der katholischen Jugendlichen zu betrachten ist. Viele der überkommenen Gewissheiten im Verhältnis von Jugend, Religion und Kirche sind durch die gleichzeitige Präsenz von alternativen Sinnwelten und Deutungsangeboten obsolet oder zumindest in Frage gestellt geworden. Jugendliche müssen auch in Religions- und Sinnfragen *„ihre persönliche Linie finden"*, wie dies eine 17-Jährige auf dem Weltjugendtag exemplarisch umschrieben hat. Dass bei einer solchen ‚inneren Wahrheitssuche' recht eigenwillige Glaubenskonstrukte kreiert werden, ist unter den jugendlichen Teilnehmern am Weltjugendtag zwar noch die Ausnahme, weil bei ihnen eine allgemeine Orientierung am Rahmen, den die Katholischen Kirche und ihre Lehre vorgibt, durchaus (noch) vorhanden ist. Aber es zeigt sich eben auch, dass viele junge Katholiken nicht mehr länger bereit sind, diesen vorgegebenen institutionellen Rahmen vorbehaltlos und kritiklos zu akzeptieren, dass sie sich vielmehr das Recht nehmen, selbst zu entscheiden, was aus diesem ‚Angebot' für sie brauchbar und lebenswert ist. Und als lebenswert werden vor allem jene spirituellen Optionen beurteilt, die einen *„persönlich weiterbringen"*, die *„einem wohltun"* und die *„Spaß machen"*.

Folge dieser sich auch unter katholischen Jugendlichen ausbreitenden Multioptionslust und Erlebnisorientierung ist nicht nur, dass die Katholische Kirche zunehmend ihr einstmaliges Monopol als lebensorientierende Instanz verliert und sich der Konkurrenz anderer Anbieter auf dem Markt des ‚Lebenssinns' stellen muss, sondern auch, dass sie sich selber in ihrer internen Struktur weiter ausdifferenziert und pluralisiert als in der Vergangenheit aus anderen Gründen schon geschehen. Pointiert ausgedrückt: Wie viele andere Institutionen unterliegt auch die Katholische Kirche einem schleichenden Prozess der *Verszenung*. Dieser Prozess zeigt sich beispielsweise im zunehmenden Bedeutungsverlust der traditionellen Kirchengemeinde als zentralem Ort des katholischen Lebens. Der ‚etwas besondere' Seelsorger und Prediger, zu dem die Leute in den Sonntagsgottesdienst von weit her anreisen, sprengt das Parochieprinzip ebenso und evoziert die Entstehung und Verbreitung ‚katholischer Szenen' wie Frère Roger Schütz mit seiner Taizé-Bewegung, christlich-charismatische Heiler, Zen-Meditationsbenediktiner oder auch ‚offene' Bewegungen wie der Weltgebetstag der Frauen. Die Verszenung zeigt sich aber auch in der herkömmlichen katholischen Vereins- und Verbandsjugend, deren Arbeit immer ‚projektförmiger' und erlebniszentrierter wird. Selbst die traditionalistischen Gruppen und die sogenannten Neuen Geistlichen Gemeinschaften lassen sich in gewissem Sinne als ‚szenenartig' bezeichnen, auch wenn manche dieser Gemeinschaften eine feste hierarchische Struktur besitzen. Denn sie stellen die ‚Option', entweder für den traditionellen Katholizismus oder für ein Leben in katholisierter Spiritualität, zur individuell verantwortbaren Entscheidung und grenzen sich damit gegen die ‚geführte' traditionelle Kirchengemeinde ab. Hinzu kommt – jedenfalls bei den Neuen Geistlichen Gemeinschaften –, dass diese aufgrund ihrer ‚spirituellen Orientierung', die im Kern immer ein individualisierendes, wenn nicht sogar anarchistisches Element enthält (vgl. Troeltsch 1994: 967f.), großen Wert auf einen gestaltungsfähigen Freiraum und auf ‚innere Unabhängigkeit' gegenüber der Amtskirche legen. Schon die lange Dauer ihrer Eingliederung in die Struktur der Katholischen Kirche liefert den Beweis dafür – auch wenn einige dieser ‚Elitetruppen des Papstes' heute zu ‚Lieblingen der Bischöfe' geworden sind.

Die Entwicklungen hin zu einer akzelerierenden Multioptionslust und Erlebnisorientierung, besonders aber ihre zunehmende Verszenung, stellen die Katholische Kirche, die sich *per definitionem* nicht anders denn als ‚allumfassende und verpflichtende Einheit' verstehen kann, vor ein wachsendes Problem, denn das wichtigste soziologische Kennzeichen der individualisierten Sozialform Szene ist ihre partikuläre und temporäre Existenz. Szenen sind in ihren Zugehörigkeitsbedingungen offener und in ihren Wahrheitsansprüchen diffuser und unverbindlicher als traditionale Gemeinschaften wie Orden oder auch wie die Kirchengemeinde. Verpflichtende Bekenntnisse und hingebungsvolle Opferbereitschaft sind keine Teilhabe-Bedingungen, und die ‚Mitgliedschaft' ist jederzeit und problemlos kündbar. Auch deshalb bieten Szenen den an ihren Wichtigkeiten und Wertigkeiten sich Orientierenden typischerweise allenfalls kurzfristig die – mithin illusionäre – Gewissheit, ein Urteil über das Richtige und Relevante ließe sich auf eine allgemeine, verallgemeinerungsfähige und vor allem auf eine einigermaßen ‚stabile' Grundlage stellen. Szenensymptomatische Handlungsanweisungen bleiben über das „Szeneleben" selber (vgl. Hitzler/Bucher/Niederbacher 2005) hinaus unverbindlich, und jedweder in ihnen erhobene Autoritätsanspruch bleibt stets prekär. Hierin liegt auch der Grund dafür, Szenen als lediglich „vorgestellte Gemeinschaften" (Anderson 1988) zu bezeichnen, die allerdings anders als die von Benedict Anderson fokussierte ‚Gemeinschaft der Nation' als Netzwerke einen ‚deterritorialen Charakter' haben (vgl. Hepp 2006). Wegen diesem ‚imaginativen' und weitgehend unverbindlichen Charakter kommt Szenen eben nur (sehr) bedingt eine auch für den Alltag außerhalb des Szenelebens relevante, handlungsorientierende Funktion zu.

Gerade aber weil die Szene nur als ‚Idee' bzw. als ‚Imagination' existiert, müssen sich ihre ‚Mitglieder' immer wieder besonders nachdrücklich und erinnerungswürdig ihrer kollektiven Identität versichern. Typisch für diese neue Sozialform ist deshalb das möglichst spektakulär inszenierte Massen-Event. Auf einem solchen Event kann das Gefühl der Zusammengehörigkeit zwar eine „buchstäblich atemberaubende Intensität" (Bauman 1995: 20) erreichen, gleichwohl sind Szenen nicht notwendig gleichzusetzen mit dem, was wir als „situative Event-Gemeinschaften" identifizieren können: Jede Szene verdichtet sich mitunter zu einer situativen Event-Gemeinschaft, aber eben keineswegs jede situative Event-Gemeinschaft *ist* – oder generiert auch nur – eine Szene.

Situative Event-Gemeinschaften sind *per definitionem* auf das inszenierte Massenspektakel selber beschränkt. Räumlich, zeitlich und sozial in eben diesem verdichtet, vermittelt die situative Event-Gemeinschaft eine weitgehend emotional bestimmte Zusammengehörigkeit, bzw. genauer: jenes massenhaft identitätsstiftende Erlebnis von Einheit trotz aller Verschiedenheit. Und genau diese Funktion hat nun auch der Weltjugendtag: Die gelebte Vielfalt des Katholischen sollte für einen herausgehobenen Moment – oder um mit Max Weber zu sprechen: für einen ‚charismatischen' Augenblick – als große, widerspruchslose Einheit nach außen präsentiert und für die Teilnehmer erlebbar gemacht werden. Es ging dem Veranstalter, der Katholischen Kirche, jenseits aller Reevangelisierungsrhetorik auch oder vor allem um die Stärkung der katholischen Corporate Identity in einer sich verszenenden Kirche und um eine Demonstration der Stärke und des Anspruchs auf gesellschaftliche Mitsprache durch die erlebniszentrierte und mittels der Medien weltweit verbreitete Inszenierung einer grandiosen ‚Einheitsfiktion'.

5.3 Die ‚institutionelle Klugheit' der Katholischen Kirche

Dass die Katholische Kirche den ihr von Papst Johannes Paul II. erteilten ‚Auftrag', diesen umfassenden gesellschaftlichen Entwicklungen mit dem Konzept der Weltjugendtage zu begegnen, umgesetzt und über die Amtszeit dieses Papstes hinaus fortgesetzt hat, kann man als Zeichen einer über zwei Jahrtausende gewachsenen institutionellen Klugheit begreifen. Niemand weiß besser als der Vatikan, dass die Geschichte der christlichen Kirchen die Geschichte des Spannungsverhältnisses von Charisma und Organisation, von der labilen Unmittelbarkeit spontaner religiöser Erfahrungen und chiliastischer Ideen auf der einen, und der relativ stabilen Verbindlichkeit formal gesatzter Ordnungen mit hierarchischen Strukturen auf der anderen Seite ist, und dass sich die Aufgabe immer wieder stellt, dieses Spannungsverhältnis in immer neuen Formen auszugleichen (vgl. Gebhardt 1999 und Gebhardt 1994). Denn wie Arnold Gehlen (1964: 24) – allerdings mit einer zur hier vertretenen Wandlungsidee gegensätzlichen Intention – bemerkt hat: „Forms are the food of faith".

Unter den gegebenen Rahmenbedingungen spätmoderner, hochgradig individualisierter Gesellschaften wird dieses Spannungsverhältnis in seinen Auswirkungen immer vielschichtiger und unübersichtlicher. Versuche, zwischen den beiden extremen Polen zu vermitteln, den Grundkonflikt zwischen Charisma und Organisation in institutionell gesicherten Formen ‚offen' zu halten, um seine kreative Kraft zu sichern, gestalten sich zunehmend schwieriger, weil jene charismatischen Zwitterphänomene wie das ‚Amtscharisma' oder die mit der Funktion des Latenzschutzes versehenen ‚charismatischen Dauervergemeinschaftungen' des Mönchtums, die das Spannungsverhältnis von Charisma und Organisation in der Vergangenheit produktiv umgesetzt haben, augenscheinlich an Kontur und Bedeutung verlieren. Eine Folge dieser Entwicklung ist eine akzelerierende Wahrnehmung der Kirchen als *Organisationen* (unter anderen); eine Wahrnehmung, die die Kirchen selber noch dadurch befördern, dass sie aufgrund von objektiven gesellschaftlichen Bedingungen glauben, ihren Organisationsgrad ständig steigern zu müssen. Eine andere Folge ist die sich daraus ableitende, wachsende Neigung, religiös-charismatische Erfahrungen ‚auf eigene Faust' und in erlebnisaffinen Formen zu suchen, außerhalb oder auch innerhalb der Kirchen – hier freilich in solchen Sozialräumen, die sich direkter amtskirchlicher Kontrolle entziehen.

Das religiöse Hybridevent Weltjugendtag ist vielleicht nicht *die*, fraglos aber eine der derzeit eindrucksvollsten Antworten der Katholischen Kirche auf diese neue Situation. Bei diesem Konzept geht es darum, die ‚Einheit der Kirche' im öffentlichen Bewusstsein wie im subjektiven Erleben ihrer Mitglieder zu verankern, Kirche als ‚universelle Gemeinschaft' auf Zeit intensiv erleben zu lassen, um sie so auf Dauer im spätmodernen Alltag zu sichern. Um dieses Ziel zu erreichen, zeigt sich diese Kirche wieder einmal bereit und durchaus in der Lage, bis zu einem gewissen Grad Zugeständnisse an den ‚Zeitgeist' zu machen, indem zum einen die eigenen Liturgie- und Seelsorge-Traditionen mit erlebniszentrierten Bestandteilen spätmoderner jugendlicher Populärkulturen gewürzt und indem zum anderen die eigene Lehre nicht mehr als ein verpflichtendes und sanktionsbewehrtes Muss, sondern als eine attraktive, vielleicht als die (relativ) attraktivste Option auf dem globalisierten ‚Markt der Sinnstiftungen' medienwirksam präsentiert wird. Das am Weltjugendtag greifbar werdende ‚Branding' von Religion, d.h. die insbesondere auf die Medien gerichtete Inszenierung des Papstes als hinreichend spezifisches, in den verschiedenen Anschlussmöglichkeiten aber dennoch offenes ‚Markensymbol' des Katholizismus, ist u.a. Ausdruck dieser Strategie. Die situative „erlebnishafte Begegnung des Menschen mit der heiligen Wirklichkeit" (Ebertz 2000: 356) in Gestalt des Hybridevents ist die neue, spätmoderne Nahrung, mit der der Glauben gefüttert werden soll – und augenscheinlich, wenigstens situativ, auch gefüttert werden kann.

Allein in dieser Erwartung liegt auch die Hoffnung auf die von kirchlichen Würdenträgern so oft postulierte Nachhaltigkeit des Weltjugendtags. Pläne beispielsweise, zum nächsten Weltjugendtag nach Sydney zu reisen und dort die *‚neuen Freunde aus aller Welt'* wiederzusehen, wurden in Köln durchaus schon eifrig geschmiedet, und Absprachen, dies gemeinsam zu tun, haben viele Gruppen ebenfalls schon getroffen. Ob diese Nachhaltigkeit aber wirklich, wie von den Protagonisten der dieses religiöse Hybridevent veranstaltenden Organisation ausdrücklich gewünscht, ja ‚ersehnt', in einem gesteigerten Engagement der jugendlichen Teilnehmer in ihren Herkunftsgemeinden besteht, oder ‚lediglich' in der Vorfreude auf diesen nächsten Weltjugendtag, das bleibt zumindest vorläufig offen.

Auch wenn oder vielleicht auch gerade weil die katholischen Weltjugendtage zu den wenigen kirchlichen Veranstaltungen zählen, die den Besonderheiten jugendlicher Religiosität unter spätmodernen Bedingungen augenscheinlich ziemlich kongenial entsprechen, bleibt oder entsteht aus Sicht der Katholischen Kirche (zumindest) *eine* Gefahr. Diese Gefahr leitet sich aus der zweiten Wortbedeutung ab, die, neben der bereits diskutierten, dem Begriff ‚hybrid' innewohnt: ‚Hybrid' bedeutet eben nicht nur „von zweierlei Herkunft", sondern meint auch „überheblich" und „zwiespältig". Hybridevents sind – unter funktionalen Gesichtspunkten vielleicht notwendige – Anpassungen an den ‚Zeitgeist'. Sie ‚verwässern' aber durch die ihnen eigene Logik bzw. Dynamik die ‚Reinheit' *jeder* Lehre – und zwar ohne dies programmatisch zu thematisieren. Deshalb sind sie den Vertretern der ‚reinen Lehre', gleich welcher Denk- und Gesinnungsrichtung, in aller Regel auch verdächtig. Im Hinblick auf so etwas wie einen Kern von wie auch immer gearteter Dogmatik liegt in der Tat ein Hauch von Hybris über den Weltjugendtagen. Denn keiner ihrer Befürworter kann definitiv ausschließen, dass diese Weltjugendtage die Katholische Kirche ‚unter der Hand' transformieren, und dass diese selber dergestalt unversehens (weitaus) spätmoderner wird, als sie eigentlich sein und werden will.

Literaturverzeichnis

Anderson, B. (1983): Imagined Communities: Reflections on the Origins and Spread of Nationalism. New York: Verso.

Anderson, B. (1988): Die Erfindung der Nation. Zur Karriere eines erfolgreichen Konzepts. Frankfurt a.M., New York: Campus.

Austen, G. (2004): Kirchliche Jugendpastoral in Deutschland. Köln: unveröffentlichtes Manuskript.

Austen, G. (2006): Rückmeldungen aus den (Erz-)Diözesen zu Wirkungen, Eindrücken, geistlichen Erfahrungen am XX. Weltjugendtag in Köln und den Tagen der Begegnung in den deutschen Diözesen. Bonn: Deutsche Bischofskonferenz (unveröff. Manuskript).

Ballardini, B. (2005): Jesus wäscht weißer. Wie die Kirche das Marketing erfand. Leipzig: Tropen.

Bauman, Z. (1995): Ansichten der Postmoderne. Hamburg, Berlin: Argument.

Beck, U. (1997): Kinder der Freiheit. Frankfurt a.M.: Suhrkamp.

Berger, P. L. (1998): Sola fide. Betrachtungen eines Soziologen. In: Auf den Spuren der Theologie. Ansprachen anlässlich der Verleihung der Ehrendoktorwürde an Peter L. Berger. Zürich: Pano, S. 21-37.

Bergmann, J.R., Luckmann, T., Soeffner, H.G. (1993): Erscheinungsformen von Charisma – Zwei Päpste. In: W. Gebhardt, A. Zingerle, M. N. Ebertz (Eds.): Charisma – Theorie, Religion, Politik. Berlin, New York: de Gruyter, S. 121-155.

Bischof, R. (2004): Event-Marketing. Emotionale Erlebniswelten schaffen – Zielgruppen nachhaltig binden. Berlin: Cornelsen.

Böhme, G. (1995): Atmosphäre. Essays zur neuen Ästhetik. Frankfurt a.M.: Suhrkamp.

Burkart, G. (Ed.) (2006): Die Ausweitung der Bekenntniskultur – neue Formen der Selbstthematisierung? Wiesbaden: VS.

Buß, E. (2004): Die Eventkultur in Deutschland. Eine empirische Bestandsanalyse in Unternehmen, Non-Profit-Organisationen und Event-Agenturen. Hohenheim. http://www.eventkultur.net/new/infopool/pdf/eventkultur.pdf [Zugriff: 14.08.06].

Couldry, N. (2003): Media Rituals. A Critical Approach. London u.a.: Routledge.

Dayan, D., Katz, E. (1992): Media Events. The Live Broadcasting of History. Cambridge, London: Harvard University Press.

Dayan, D., Katz, E. (1996): La Télévision Cérémonielle. Paris: Presses Universitaires de France.

du Gay, P. (Ed.) (1997): Production of Culture/Cultures of Production. London: Sage Publications.

Durkheim, E. (1981): Die elementaren Formen des religiösen Lebens [orig. 1912]. Frankfurt a.M.: Suhrkamp.

Ebertz, M. N. (1997a): Forschungsbericht zur Religionssoziologie. In: International Journal of Practical Theology, Vol. 1, S. 268-301.

Ebertz, M. N. (1997b): Kirche im Gegenwind. Freiburg i. Br.: Herder.

Ebertz, M. N. (1998): Erosion der Gnadenanstalt? Zum Wandel der Sozialgestalt von Kirche. Frankfurt a.m.: Knecht.

Ebertz, M. N. (2000): Transzendenz im Augenblick. Über die ‚Eventisierung' – dargestellt am Beispiel der Katholischen Weltjugendtage. In: W. Gebhardt, R. Hitzler, M. Pfadenhauer (Eds.): Events. Soziologie des Außergewöhnlichen. Opladen: Leske + Budrich, S. 345-364.

Ebertz, M. N., F. Schultheis (Eds.) (1986): Volksfrömmigkeit in Europa. Beiträge zur Soziologie popularer Religiosität aus 14 Ländern. München: Chr. Kaiser.

Evans, J. (2005): Celebrity, media and history. In: J. Evans, D. Hesmondhalgh (Eds.): Understanding Media: Inside Celebrity. Bershire: Open University Press, S. 11-56.

Fiske, J. (1994): Media Matters. Everyday Culture and Political Change. Minneapolis, London: University of Minnesota Press.

Fiske, J. (1999): Lesarten des Populären. Wien: Turia & Kant.

Fiske, J. (2006): Populäre Texte, Sprache und Alltagskultur. In A. Hepp, R. Winter (Eds.): Kultur – Medien – Macht. Cultural Studies und Medienanalyse. Dritte überarbeitete und erweiterte Auflage. Wiesbaden: VS, S. 41-60.

Franck, G. (1998): Ökonomie der Aufmerksamkeit. München: Hanser.

Fuchs-Heinritz, W. (2000): Religion. In: Deutsche Shell (Ed.): Jugend 2000. Bd. 1. Opladen: Leske + Budrich, S. 157-180.

García Canclini, N. (1995): Hybrid Cultures. Strategies for Entering and Leaving Modernity. Minneapolis: University of Minnesota Press.

Gebhardt, W. (1994): Charisma als Lebensform. Zur Soziologie des alternativen Lebens. Berlin: Reimer.

Gebhardt, W. (1999): Kirche zwischen charismatischer Bewegung und formaler Organisation. Religiöser Wandel als Problem der soziologischen Theoriebildung. In: M. Krüggeler, K. Gabriel, W. Gebhardt (Eds.): Institution, Organisation, Bewegung. Sozialformen der Religion im Wandel. Opladen: Leske+Budrich, S. 101-120.

Gebhardt, W. (2003a): Die Verszenung der Gesellschaft und die Eventisierung der Kultur. Kulturanalyse jenseits traditioneller Kulturwissenschaften und Cultural Studies. In: U. Göttlich, C. Albrecht, W. Gebhardt (Eds.): Populäre Kultur als repräsentative Kultur. Köln: von Halem, S. 287-305.

Gebhardt, W. (2003b): Jugendkultur und Religion. Auf dem Weg zur religiösen Selbstermächtigung. In: M. Pöhlmann (Ed.): Sehnsucht nach Verzauberung. Religiöse Aspekte in Jugendkulturen. Berlin: EZW, S. 7-19.

Gebhardt, W., R. Hitzler, M. Pfadenhauer. (Eds.) (2000): Events. Soziologie des Außergewöhnlichen. Opladen: Leske + Budrich.

Gehlen, A. (1964): Urmensch und Spätkultur. Frankfurt a.M., Bonn: Athenäum.

Giddens, A. (1995): Konsequenzen der Moderne. Frankfurt a.M.: Suhrkamp.

Hahn, A. (2000): Inszenierung der Erinnerung. In: Paragrana. Internationale Zeitschrift für Historische Anthropologie. Bd. 9.2, S. 21-42.

Hepp, A. (2003): Stefan Raab, Regina Zindler und der Maschendrahtzaun: Ein populäres Medienereignis als Beispiel der Eventisierung von Medienkommunikation. In A.

Hepp, W. Vogelgesang (Eds.): Populäre Events: Medienevents, Spielevents und Spaßevents. Opladen: Leske + Budrich, S. 39-112.

Hepp, A. (2004): Cultural Studies und Medienanalyse. Eine Einführung. Zweite Auflage. Wiesbaden: Verlag für Sozialwissenschaften.

Hepp, A. (2006): Transkulturelle Kommunikation. Konstanz: UVK (UTB).

Hepp, A., Krönert, V., Höhn, M. (2005): Der XX. Weltjugendtag als Medienereignis: Medien, religiöse Vergemeinschaftung und kultureller Wandel. In: Ästhetik & Kommunikation, 36(131), S. 99-106.

Hepp, A., W. Vogelgesang (Eds.) (2003a): Populäre Events: Medienevents, Spielevents, Spaßevents. Opladen: Leske + Budrich.

Hepp, A., Vogelgesang, W. (2003b): Einleitung: Ansätze einer Theorie populärer Events. In: A. Hepp, W. Vogelgesang (Eds.): Populäre Events: Medienevents, Spielevents und Spaßevents. Opladen: Leske + Budrich, S. 9-36.

Hitzler, R. (1998): Posttraditionale Vergemeinschaftung. In: Berliner Debatte INITIAL 1, S.81-89.

Hitzler, R. (2000): "Ein bisschen Spaß muss sein!" Zur Konstruktion kultureller Erlebniswelten. In: W. Gebhardt, R. Hitzler, M. Pfadenhauer (Eds.): Events. Soziologie des Außergewöhnlichen. Opladen: Leske + Budrich, S. 401-412.

Hitzler, R. (2005): Möglichkeitsräume. Aspekte des Lebens am Übergang zu einer anderen Moderne. In: R. Hitzler, M. Pfadenhauer (Eds.): Gegenwärtige Zukünfte. Wiesbaden: VS, S. 257-272.

Hitzler, R. (2006): Wird Jugendlichkeit zum Zivilisationsrisiko? In: C. Y. Robertson-von Trotha (Ed.): Vernetztes Leben. Soziale und digitale Strukturen (Heft 12 der Reihe ‚Problemkreise der Angewandten Kulturwissenschaft' des ZAK). Karlsruhe: Universitätsverlag, S. 87-98.

Hitzler, R., Bucher, T., Niederbacher, A. (2001): Leben in Szenen. Formen jugendlicher Vergemeinschaftung heute. Opladen: Leske + Budrich.

Hitzler, R., Bucher, T., Niederbacher, A. (2005): Leben in Szenen. Wiesbaden: VS.

Hobelsberger, H. (2002): Erlebnis und Struktur. Überlegungen zur „Eventisierung" kirchlicher Jugendarbeit. In: H. Hobelsberger, P. Hüster (Eds.): Event im Trend. Beiträge zu einem verantworteten Umgang mit einer neuen Sozialform der Jugendpastoral. Düsseldorf: Haus Altenberg, S. 91-111.

Hörning, K. H., J. Reuter (Eds.) (2004): Doing Culture. Neue Positionen zum Verhältnis von Kultur und sozialer Praxis. Bielefeld: Transcript.

Irwin, J. (1977): Scenes. Beverly Hills. London: Sage.

James, W. (1979): Die Vielfalt religiöser Erfahrung. Olten u.a.: Walter.

Knoblauch, H. (1999): Religionssoziologie. Berlin, New York: de Gruyter.

Koch, H. (2004): Weltjugendtag in Köln – mehr als ein Event. Zusammenfassung des Vortrags in Trier zum Priestertag anlässlich der Heilig-Rock-Tage (28.4.04.). Köln: unveröff. Manuskript.

Krech, V. (1999): Religionssoziologie. Bielefeld: Transcript.

Krotz, F. (2001): Die Mediatisierung kommunikativen Handelns. Der Wandel von Alltag und sozialen Beziehungen, Kultur und Gesellschaft durch die Medien. Opladen: Westdeutscher Verlag.

Lucas, R., Wilts, H. (2004): „Events für Nachhaltigkeit" – ein neues Geschäftsfeld für die Eventwirtschaft? Wuppertal papers Nr. 149.

Luckmann, T. (1967): The Invisible Religion. Houndmills: Macmillan.

Lundby, K. (2006): Contested Communication. Mediating the Sacred. In: J. Sumiala-Seppänen, K. Lundby, R. Salokangas (Eds.): Implications of the Sacred in (Post)Modern Media. Göteborg: Nordicom, S. 43-62.

Medienpädagogischer Forschungsverbund Südwest (2005): JIM-Studie 2005. Jugend, Information, (Multi-)Media. Stuttgart: Forschungsbericht.

Merton, R. K. (1936): The Unanticipated Consequences of Purposive Social Action. In: American Sociological Review, 6(1), S.894-904.

Negus, K. (2002): Produktionskulturen und die soziale Vermittlung von symbolischen Formen. In A. Hepp, M. Löffelholz (Eds.): Grundlagentexte zur transkulturellen Kommunikation. Konstanz: UVK (UTB), S. 249-271.

Neumann-Braun, K., B. Richard (Eds.) (2005): Coolhunters. Jugendkulturen zwischen Medien und Markt. Frankfurt a.m.: Suhrkamp.

Nickel, O. (1998): Event – Ein neues Zauberwort des Marketing? In: O. Nickel (Ed.): Event-Marketing. Grundlagen und Erfolgsbeispiele. München: Vahlen, S. 3-12.

Opaschowski, H. W. (1999): Generation @. Hamburg: Germa Press Verlag.

Pfadenhauer, M. (2006): Processes of Event Organisation: The case of the Catholic World Youth Day 2005 in Cologne (Paper presented at the International Workshop "Event and Process in Organized Discourse" at the Free University of Berlin, 11.03.06).

Pfadenhauer, M. (2007): Das Marketing-Event im Dienst der Kirche. In: R. Buber, H. Holzmüller (Eds.): Qualitative Marktforschung. Wiesbaden: Gabler, S. 1081-1100.

Schulze, G. (1992): Die Erlebnisgesellschaft. Kultursoziologie der Gegenwart. Frankfurt a.M., New York: Campus.

Schulze, G. (1999): Kulissen des Glücks. Streifzüge durch die Eventkultur. Frankfurt a.M., New York: Campus.

Seibel, M. A., Werner, G. (2005): „Weltjugendtag mit Wirkung". Der XX. Weltjugendtag 2005 und die große Frage: Was bleibt? In: Anzeiger für die Seelsorge, 6(2005), S. 16-21.

Soeffner, H.-G. (1993): Der Geist des Überlebens. Darwin und das Programm des 24. Deutschen Evangelischen Kirchentages. In: J. Bergmann, A. Hahn, T. Luckmann (Eds.): Religion und Kultur. Opladen: Westdeutscher, S. 191-205.

Storey, J. (2003): Inventing Popular Culture. From Folklore to Globalization. Oxford: Blackwell.

Sumiala-Seppänen, J. (2006): Implications of the Sacred in Media Studies. In: J. Sumiala-Seppänen, K. Lundby, R. Salokangas (Eds.): Implications of the Sacred in (Post)Modern Media. Göteborg: Nordicom, S. 11-29.

Tomlinson, J. (1999): Globalization and Culture. Cambridge, Oxford: Polity Press.

Troeltsch, E. (1994): Die Soziallehren der christlichen Kirchen und Gruppen. 2 Bände. Tübingen: Mohr.

Weber, M. (1972): Wirtschaft und Gesellschaft. Grundriss der verstehenden Soziologie. Tübingen: Mohr Verlag.

Wohlrab-Sahr, M. (2003): „Luckmann 1960" und die Folgen. Neuere Entwicklungen in der deutschsprachigen Religionssoziologie. In: B. Orth, T. Schwierring, J. Weiß

(Eds.): Soziologische Forschung. Stand und Perspektiven. Opladen: Leske + Budrich, S. 427-448.

Ziebertz, H.-G., Scharnberg, C. (o.J): Weltjugendtag 2002. Würzburg: Forschungsbericht.

Glossar

Ämter und Hierarchie
Der Aufbau der Katholischen Kirche ist hierarchisch, das heißt die Ämter, genauer Weiheämter, der Kirche verlaufen in einer Rangfolge. Das Oberhaupt der Katholischen Kirche ist der Bischof von Rom, der Papst. Er besitzt die höchste Rechtsgewalt. Danach folgen in den Weiheämtern die Bischöfe, die Priester und dann die Diakone. Das Kardinalsamt ist kein Weihe- sondern ein Ehrenamt, es wird also nicht durch einen sakramentalen Akt vollzogen, sondern verliehen. Die Kardinäle haben das Recht zur Wahl des Papstes. Mit Laien werden in der Katholischen Kirche jene Personen bezeichnet, die nicht Mitglieder des Weihe- oder Ordensstandes sind.

Bund der Deutschen Katholischen Jugend (BDKJ)
Der BDKJ ist der Dachverband von 15 Verbänden der Katholischen Jugend, so zum Beispiel der Pfadfinder, der Katholischen Landjugendbewegung (KLB), der Kolpingjugend und vielen anderen. Der BDKJ vertritt die verbandliche katholische Jugend in Kirche, Gesellschaft und Staat und nimmt auch zu Themen wie Frieden, sozialer Gerechtigkeit und Schutz der Umwelt Stellung. Das Ziel der Jugendarbeit des BDKJ ist die Förderung der sozialen und personalen Entwicklung der Mitglieder im Hinblick auf die Übernahme von Verantwortung in Kirche und Gesellschaft.

Bußsakrament oder Beichte
Das zentrale Element des Bußsakraments oder der Beichte ist die Versöhnung mit Gott und den Mitmenschen, das die Reue über ein Fehlverhalten und den Willen zur Umkehr voraussetzt. In der Tradition werden mithilfe eines Beicht- oder Gewissensspiegels (Auflistung unterschiedlicher Vergehen, zum Beispiel anhand der „Zehn Gebote") die Sünden erforscht und einem Priester (Beichtvater) gebeichtet. Die Grundvoraussetzung für die Lossprechung (Absolution) der Sünden ist das Bekenntnis der Reue, das in der Regel formelhaft ausgedrückt wird. Nach erfolgter Lossprechung bekommt der Sünder eine Buße, entweder in Form einer Wiedergutmachung oder eines Gebetes, auferlegt.

Dekanat

Ein Dekanat ist eine kirchliche Verwaltungseinheit, die mehrere Pfarreien umfasst. Ein Bistum ist in Dekanate unterteilt.

Devotionalien

Das Wort Devotionalien ist abgeleitet vom lateinischen Substantiv „devotio" und bedeutet Andacht, Frömmigkeit. Devotionalien werden an Wallfahrtsstätten erstanden und als Andenken, Erinnerungsgegenstände oder Pilgerzeichen mit nach Hause genommen. Devotionalien findet man in den meisten Religionen, in Form von Anhängern, kleinen Figuren oder Abbildungen wie zum Beispiel des besuchten Heiligtums, der dort ansässigen Gottheit oder einer besonders verehrten Persönlichkeit.

Diözese

Eine Diözese, im deutschsprachigen Raum auch Bistum genannt, ist ein kirchlicher Verwaltungsbezirk, dem ein Bischof vorsteht. Die Katholische Kirche in Deutschland ist in 27 Diözesen unterteilt.

Diözesandelegierte (Organisation des Weltjugendtages)

In jedem deutschen Bistum wurde eine haupt- oder ehrenamtlich in der Kirche tätige Kraft vom Bischof zum Weltjugendtagsbeauftragten ernannt. Diese wurden von den Verantwortlichen des Weltjugendtagsbüros insgesamt neun Mal zu sogenannten Diözesandelegiertenversammlungen eingeladen, um über den Stand der Vorbereitungen informiert zu werden.

Dogma

Ein Dogma ist ein für Katholiken verpflichtender Lehr- und Glaubenssatz, der vom allgemeinen und ordentlichen Lehramt (Papst) oder durch konziliare oder päpstliche Definition „ex cathedra", also aufgrund seiner höchsten Lehrgewalt, formuliert wurde. Die Leugnung eines Dogmas gilt als Häresie, das heißt als Ketzerei.

Eucharistie

Das Wort Eucharistie stammt aus dem Griechischen und wird von dem Verb „eucharistein" = danken, abgeleitet. Die Eucharistie ist eines der sieben Sakramente der Katholischen Kirche. In der Katholischen Kirche wird sowohl die gesamte Messfeier als auch die Gegenwärtigsetzung des letzten Abendmahles als Eucharistie bezeichnet. Dieses letzte Abendmahl hat Jesus am Vorabend seiner Hinrichtung am Kreuz mit seinen Jüngern gefeiert. In der Eucharistiefeier werden dieses letzte Abendmahl, der Opfertod am Kreuz und die Auferstehung Jesu Christi vergegenwärtigt.

gGmbH (Organisation des Weltjugendtages)
Gemeinnützigkeit ist ein rein steuerrechtlicher Tatbestand. Eine Einrichtung, die als gemeinnützig anerkannt ist, ist ganz oder teilweise von Steuern befreit – insbesondere von der Körperschafts- und der Gewerbesteuer. Wenn die gemeinnützige Körperschaft unternehmerisch tätig ist, dann kann es auch bei der Umsatzsteuer zu Begünstigungen kommen (z.B. ermäßigter Steuersatz). Gemeinnützige Körperschaften sind zudem berechtigt, Zuwendungsbestätigungen für Spenden auszustellen.

Katechese
Unter Katechese versteht man die theoretische und praktische Einführung in den katholischen Glauben. Das Wort leitet sich vom griechischen Verb „katechein" ab, das mit „mündlich unterrichten" übersetzt wird.

Katholische Kirche
Die „Katholische Kirche" oder „Römisch-Katholische Kirche" besteht aus 23 Teilkirchen mit eigenem Ritus (Ordnung der Liturgie), darunter die „lateinische Kirche", als zahlenmäßig größte und bekannteste. Das einigende Band dieser Teilkirchen ist die Anerkennung des päpstlichen Primats. Allein die „lateinische Kirche" kennt den Zölibat, das Heiratsverbot für Priester. Der Katholischen Kirche gehören weltweit etwa 1,1 Milliarden Gläubige an. Die Bezeichnung „Römisch-Katholische Kirche" geht auf die Reformation zurück und diente der Unterscheidung der verschiedenen Bekenntnisse. Heute werden beide Bezeichnungen im amtlichen aber auch alltäglichen Sprachgebrauch verwendet.

Katholische Morallehre
Unter der Katholischen Morallehre versteht man die Summe der vom Lehramt für verbindlich erklärten Normen und Werte, die durch die Bibel und die Tradition fundiert und legitimiert sind. Die grundlegenden Glaubens- und Morallehren sind im Katechismus der Katholischen Kirche enthalten.

Kernteamer (Organisation des Weltjugendtages)
Die Kernteamer sind Jugendliche und junge Erwachsene aus dem Einzugsgebiet des Erzbistums Köln, die pfarrintern zu „Kernteams" zusammengefasst und bereits seit Sommer 2003, d.h. mit einer zweijährigen Vorlaufzeit, spirituell auf die Idee des Weltjugendtages eingestimmt und auf mannigfaltige organisatorische Aufgaben vorbereitet wurden.

Kommunion

Mit Kommunion (communio, lateinisch = Gemeinschaft) werden sowohl die geheiligten Speisen (Brot und Wein) der Eucharistie bezeichnet als auch die Austeilung und der Empfang derselben.

Kreuzwallfahrt

Jugendliche ,Pilger' haben das sogenannte „Weltjugendtagskreuz", ein rund 30 kg schweres Holzkreuz, das Papst Johannes Paul II. am Ende des außerordentlichen Heiligen Jahrs den Jugendlichen der Welt anvertraut hatte, in einem 40-tägigen Fußmarsch von Dresden quer durch Deutschland nach Köln getragen.

Kreuzweg

Der klassische Kreuzweg der Jerusalempilger ist die Via Dolorosa, der angebliche Schmerzensweg Jesu zur Kreuzigung. Dieser Kreuzweg mit seinen 14 Stationen wurde sowohl in Kirchen, häufig als Bildtafeln, wie auch in der freien Natur in Form von kleinen Kapellen oder Bildstöcken, nachgebildet. Besonders in der vorösterlichen Fastenzeit werden dort Kreuzwegandachten abgehalten, deren Sinn es ist, im Gebet den Leidensweg Jesu nachzuvollziehen.

Liturgie

Mit Liturgie (leiturgia, griechisch = öffentlicher Dienst) werden in der Katholischen Kirche alle gottesdienstlichen Handlungen bezeichnet. Sie sind in Messbüchern wie dem „missale romanum" festgelegt. Zur Liturgie gehören Wortverkündigung, Gesang, Segenshandlungen, liturgische Gewänder wie das Messgewand des Priesters, liturgische Geräte wie zum Beispiel der Kelch, Symbole und Symbolhandlungen.

Neue Geistliche Gemeinschaften (NGG)

Die Neuen Geistlichen Gemeinschaften entstanden Anfang des 20. Jahrhunderts durch die Initiative charismatischer Gründerpersönlichkeiten. Sie verstehen sich selbst als kirchliche Erneuerungsbewegungen. Trotz zahlreicher Unterschiede verbindet sie, dass ihre Gründung auf freier Initiative beruht und dass sie organisatorisch autonom sind. Insofern sind sie zwar im Hinblick auf Glaubensaussagen und kirchenrechtliche Anerkennung innerkirchlich beheimatet, setzen ihre Akzente aber eher auf die Entwicklung einer eigenständigen Spiritualität. In ihrer Ausrichtung lassen sich die NGG in zwei Grundtypen unterscheiden: Die ekklesiastischen Bewegungen konzentrieren sich mehr auf binnenkirchliche Strukturarbeit wie Erneuerung von Taufe, Ehe und Gemeinde, während die holistischen Bewegungen ihren Erneuerungswillen auf die gesamtgesellschaftliche Verkündigungssituation richten. Im deutschsprachigen Raum gibt es an die hundert Neue Geistliche Gemeinschaften.

Vor allem folgende Neue Geistliche Gemeinschaften waren auf dem Weltjugendtag in Köln vertreten:

- Schönstatt

Als religiös-sittliche Erziehungs- und Erneuerungsbewegung wurde die Schönstattbewegung am 18. Oktober 1914 in Vallendar (Koblenz) von dem Pallotinerpater Josef Kentenich (1885-1968) gegründet. Die Marienkapelle, in der die Gründung stattfand, wurde im Laufe der Zeit zum sogenannten „Urheiligtum", der zentralen Wallfahrtsstätte der Bewegung. Es gibt inzwischen 160 maßstabgetreue Nachbildungen dieser Kapelle in über 80 Ländern und mehrere Millionen Anhänger der Bewegung. An diesem Gründungstag schlossen die jungen Männer um Kentenich das „Liebesbündnis mit Maria", das heute noch Zentrum der Spiritualität Schönstatts ist. Das Liebesbündnis projiziert den alttestamentlichen Bundesgedanken zwischen Gott und den Menschen auf Maria. Mit der Formel „Sei du meine Erzieherin, sei du meine Mutter" binden sich die Schönstätter durch unterschiedliche Weihegrade immer enger an die Bewegung. Organisiert ist die Schönstattbewegung in verschiedenen autonomen Gliedgemeinschaften, die sich der gleichen Zielsetzung verschrieben haben:

1. Bildung des „neuen Menschen in der Gesellschaft"
2. Rettung der heilsgeschichtlichen Sendung des Abendlandes
3. Auf- und Ausbau eines föderativen apostolischen Weltverbandes in der Kirche

- Gemeinschaft Sant' Egidio

Die Gemeinschaft Sant' Egidio entstand 1968 unter dem Einfluss des Zweiten Vatikanischen Konzils. Die Laienbewegung umfasst circa 50.000 Personen und ist weltweit in mehr als 70 Ländern vertreten. Fünf Säulen kennzeichnen die Gemeinschaft von Sant' Egidio:

1. Das Gebet als geistiger Mittelpunkt des Lebens
2. Die Weitergabe des Evangeliums an Sinnsuchende
3. Der umfassende Dienst an den Armen unter der Berücksichtigung aller Armutsformen, sowohl in Europa wie auch in Entwicklungsländern
4. Das Bemühen um die Ökumene unter den Christen
5. Der Einsatz für den interreligiösen Dialog im Sinne des II. Vatikanums

Organisiert ist die Gemeinschaft von Sant` Egidio als „ Öffentlicher Verein von
Gläubigen" in der Kirche. Das Zentrum der Gemeinschaft befindet sich in der
römischen Kirche Sant` Egidio im Stadtteil Trastevere.

- Fokolar-Bewegung

Die Fokolar-Bewegung wurde, unter dem Eindruck des Zweiten Weltkrieges,
1943 von der damals 23-jährigen Chiara Lubich in Trient gegründet. Das Wort
„focolare" kommt aus dem Italienischen und bedeutet „Herdfeuer". Es ist ein
Synonym für die Wärme und Geborgenheit einer Familie und wurde zum Grup-
penmotto der ersten Gruppe um die Gründerin. Die Focolari sind heute in 180
Ländern der Welt vertreten und zählen an die 140.000 Mitglieder. Ihre Spiritualität ist vom Begriff der Einheit geprägt, der vor allem auf drei Evangelienstellen
(Mt 18, 20; Joh 17, 21; Joh 13, 34) beruht und den Umgang Jesu mit seinen
Mitmenschen zum Vorbild nimmt. Diesen Geist der Einheit in Kirche und Gesellschaft, aber auch im ökumenischen und interreligiösen Dialog zu praktizieren, ist Ziel der Bewegung.

- Neokatechumenaler Weg

Der Neokatechumenale Weg entstand 1964 in Madrid durch Kiko Argüello und
Carmen Hernadez unter den Barackenbewohnern von Palomeras Altas. Ein Ka-
techumenat, als Einführung in die christliche Lehre, absolvierten die Taufbewer-
ber der frühen Kirche. Die Neokatechumenen wenden sich speziell an Katholiken und wollen sie neu in den Glauben einführen. Die Neokatechumenalen sehen
sich selbst als „itinerarium", als Wegbeschreibung zum ‚wahren' Glauben. Ihre
theologische Grundlage ist der Katechismus der Katholischen Kirche. Glaubens-
kurse, aber auch eine umfassende Buß- und Beichtpraxis kennzeichnen ihre
Spiritualität.

- Jugend 2000

Die Jugend 2000 ist ein Produkt der Weltjugendtage und entwickelte sich aus
dem Aufruf Johannes Pauls II. beim V. Weltjugendtag in Santiago de Com-
postella an die Jugend, „Hauptdarsteller der Neuevangelisierung" zu werden. In
Großbritannien und Deutschland entwickelten sich parallel Jugendbewegungen,
die sich 1989 in Fatima den Namen YOUTH 2000 gab. Jugend 2000 ist als internationale Arbeitsgemeinschaft organisiert. Ihr Ziel ist es, junge Menschen für
die Weltjugendtage zu begeistern und so für die Neu-Evangelisierung der Welt
beizutragen.

▪   Totus Tuus

Die Gemeinschaft „Totus Tuus", übersetzt „ganz Dein", wurde 1996 gegründet. Es handelt sich dabei um eine Gruppe junger Christen, die sich bei verschiedenen Wallfahrten nach Medjugorje zusammengefunden hat, stark marianisch geprägt ist und vor allem für die Neu-Evangelisierung eintritt. Deutschlandweit hat die Gruppe 350 Mitglieder, eine kleinere Gruppe existiert auch in Kroatien. Die Gruppierung wurde Ostern 2004 durch den Münsteraner Bischof Reinhard Lettmann kirchlich anerkannt.

Ökumene und interreligiöser Dialog

Mit Ökumene (oikeo/oikia, griechisch = wohnen bzw. Haus) wird das Bemühen der christlichen Kirchen bezeichnet, Spaltung und Trennung zu überwinden, um die Einheit der Christen wiederherzustellen. Vom interreligiösen Dialog ist dagegen die Rede, wenn Vertreter der unterschiedlichen Religionen zusammentreffen und über Glaubensfragen im weitesten Sinne reden.

Päpstlicher Rat für die Laien

Der Päpstliche Rat für die Laien ist ein Organ des Heiligen Stuhls (Vatikan) zur Förderung und Organisation des Laienapostolats. Die Jugendabteilung dieses Organs ist für die Kontrolle und die ordnungsgemäße Umsetzung der Weltjugendtage zuständig.

Re-Evangelisierung und Neu-Evangelisierung

Der Begriff Re-Evangelisierung fiel zum ersten Mal auf dem Eucharistischen Weltkongress 1937 in Manila und drückte die Bemühungen aus, die Gläubigen weltweit durch eine vertiefte eucharistische Frömmigkeit zu Jesus Christus hinzuführen. Re-Evangelisierung ist in diesem Zusammenhang als innerkirchliche Erneuerungsbewegung zu verstehen. Neben dem Begriff der Re-Evangelisierung wird in katholischen Publikationen auch von Neu-Evangelisierung im Sinne des missionarischen Auftrags der Kirche gesprochen.

Sakramente

Das Wort Sakrament entstammt der Kirchensprache und ist aus dem kirchenlateinischen „sacramentum" entlehnt, das mit „religiösem Geheimnis, Mysterium" übersetzt wird. Die Katholische Kirche kennt sieben Sakramente: Taufe, Firmung, Eucharistie, Bußsakrament, Krankensalbung, Priesterweihe, Ehe. Im Sakrament kommt durch zeichenhaftes Handeln die Grundbedeutung eines Glaubensgeheimnisses zum Ausdruck.

Taizé

Die Communauté de Taizé wurde 1940 von Roger Schütz und seinen Anhängern in dem burgundischen Ort Taizé gegründet. Das Ziel der zunächst evangelischen Gemeinschaft war es, den Flüchtlingen des II. Weltkrieges zu helfen. Die Communauté de Taizé ist inzwischen ein internationaler ökumenischer Männerorden, der vor allem wegen seiner Jugendarbeit bekannt ist. In Taizé selbst besteht für Jugendliche die Möglichkeit, am Leben der Brüder teilzunehmen und die Spiritualität von Taizé kennenzulernen. Seit 28 Jahren veranstaltet die Communauté regelmäßig am Jahresende in einer europäischen Metropole für fünf Tage ein internationales Jugendtreffen. Mehrere zehntausend Jugendliche besuchen diese Treffen. Der Leitgedanke der Spiritualität von Taizé ist der „Pilgerweg des Vertrauens", der sich am Vorbild Jesu Christi und an der Bergpredigt orientiert.

Vigil

Die Vigil (lateinisch vigilare = wachen) ist ein Gottesdienst vor christlichen Hochfesten wie Ostern oder Weihnachten. Der neue Tag wird gleichsam mit einem Abend- oder Nachtgottesdienst eröffnet. Die Vigil ist aber auch Teil des monastischen Stundengebets und die erste Gebetszeit des Tages.

Wallfahrt

Wallfahrten werden zu Orten veranstaltet, an denen für die Gläubigen etwas Außergewöhnliches geschehen ist oder die mit außergewöhnlichen Personen wie Heiligen in Verbindung gebracht werden. Menschen brechen aus dem Alltag aus, machen sich auf den Weg, mit dem Ziel, etwas von der Spiritualität ihrer heiligen Orte zu erspüren und zu erleben und diese Erfahrungen dann in irgendeiner Art und Weise in den Alltag zu integrieren. Im Christentum werden diese „religiösen Wanderer/Reisenden" als Pilger (peregrinus, lateinisch = Fremdling) bezeichnet. Die Motivation, auf Pilgerschaft zu gehen, kann unterschiedliche Gründe haben. Eher traditionell ist das Motiv, eine auferlegte Buße abzuarbeiten, die Aussicht auf einen Ablass, die Hoffnung auf die Erhörung eines Gebetsanliegens oder auf Heilung von einer Krankheit.

Autorenverzeichnis

Ursula Engelfried-Rave (1958), Diplom-Theologin/Diplom-Pädagogin, ist im Rahmen ihrer Tätigkeit am Institut für Soziologie der Universität Koblenz-Landau wissenschaftliche Mitarbeiterin im DFG-Projekt „Situative Vergemeinschaftung mittels religiöser Hybridevents: Der XX. WJT 2005 in Köln".
Kontakt: engelfried.rave@gmx.de

Winfried Gebhardt (1954) ist Professor für Allgemeine Soziologie in Koblenz an der Universität Koblenz-Landau. Seine Arbeitsschwerpunkte liegen in den Bereichen der Jugend-, Religions- und Kultursoziologie.
Kontakt: gebhardt@uni-koblenz.de

Andreas Hepp (1970), Dr. habil., ist Professor für Kommunikationswissenschaft am Institut für Medien, Kommunikation und Information (IMKI) der Universität Bremen. Seine Schwerpunkte liegen in den Bereichen Medien- und Kommunikationstheorie, Mediensoziologie, transkulturelle Kommunikation, Cultural Studies, Medienwandel, digitale Medien, Methoden der Medienkulturforschung. Im Jahr 2006 erschienen „Transkulturelle Kommunikation" sowie „Konnektivität, Netzwerk und Fluss. Konzepte gegenwärtiger Medien- Kommunikations- und Kulturtheorie" (herausgegeben mit Friedrich Krotz, Shaun Moores und Carsten Winter).
Kontakt: andreas.hepp@uni-bremen.de

Ronald Hitzler (1950), Prof. Dr., ist Inhaber des Lehrstuhls für Allgemeine Soziologie am Fachbereich ‚Erziehungswissenschaft und Soziologie' mit Lehr- und Prüfungsberechtigung an der Fakultät ‚Wirtschafts- und Sozialwissenschaften' der Universität Dortmund. Seine Arbeitsschwerpunkte liegen in Wissens-, Kultur-, Konsum- und Politiksoziologie, Lebensweltanalyse, Anthropologie sowie in Gegenwartsdiagnosen.
Kontakt: ronald@hitzler-soziologie.de

Jörg Hunold (1966), M.A., war nach seinem Studium der Soziologie und Politikwissenschaft an der Universität Trier Mitarbeiter im Teilprojekt „Teilnehmerperspektive" des DFG-Projekts „Situative Vergemeinschaftung mittels religiöser Hybridevents: Der XX. WJT 2005 in Köln" an der Universität Trier. Seine Arbeitsschwerpunkte liegen im Bereich der Jugend- und Migrationssoziologie.
Kontakt: hunold@uni-trier.de

Veronika Krönert (1977), Diplom-Medienwissenschaftlerin, war nach ihrem Studium der Angewandten Medienwissenschaften Mitarbeiterin im Teilprojekt „Mediatisierungsperspektive" des DFG-Projekts „Situative Vergemeinschaftung mittels religiöser Hybridevents: Der XX. WJT 2005 in Köln" am Institut für Medien, Kommunikation und Information (IMKI) des Fachbereichs Kulturwissenschaften an der Universität Bremen. Seither setzt sie sich im Rahmen ihres Promotionsvorhabens mit Individualisierungsprozessen im Zusammenhang mit mediatisierter Religiosität auseinander. Weitere Arbeitsschwerpunkte sind Medienrezeption und -aneignung, Medienidentitäten sowie transkulturelle Kommunikation.
Kontakt: veronika.kroenert@uni-bremen.de

Michaela Pfadenhauer (1968), Dr. phil., ist seit August 2007 Professorin für Soziologie an der Universität Karlsruhe (TH). Sie ist Vorsitzende der Sektion ‚Professionssoziologie' der Deutschen Gesellschaft für Soziologie. Ihre Arbeitsschwerpunkte liegen in den Bereichen Kompetenzforschung, Soziologie professionellen Handelns, Materiale Kultursoziologie und Qualitative Methoden. Kontakt: pfadenhauer@professionssoziologie.de

Julia Reuter (1975), Dr. phil., ist Juniorprofessorin für Soziologie an der Universität Trier. Ihre Arbeits- und Forschungsschwerpunkte liegen in den Bereichen soziologische Theorien, Kultursoziologie, Körper- und Geschlechtersoziologie. Zentrale Publikationen sind unter anderem „Ordnungen des Anderen. Zum Problem des Eigenen in der Soziologie des Fremden" (2002), „Doing Culture. Neue Positionen zum Verhältnis von Kultur und sozialer Praxis" (herausgegeben mit Karl H. Hörning, 2004), „Der Islam? Probleme und Perspektiven aktueller Islamforschung in Deutschland" (mit Markus Gamper, in: Soziologische Revue. Heft 1, 2007: 37-49). Kontakt: reuter@uni-trier.de

Waldemar Vogelgesang (1952), Dr. habil., studierte Soziologie, Philosophie und Politikwissenschaft. Seit 1980 ist er wissenschaftlicher Angestellter im Fach Soziologie an der Universität Trier. Seine Arbeitsschwerpunkte sind Jugend-, Medien- und Religionssoziologie sowie Kultur- und Migrationsforschung. Des Weiteren ist Waldemar Vogelgesang Mitbegründer der interdisziplinären Forschungsgruppe „Jugend- und Medienkultur", die seit 1995 empirisch im Bereich Jugend, Medien- und Kulturforschung arbeitet. Im Jahr 2003 veröffentlichte er zusammen mit Andreas Hepp „Populäre Events" und 2007 wird der Band „Jugend, Alltag und Kultur. Eine Forschungsbilanz" erscheinen. Kontakt: vogelges@uni-trier.de

Neu im Programm Soziologie

Hans Paul Bahrdt

Die moderne Großstadt
Soziologische Überlegungen
zum Städtebau
Hrsg. von Ulfert Herlyn
2. Aufl. 2006. 248 S. Br. EUR 34,90
ISBN 978-3-531-14985-1

Jürgen Gerhards

**Kulturelle Unterschiede
in der Europäischen Union**
Ein Vergleich zwischen Mitgliedsländern,
Beitrittskandidaten und der Türkei
2., durchges. Aufl. 2006. 316 S.
Br. EUR 27,90
ISBN 978-3-531-34321-1

Andreas Hadjar / Rolf Becker (Hrsg.)

Die Bildungsexpansion
Erwartete und unerwartete Folgen
2006. 362 S. Br. EUR 27,90
ISBN 978-3-531-14938-7

Ronald Hitzler /
Michaela Pfadenhauer (Hrsg.)

Gegenwärtige Zukünfte
Interpretative Beiträge zur sozialwissenschaftlichen Diagnose und Prognose
2005. 274 S. Br. EUR 19,90
ISBN 978-3-531-14582-2

Jürgen Mackert /
Hans-Peter Müller (Hrsg.)

Moderne (Staats)Bürgerschaft
Nationale Staatsbürgerschaft und die
Debatten der Citizenship Studies
2007. 416 S. Br. EUR 39,90
ISBN 978-3-531-14795-6

Andrea Mennicken /
Hendrik Vollmer (Hrsg.)

Zahlenwerk
Kalkulation, Organisation
und Gesellschaft
2007. 274 S. (Organisation und
Gesellschaft) Br. EUR 29,90
ISBN 978-3-531-15167-0

Gunter Schmidt / Silja Matthiesen /
Arne Dekker / Kurt Starke

Spätmoderne Beziehungswelten
Report über Partnerschaft und Sexualität
in drei Generationen
2006. 159 S. Br. EUR 21,90
ISBN 978-3-531-14285-2

Georg Vobruba

**Entkoppelung von Arbeit
und Einkommen**
Das Grundeinkommen in der
Arbeitsgesellschaft
2., erw. Aufl. 2007. 227 S. Br. EUR 24,90
ISBN 978-3-531-15471-8

Erhältlich im Buchhandel oder beim Verlag.
Änderungen vorbehalten. Stand: Juli 2007.

www.vs-verlag.de

VS VERLAG FÜR SOZIALWISSENSCHAFTEN

Abraham-Lincoln-Straße 46
65189 Wiesbaden
Tel. 0611.7878-722
Fax 0611.7878-400